新编项目式培训教材

中文版
3ds Max 2024
基础培训教程

任媛媛 编著

人民邮电出版社

北 京

图书在版编目（CIP）数据

中文版 3ds Max 2024 基础培训教程 / 任媛媛编著.

北京 ：人民邮电出版社, 2025. -- ISBN 978-7-115

-67700-6

I. TP391.414

中国国家版本馆 CIP 数据核字第 2025MR3289 号

内 容 提 要

本书全面介绍中文版 3ds Max 2024 的基本功能及使用方法，包括 3ds Max 2024 的界面与基础应用、基础建模技术、高级建模技术、摄影机技术、灯光技术、材质与贴图技术、渲染技术、粒子系统与空间扭曲、动力学、动画技术和商业案例实训等内容。本书针对零基础的读者编写，是入门级读者快速且全面掌握中文版 3ds Max 2024 的参考书。

本书以任务实践为主线，通过对各任务实际操作的讲解，帮助读者快速上手，熟悉软件功能和三维设计思路。书中的任务知识部分能使读者深入了解软件功能；项目实践和课后习题可以提高读者的实际应用能力，使读者熟练掌握软件的使用技巧；商业案例实训可以帮助读者快速掌握商业案例的制作方法，使读者顺利拥有实战能力。另外，本书所有内容均采用中文版 3ds Max 2024 和 V-Ray 6 Update 1.1 进行编写，建议读者使用此版本进行学习。

本书适合作为院校艺术设计类专业和培训机构相关课程的教材，也适合作为自学人员的参考书。

◆ 编　著　任媛媛

　责任编辑　张丹丹

　责任印制　陈　犇

◆ 人民邮电出版社出版发行　　北京市丰台区成寿寺路 11 号

　邮编 100164　电子邮件 315@ptpress.com.cn

　网址 https://www.ptpress.com.cn

　涿州市京南印刷厂印刷

◆ 开本：787×1092　1/16

　印张：15　　　　　　　　2025 年 10 月第 1 版

　字数：394 千字　　　　　 2025 年 10 月河北第 1 次印刷

定价：69.80 元

读者服务热线：(010)81055410　印装质量热线：(010)81055316

反盗版热线：(010)81055315

前言

　　Autodesk公司的3ds Max是一款优秀的三维动画软件。3ds Max功能强大，自诞生以来就一直受到计算机图形学（Computer Graphics，CG）艺术家的喜爱。3ds Max在模型塑造、场景渲染、动画及特效等方面表现卓越，可产出高品质的对象，因此它在室内设计、建筑表现、影视与游戏制作等领域中占据重要地位，成为全球非常受欢迎的三维制作软件之一。

如何使用本书

01 精选基础知识，快速了解中文版3ds Max 2024

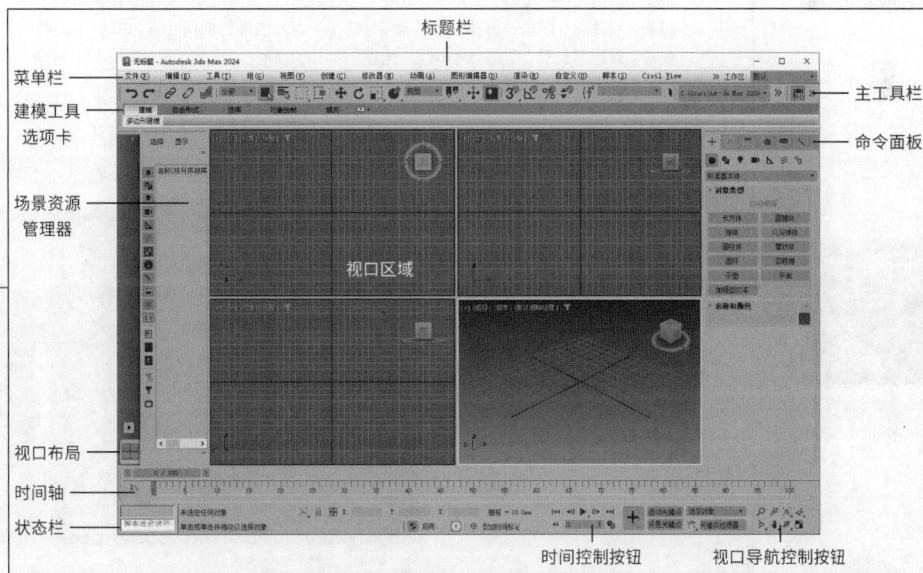

操作界面

02 任务实践+任务知识，边做边学软件功能，熟悉设计思路

掌握软件关键技术点

任务2.2 创建扩展基本体

　　本任务通过任务实践，讲解创建扩展基本体的方法；通过任务知识，讲解常用的扩展基本体模型。

精选典型
案例

了解任务
要达到的
目标和制
作要点

任务实践 制作掌上游戏机模型

任务目标 学习并使用常用的扩展基本体模型制作掌上游戏机模型。

任务要点 使用"切角长方体"和"切角圆柱体"两个工具,以"搭积木"的方式拼出一个简单的掌上游戏机模型。最终效果参看学习资源中的"案例文件>项目2>任务实践:掌上游戏机.max"文件,效果如图2-43所示。

图2-43

操作步骤
详解

任务制作

01 使用"切角长方体"工具 切角长方体 在场景中创建一个切角长方体模型,设置"长度"为50.0mm,"宽度"为36.0mm,"高度"为5.0mm,"圆角"为0.5mm,如图2-44所示。

02 继续使用"切角长方体"工具 切角长方体 在步骤01创建的切角长方体模型上创建一个切角长方体模型,设置"长度"为20.0mm,"宽度"为30.0mm,"高度"为1.0mm,"圆角"为0.3mm,如图2-45所示。

任务知识

2.2.1 异面体

完成任务
实践后深
入学习任
务知识

异面体是一种很典型的扩展基本体,用它可以创建四面体、立方体和星形等,如图2-54所示。

在视口区域右侧的"修改"面板中,可以设置创建的异面体模型的各项参数,如图2-55所示。

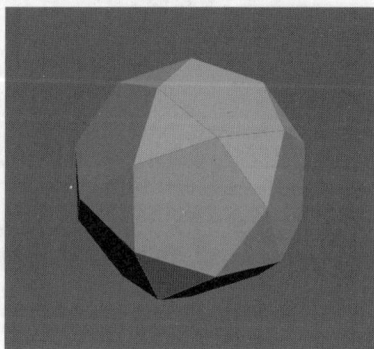
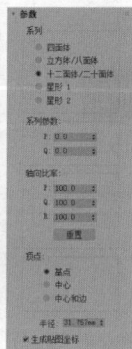

图2-54   图2-55

03 项目实践+课后习题,拓展应用能力

项目实践 制作积木组合模型

项目要点 本项目使用常用的标准基本体模型,制作积木组合模型。最终效果参看学习资源中的"项目2>项目实践:积木组合.max"文件,效果如图2-101所示。

练习项目
所学知识

图2-101

课后习题 制作管道模型

习题要点 本习题使用"线"工具 ▬ 线
绘制管道的路径并通过参数调整将管道模
型调整为带体积的管道模型。最终效果
参看学习资源中的"项目2>课后习题：管
道.max"文件，效果如图2-102所示。

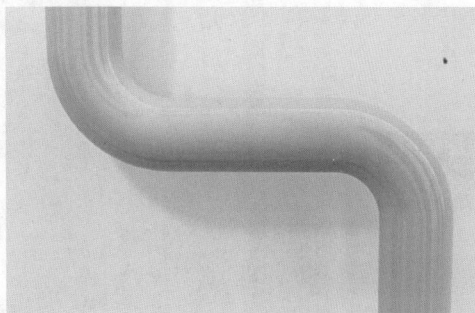

图2-102

04 商业案例实训，演练真实商业案例制作过程

建筑室内
效果表现

教学指导

本书的参考学时为64学时，其中教师讲授环节为42学时，学生实训环节为22学时，各项目的参考学时如下表所示。

项目	项目名	学时分配	
		讲授	实训
1	3ds Max 2024的界面与基础应用	2	2
2	基础建模技术	4	2
3	高级建模技术	6	2
4	摄影机技术	2	1
5	灯光技术	4	2
6	材质与贴图技术	6	2
7	渲染技术	4	1
8	粒子系统与空间扭曲	2	2
9	动力学	2	2
10	动画技术	4	2
11	商业案例实训	6	4
学时总计		42	22

目录

Contents

项目1

3ds Max 2024的界面与基础应用

3ds Max可以应用在建筑效果表现、产品效果表现、动画制作和游戏美术等领域。本项目将带领读者推开3ds Max 2024的大门，一起探索丰富多彩的三维世界。

学习目标

- 熟悉3ds Max 2024的操作界面
- 掌握加载VRay渲染器的方法
- 掌握3ds Max 2024的基础操作

技能目标

- 掌握"打开文件并渲染图片"的操作方法
- 熟悉"积木模型"的制作方法

素养目标

- 培养认识软件界面的能力
- 培养加载软件插件的能力
- 培养通过不断实践积极探索的能力

任务1.1 熟悉软件的操作流程

本任务通过任务实践，讲解在3ds Max 2024中打开文件、渲染图片这一流程。通过本任务，读者不仅能熟悉软件界面，还能对软件的基础操作有一定的认识。

任务实践 打开场景并渲染

任务目标 学习打开文件和渲染图片的方法。

任务要点 使用"打开"菜单命令打开文件，使用"渲染产品"工具🖼渲染图片。最终效果参看学习资源中的"案例文件>项目1>打开场景并渲染.max"文件，效果如图1-1所示。

图1-1

任务制作

01 启动3ds Max 2024，进入软件界面，在菜单栏中打开"文件"菜单，执行"打开"菜单命令，如图1-2所示。

提示 按快捷键Ctrl+O可以快速完成这一步。

02 此时会弹出"打开文件"对话框。在对话框中选择学习资源文件夹"案例文件>项目1>打开场景并渲染"，就会看到扩展名为.max的文件，如图1-3所示。

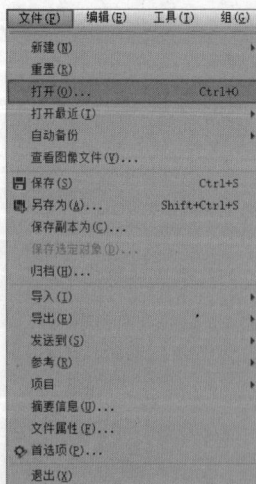

图1-2

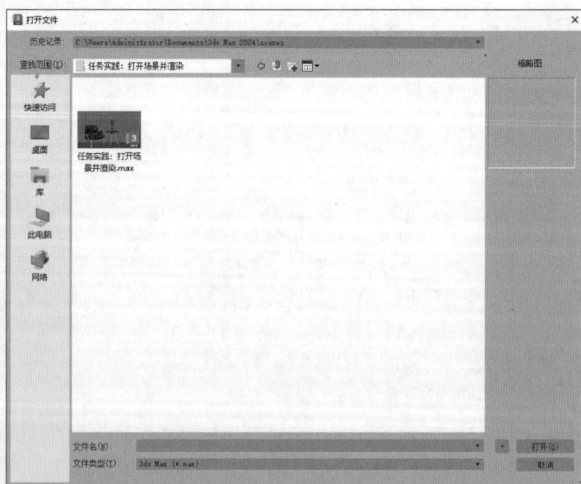

图1-3

03 选中文件，单击右下角的"打开"按钮 ![打开(Q)]，就会在视口区域显示打开文件的场景，如图1-4所示。

图1-4

> **提示** 如果读者打开文件时发现画面中显示的对象全为黑色，代表软件中没有安装VRay渲染器插件。只有安装了该插件，才能显示场景的完整形态。本书的所有案例均采用VRay渲染器制作，请读者务必提前安装。

04 单击主工具栏中的"渲染产品"按钮 ![渲染产品]（快捷键为F9），等待一段时间，就能显示渲染的图片效果，如图1-5所示。至此，本任务制作完成。

图1-5

任务知识

1.1.1 3ds Max 2024的界面

安装好3ds Max 2024后，可以通过以下两种方法来启动软件。

第1种：双击桌面上的快捷方式图标🅙。

第2种：在"开始"菜单中执行"Autodesk>3ds Max 2024 -Simplified Chinese"命令，如图1-6所示。

在启动3ds Max 2024的过程中，会显示3ds Max 2024的启动画面，如图1-7所示。

图1-6

图1-7

提示 初次启动3ds Max 2024时，系统会自动弹出"欢迎使用3ds Max"对话框，如图1-8所示。若想在启动3ds Max 2024时不弹出该对话框，只需要在该对话框左下角取消勾选"在启动时显示此欢迎屏幕"选项即可，如图1-9所示。若要恢复弹出"欢迎使用3ds Max"对话框，可以在菜单栏中执行"帮助>欢迎屏幕"菜单命令来打开该对话框，如图1-10所示。

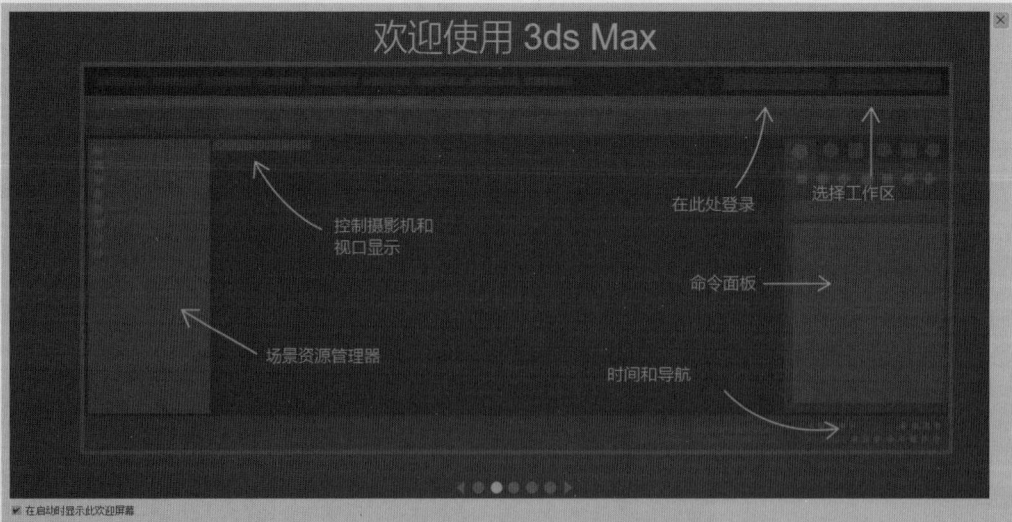

图1-8

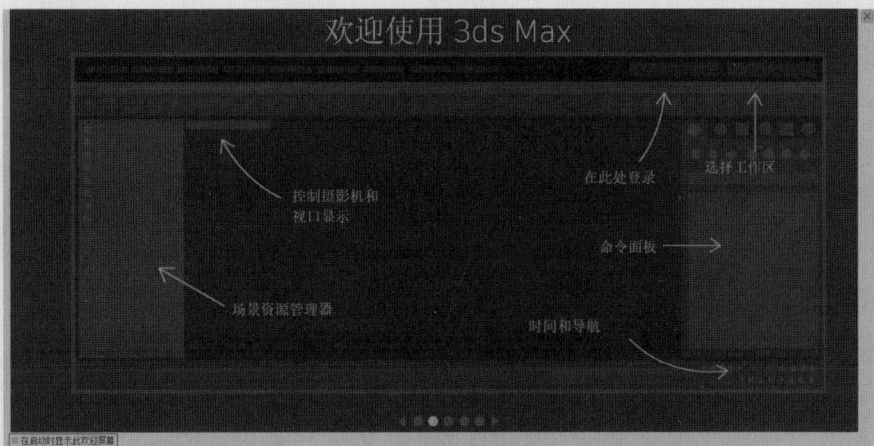

图1-9

图1-10

3ds Max 2024的工作界面分为12个部分，分别是标题栏、菜单栏、主工具栏、建模工具选项卡、命令面板、场景资源管理器、视口布局、时间轴、状态栏、时间控制按钮、视口导航控制按钮和视口区域，如图1-11所示。

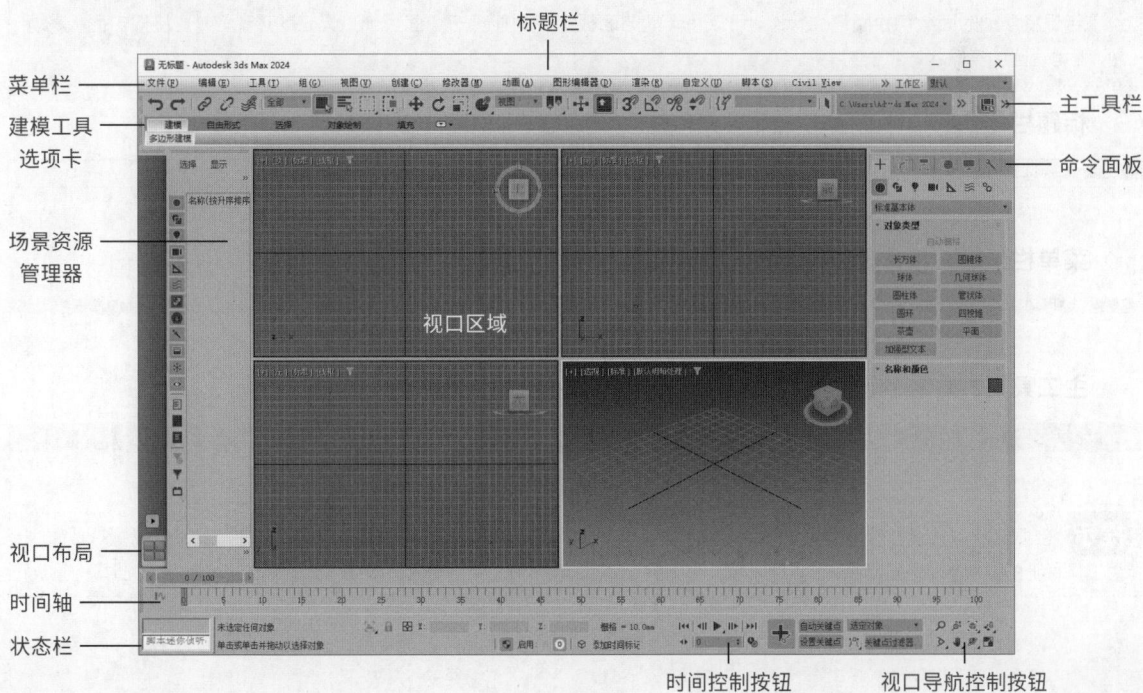

图1-11

015

提示 默认状态下的主工具栏和命令面板分别位于界面的上方和右侧，可以通过拖曳的方式将其移动到视图的其他位置，这时的主工具栏和命令面板将以浮动的面板形态呈现在视图中，如图1-12所示。

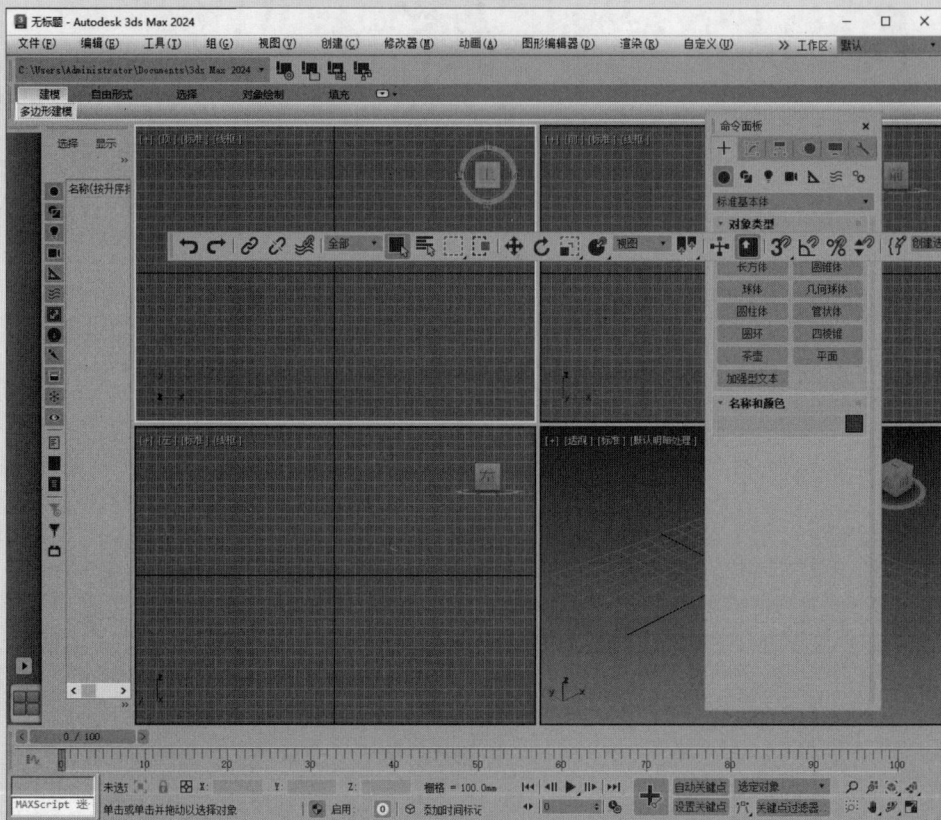

图1-12

若想将浮动的面板切换回停靠状态，可以将浮动的面板拖曳到任意一个面板或工具栏的边缘，或直接双击面板的标题，就可返回到停靠状态。

◇ **标题栏：** 显示软件的版本和场景文件的名称等信息，如图1-13所示。

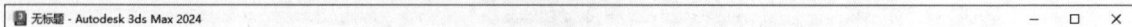

图1-13

◇ **菜单栏：** 基本包含软件的所有命令，如图1-14所示。

图1-14

◇ **主工具栏：** 集合了软件中经常使用的一些工具，方便快速调用，如图1-15所示。

图1-15

提示 若显示器的分辨率较低或缩小软件界面，主工具栏中的工具可能无法完全显示出来，这时可以将鼠标指针放置在主工具栏上的空白处，当鼠标指针变成手形时，按住鼠标左键左右拖曳主工具栏，即可查看没有显示出来的工具。

◇ **建模工具选项卡：** 用于多边形建模，如图1-16所示。

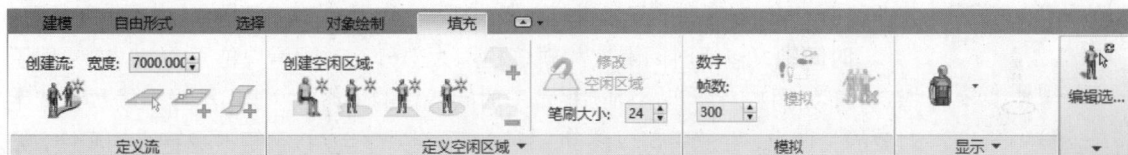

图1-16

◇ **命令面板：** 用于创建所需的单体模型、样条、灯光、摄影机和粒子等元素，并可对这些元素的属性进行编辑操作，这是需要读者重点掌握的部分，如图1-17所示。

◇ **视口区域：** 工作界面中最大的一个区域，也是3ds Max 2024中用于实际工作的区域，默认状态下为四视图显示，包括顶视图、左视图、前视图和透视图4个视图，在这些视图中可以从不同的角度对场景中的对象进行观察和编辑，如图1-18所示。

图1-17

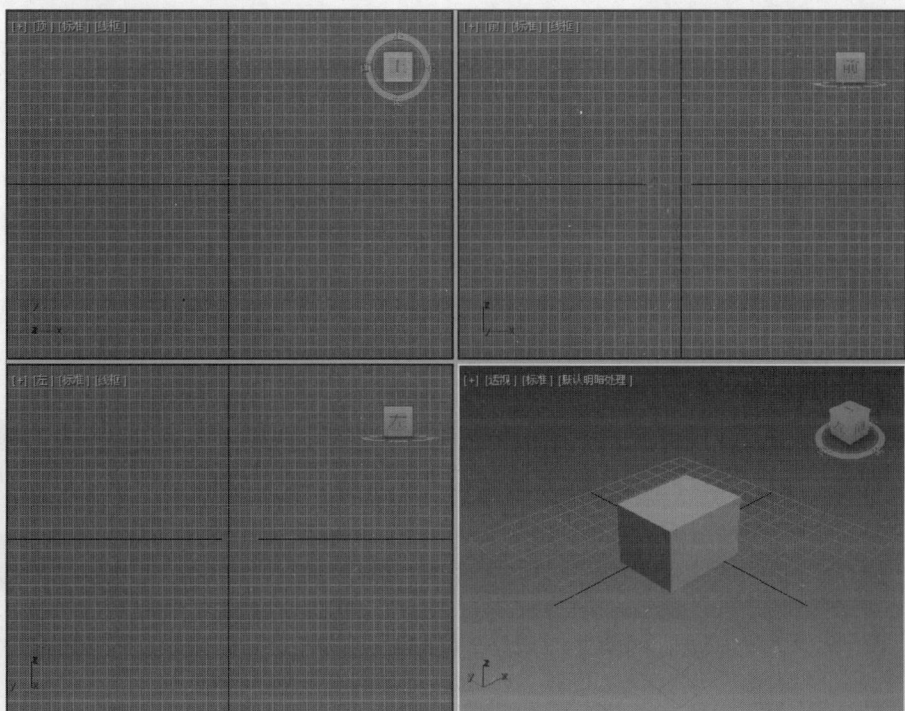

图1-18

提示 常用的几种视图都有其相对应的快捷键，顶视图的快捷键是T，左视图的快捷键是L，前视图的快捷键是F，透视图的快捷键是P，摄影机视图的快捷键是C。

◇ **视口布局：** 用于创建不同的视口布局，并可在不同的视口布局中切换，如图1-19所示。

图1-19

◇ **场景资源管理器:** 显示场景中的所有元素，包括几何体、样条线、灯光和摄影机等。在场景资源管理器中，可以对所有的元素进行选择、删除、编组、重命名等操作，如图1-20所示。

◇ **时间轴:** 包括时间滑块和轨迹栏两大部分。时间滑块位于左端，主要用于指定帧，如图1-21所示。轨迹栏位于时间滑块的下方，主要用于显示帧数和选定对象的关键点，在这里可以移动、复制、删除关键点，以及更改关键点的属性，如图1-22所示。

图1-20

0 / 100

图1-21

图1-22

◇ **状态栏:** 显示了选定对象的数目、类型、变换值和栅格数目等信息，可以基于当前鼠标指针位置和当前操作来提供动态反馈信息，如图1-23所示。

◇ **时间控制按钮:** 主要用来控制动画的播放效果，包括关键点控制和时间控制等，如图1-24所示。

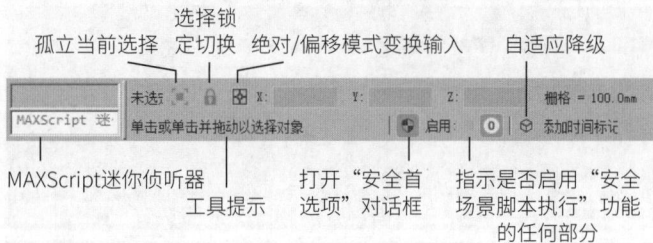

图1-23

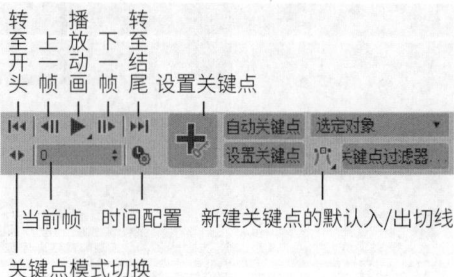

图1-24

◇ **视口导航控制按钮:** 主要用来控制视图的显示和导航。使用这些按钮可以缩放、平移和旋转活动的视图。在普通视口和摄影机视口下，视口导航控制按钮会有一定的区别，如图1-25和图1-26所示。

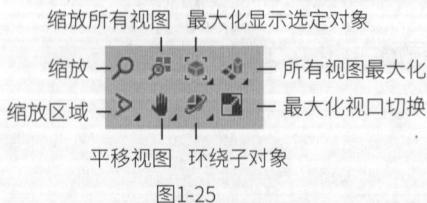

图1-25

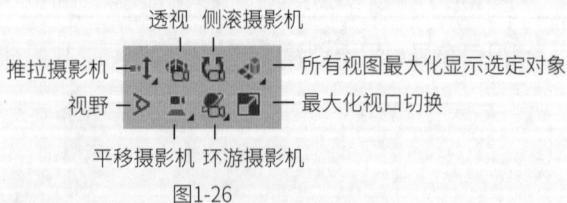

图1-26

1.1.2 加载VRay渲染器

安装完VRay渲染器后，单击主工具栏中的"渲染设置"按钮 ，弹出"渲染设置:Arnold"对话框，如图1-27所示。

05 使用"选择并旋转"工具 **C**（快捷键为E）选中拱门形状的模型，将其旋转90°，如图1-41所示。

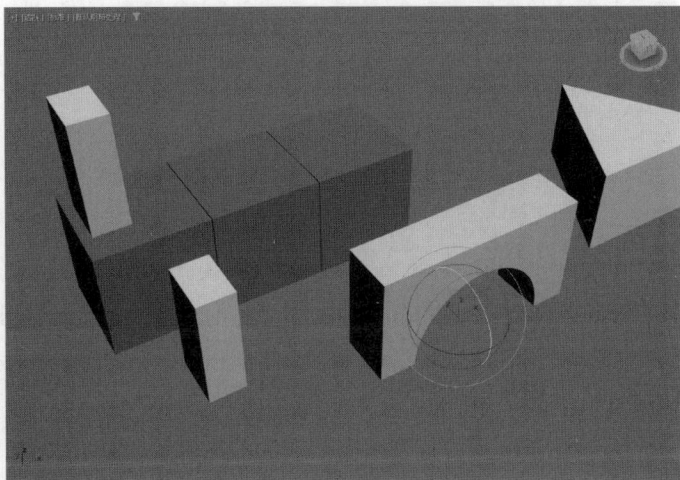

图1-41

06 使用"选择并移动"工具 ✛ 将拱门形状的模型移动到立方体模型上，如图1-42所示。

07 将另一个长方体模型移动到拱门形状的模型的旁边，如图1-43所示。

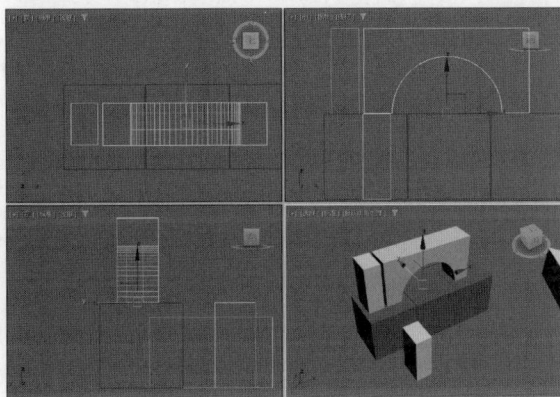

图1-42

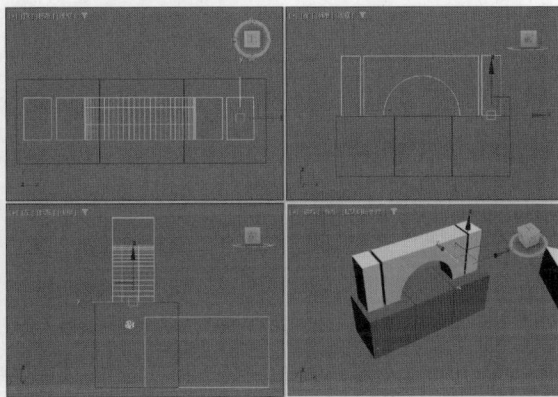

图1-43

08 将剩余的三角模型旋转90°并移动到拱门形状的模型上，如图1-44所示。

09 三角模型的长度、宽度和高度都与其他模型差异较大。使用"选择并均匀缩放"工具 ▦（快捷键为R）将三角模型沿着 x 轴拉伸，使其与下方模型的长度相同，如图1-45所示。

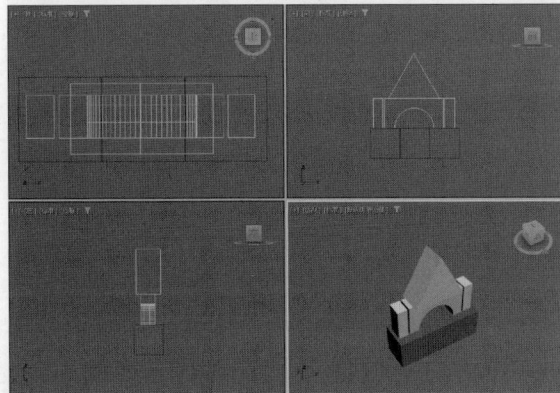

图1-44

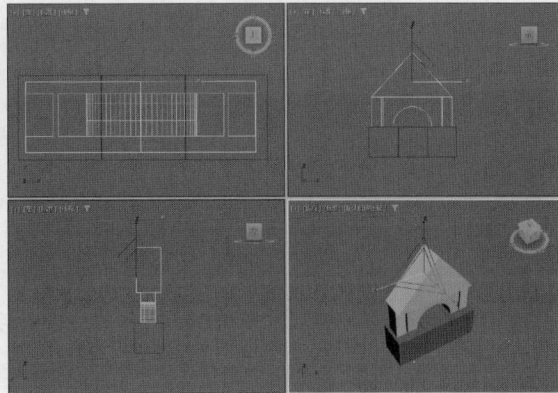

图1-45

⑩ 沿着 *y* 轴将三角模型缩小,使三角模型与下方模型宽度一致,如图1-46所示。

⑪ 沿着 *z* 轴将三角模型缩小,使三角模型的高度稍微降低一些,如图1-47所示。至此,本任务制作完成。

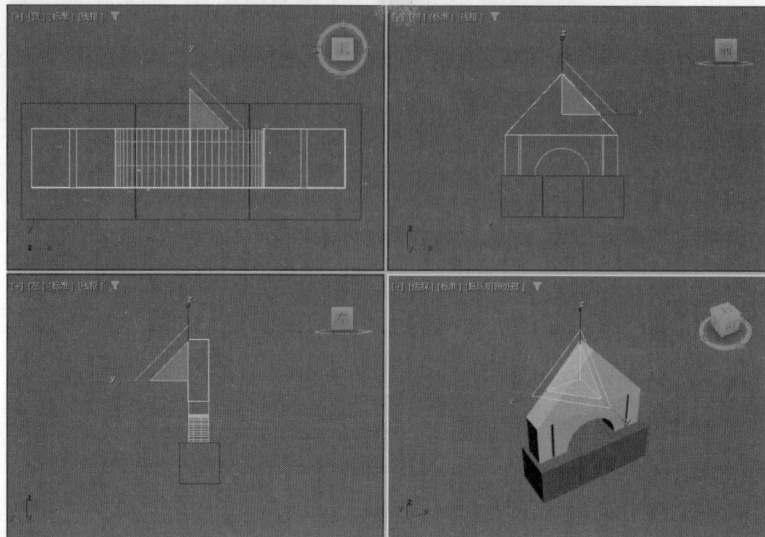

图1-46

图1-47

任务知识

1.2.1 场景单位的设置

设置场景单位是制作一个场景之前必须要做的,不同类型的场景会有不同的单位。执行"自定义>单位设置"菜单命令,弹出"单位设置"对话框,如图1-48所示。

"单位设置"对话框中的单位设置分为两种,一种是"系统单位设置",另一种是"显示单位比例",两者之间是有一定区别的。

◇ **系统单位设置:** 单击"系统单位设置"按钮 系统单位设置 会弹出"系统单位设置"对话框,如图1-49所示。对话框中显示系统默认的单位是"毫米",如果想更改系统单位,就在"毫米"下拉列表中选择其他单位,如图1-50所示。

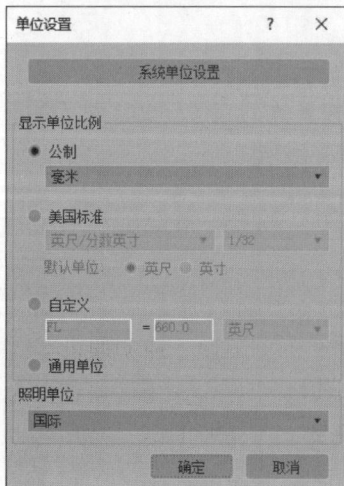

图1-48

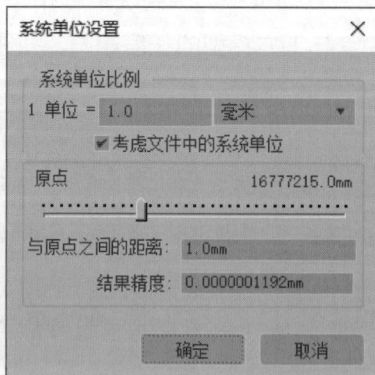

图1-49

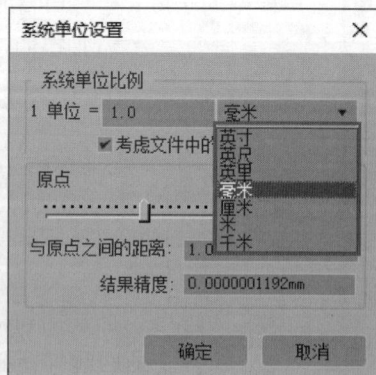

图1-50

◇ **显示单位比例:** 用于控制"参数"卷展栏中参数的单位,如图1-51所示。如果不想参数后有单位,就选择"通用单位",如图1-52所示。

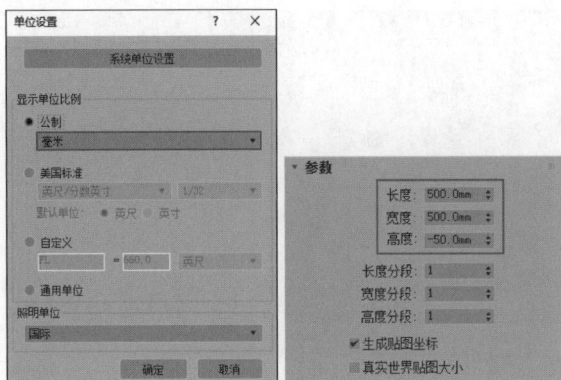

图1-51

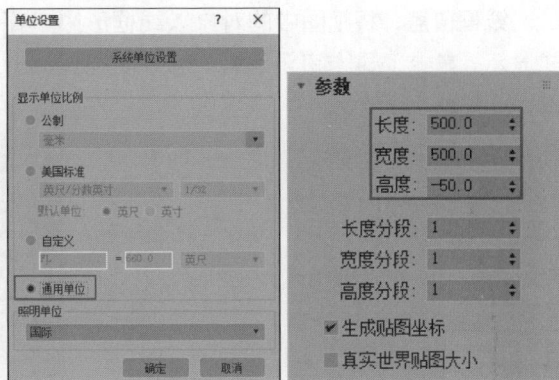

图1-52

1.2.2 设置对象显示模式

单击视口区域左上角的"默认明暗处理"，在弹出的菜单中可以设置场景对象的显示模式，如图1-53所示。

常用的显示模式如下。

◇ **默认明暗处理：** 显示场景对象的颜色和明暗，如图1-54所示。这也是实际工作中运用最多的显示模式。

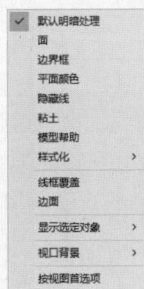

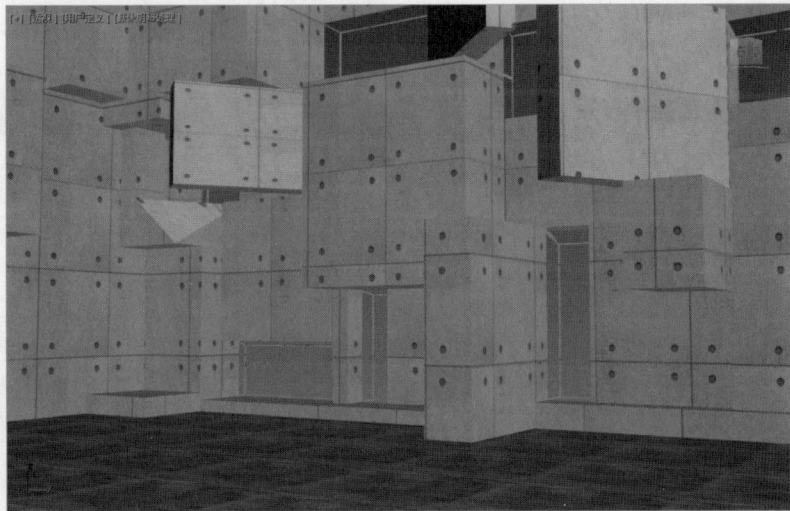

图1-53

图1-54

◇ **边界框：** 显示场景对象的边界框，如图1-55所示。这种显示模式的好处是可以减少视图中显示模型的面数，减少对显卡资源的消耗，但缺点也同样很明显，不能很好地观察视图中的对象。

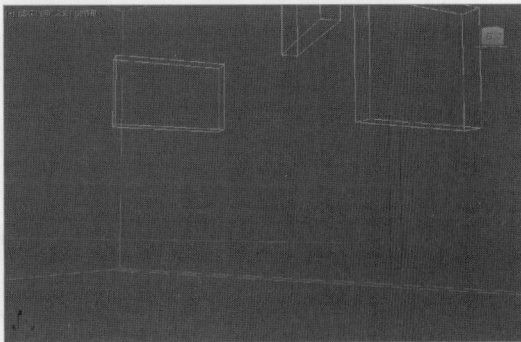

图1-55

◇ **线框覆盖：** 将视图中的对象以线框形式显示，减少了显卡资源消耗，也方便观察，如图1-56所示。

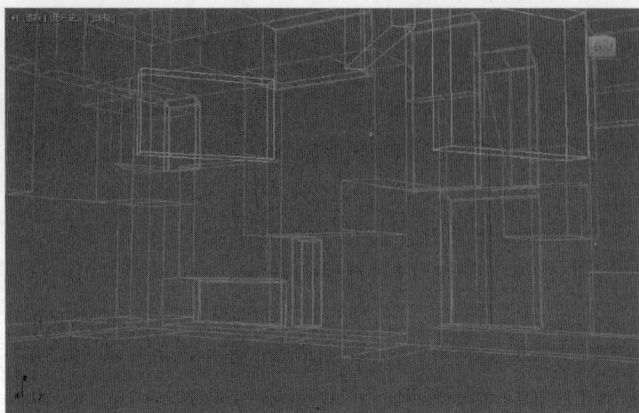

提示 按F3键可以将视图中的对象在"线框覆盖"和"默认明暗处理"两个显示模式中快速切换。

图1-56

◇ **边面：** 将视图中的场景对象的颜色和线框同时显示，如图1-57所示。这种显示模式一般不建议使用，它比较消耗显卡资源，对于一些配置较低的计算机来说，会产生卡顿现象。

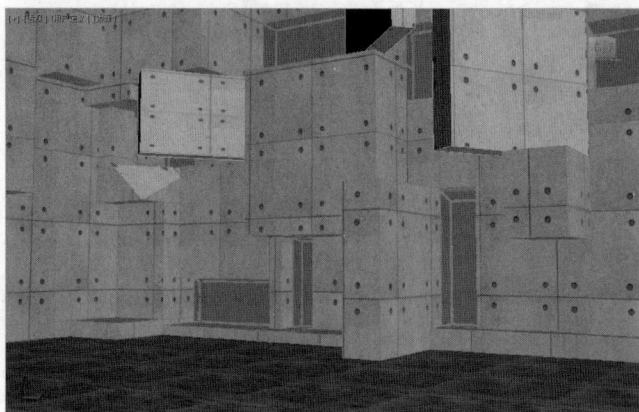

提示 按F4键可以将视图中的对象在"边面"和"默认明暗处理"两个显示模式中快速切换。

图1-57

1.2.3 自动备份

3ds Max 2024对计算机的配置要求比较高，一些低配置的计算机经常会出现软件崩溃自动退出的情况，如果没有保存已经制作好的场景，就有可能丢失这部分文件。为了不发生这种情况，需要在制作场景之前开启文件的自动备份功能。

第1步： 执行"自定义>首选项"菜单命令，弹出"首选项设置"对话框。

第2步： 切换到"文件"选项卡，勾选"自动备份"选项组中的"启用"选项，设置"备份间隔（分钟）"为30.0，并单击"确定"按钮 确定 ，如图1-58所示。

提示 默认的备份间隔时间是5分钟，这个频率太高，会造成软件频繁卡顿，30分钟的备份间隔比较合适。

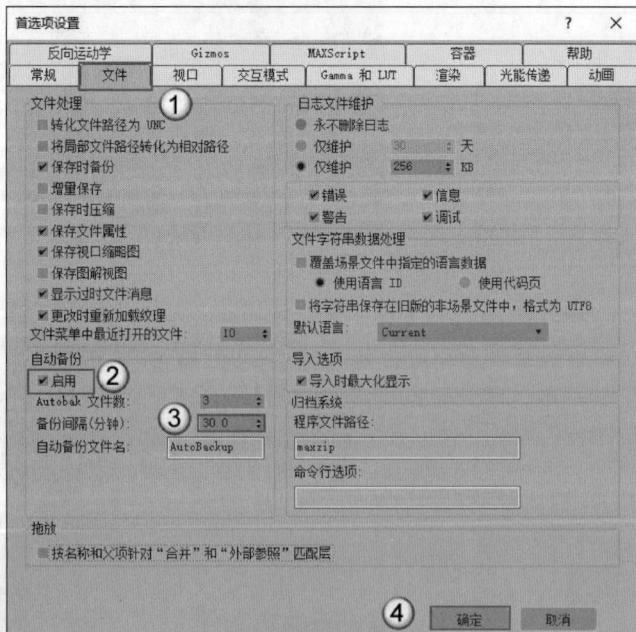

图1-58

一旦软件崩溃退出，在本机的"文档"文件夹中可以找到最后自动备份的文件。以笔者的计算机为例，自动备份的文件路径是"C:\Users\Administrator\Documents\3ds Max 2024\autoback"，在文件夹中找到时间最晚的文件，就是最后一次自动备份的文件，如图1-59所示。

名称	修改日期	类型	大小
AutoBackup01.max	2024-08-30 17:12	3dsMax scene file	652 KB
AutoBackup02.max	2024-09-01 9:59	3dsMax scene file	784 KB
AutoBackup03.max	2024-09-01 10:54	3dsMax scene file	788 KB
AutoBackup04.max	2024-09-01 11:36	3dsMax scene file	784 KB
AutoBackup05.max	2024-09-03 13:57	3dsMax scene file	780 KB
AutoBackup06.max	2024-08-30 10:28	3dsMax scene file	632 KB
AutoBackup07.max	2024-08-30 11:18	3dsMax scene file	632 KB
AutoBackup08.max	2024-08-30 13:31	3dsMax scene file	632 KB
AutoBackup09.max	2024-08-30 14:15	3dsMax scene file	632 KB
AutoBackup10.max	2024-08-30 9:54	3dsMax scene file	636 KB
MaxBack.bak	2024-03-09 11:27	BAK 文件	127,867 KB
maxhold.bak	2024-06-20 13:38	BAK 文件	232 KB
maxhold.mx	2024-06-20 13:38	MX 文件	232 KB
RenderPreset.bak	2024-07-09 10:05	BAK 文件	492 KB

图1-59

1.2.4 快捷键设置

快捷键在制作场景时能极大地提升制作效率，除了系统自带的默认快捷键，用户还可以根据自己的喜好，自定义快捷键。执行"自定义>热键编辑器"菜单命令，在打开的"热键编辑器"对话框中就可以设置任意命令的快捷键，如图1-60所示。

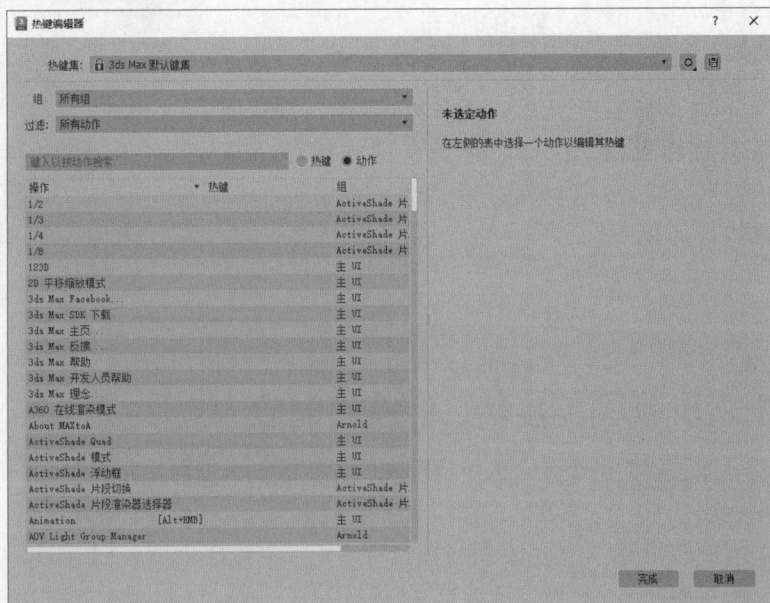

图1-60

下面以添加"挤出修改器"的快捷键为例，为读者讲解快捷键的设置方法。

第1步： 在"组"下拉列表中选择"主UI"选项，并搜索"挤出修改器"，如图1-61所示。

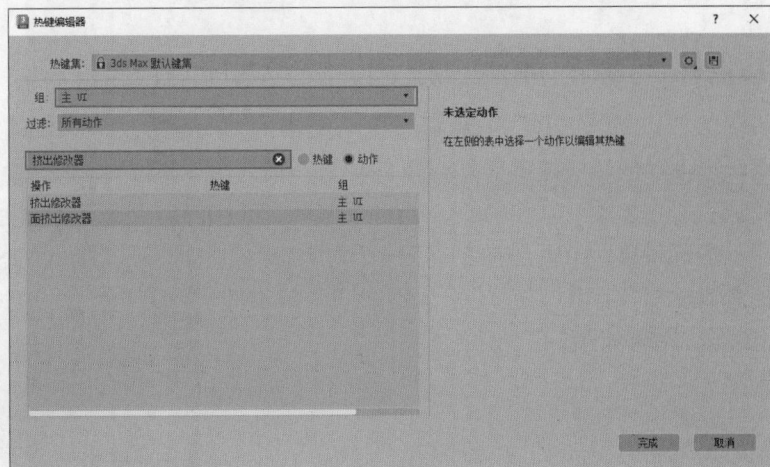

图1-61

第2步： 在下方的列表框中选中"挤出修改器"选项，如图1-62所示。

第3步： 在右侧的"热键"输入框中同时按Shift键和E键，此时输入框内显示"Shift+E"，如图1-63所示。

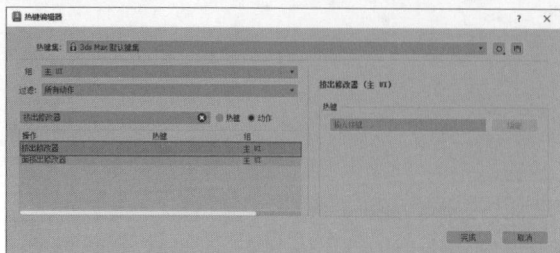

图1-62

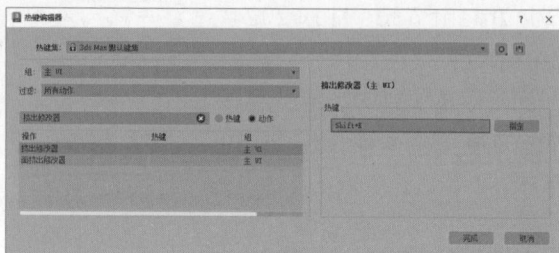

图1-63

第4步： 单击右侧的"指定"按钮 ，就可以在左侧的列表框中看到"挤出修改器"的右侧为"Shift+E"，如图1-64所示。

除了系统自带的快捷键，读者可以为其他常用的命令添加方便自己使用的快捷键。快捷键可以是单个键，也可以是多个键的组合。将这些设置的快捷键保存后，也可以在其他计算机上加载。

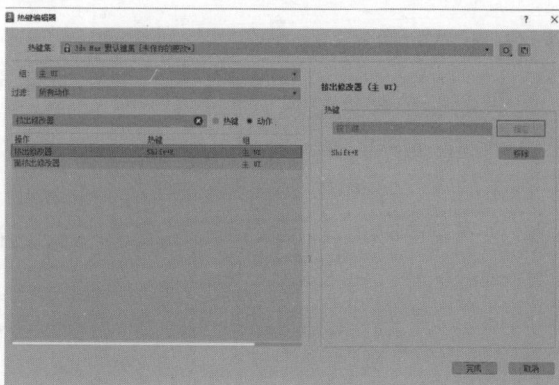

图1-64

1.2.5 视图的旋转、平移和缩放

除了软件操作界面右下角的视口导航控制按钮可用于控制视图的操作，还可以使用快捷键来操控视图。

◇ **旋转视图：** 按住Alt键+长按鼠标滚轮并拖曳。

◇ **平移视图：** 长按鼠标滚轮并拖曳。

◇ **缩放视图：** 滚动鼠标滚轮。

1.2.6 对象的加选、减选、反选和孤立选择

除了运用"选择"工具 选择场景中的对象，还可以依靠快捷键实现对象的加选、减选、反选和孤立选择。

◇ **加选对象：** 如果当前选择了一个对象，还想加选其他对象，可以在按住Ctrl键的同时单击其他对象，效果如图1-65所示。

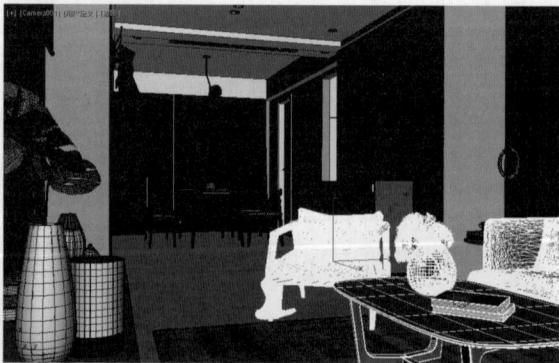

图1-65

◇ **减选对象：** 如果当前选择了多个对象，想取消某个已选择的对象，可以在按住Alt键的同时单击想要减选的对象，效果如图1-66所示。

◇ **反选对象：** 如果当前选择了某些对象，想要反选其他对象，可以按快捷键Ctrl+I完成，效果如图1-67所示。

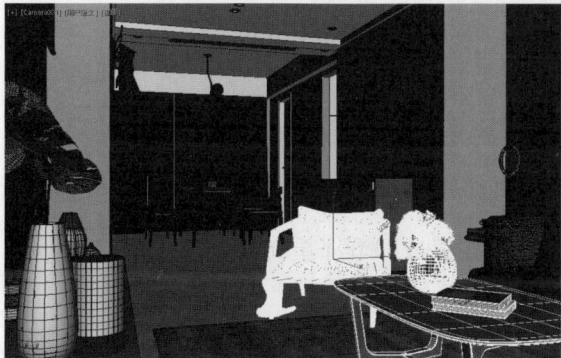 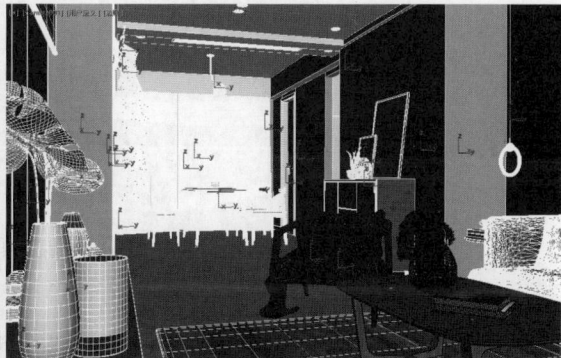

图1-66   图1-67

◇ **孤立选择对象：** 这是一种特殊的选择对象的方法，可以将选择的对象单独显示出来，以便对其进行编辑，如图1-68所示。孤立选择对象的方法主要有两种：一种是执行"工具>孤立当前选择"菜单命令或直接按快捷键Alt+Q；另一种是在视图中单击鼠标右键，然后在弹出的快捷菜单中选择"孤立当前选择"命令。

图1-68

1.2.7 对象的移动、旋转和缩放

移动、旋转和缩放是对象的基础操作，也是读者必须掌握的知识点。

◇ **移动对象：** 使用"选择并移动"工具 ✛ 就能将选中的对象在 x、y 和 z 这3个轴向上进行移动。当使用该工具选择对象时，对象上会显示坐标控制器。在默认的四视图中，只有透视图显示的是 x、y 和 z 这3个轴向，其他3个视图中只显示其中的某两个轴向，如图1-69所示。在移动对象时，将鼠标指针放在需要移动方向的轴上，然后拖曳鼠标即可，如图1-70所示。

图1-69

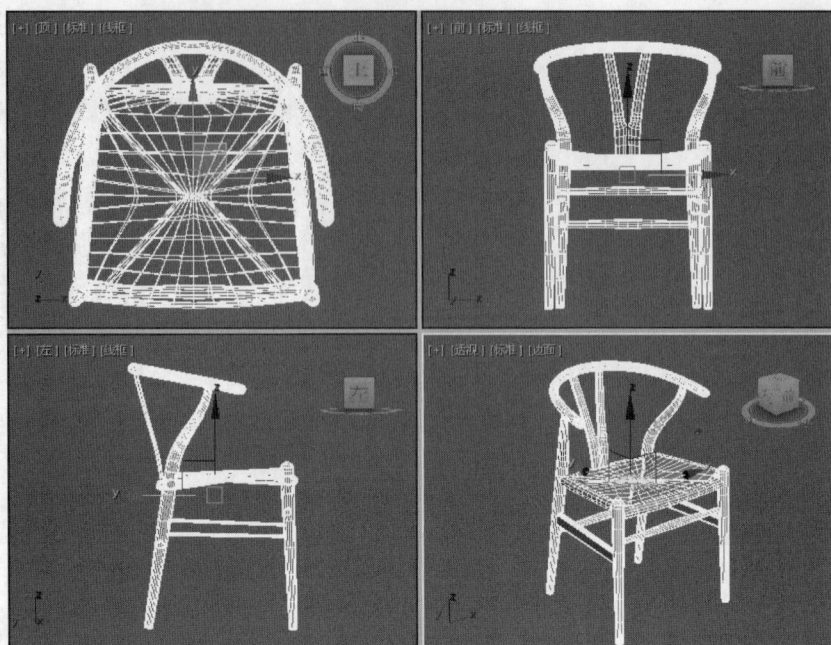

图1-70

提示 按+键或–键，可以放大或缩小坐标控制器。

◇ **旋转对象：** 使用"选择并旋转"工具 就能将选中的对象在x、y和z这3个轴向上进行旋转。其用法与"选择并移动"工具 相似，在激活状态（选择状态）时，被选中的对象可以在x、y和z这3个轴向上进行旋转，如图1-71所示。

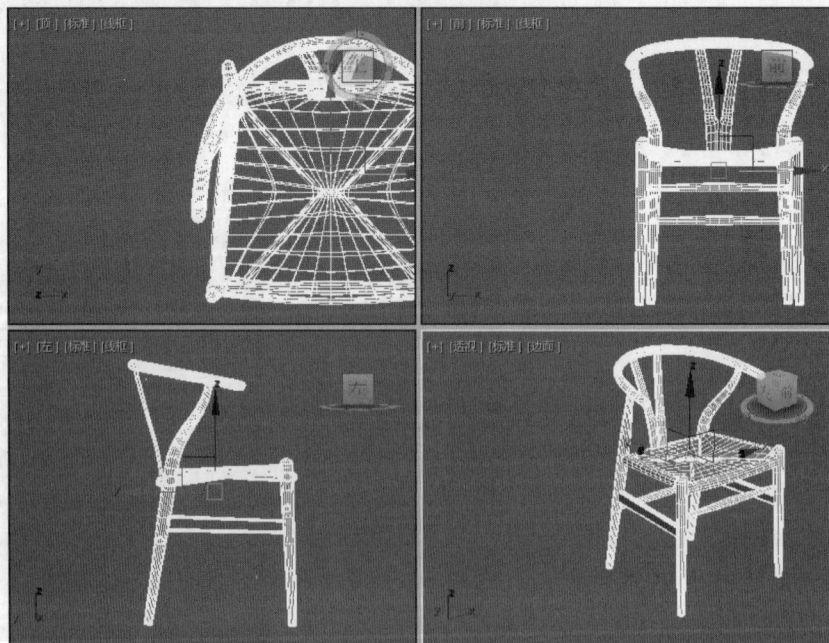

图1-71

◇ **缩放对象：** 使用"选择并均匀缩放"工具 就能将选中的对象在x、y和z这3个轴向上进行缩放，也可以在3个轴向上同时缩放，如图1-72所示。

图1-72

"选择并非均匀缩放"工具■可以根据活动轴约束以非均匀方式缩放对象。

"选择并挤压"工具■可以创建挤压和拉伸效果。

1.2.8 对象的复制

复制对象在实际工作中运用的频率非常高，是读者必须掌握的技能。复制对象的方法有两种：一种是原位复制，另一种是移动复制。

◇ **原位复制**：执行"编辑>克隆"菜单命令（快捷键为Ctrl+V），弹出"克隆选项"对话框，单击"确定"按钮 确定 ，如图1-73所示，可将选中的对象原位复制，接着使用"选择并移动"工具■移动复制出的对象到合适的位置即可。

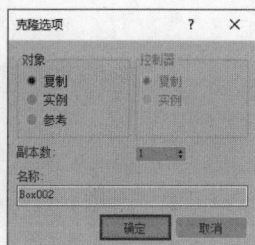

图1-73

◇ **移动复制**：选中对象的同时按住Shift键，然后使用"选择并移动"工具■将其移动到合适位置，在弹出的"克隆选项"对话框中选择需要的克隆方式即可，效果如图1-74所示。除了使用"选择并移动"工具■，也可以使用"选择并旋转"工具■和"选择并均匀缩放"工具■，效果如图1-75所示。

图1-74

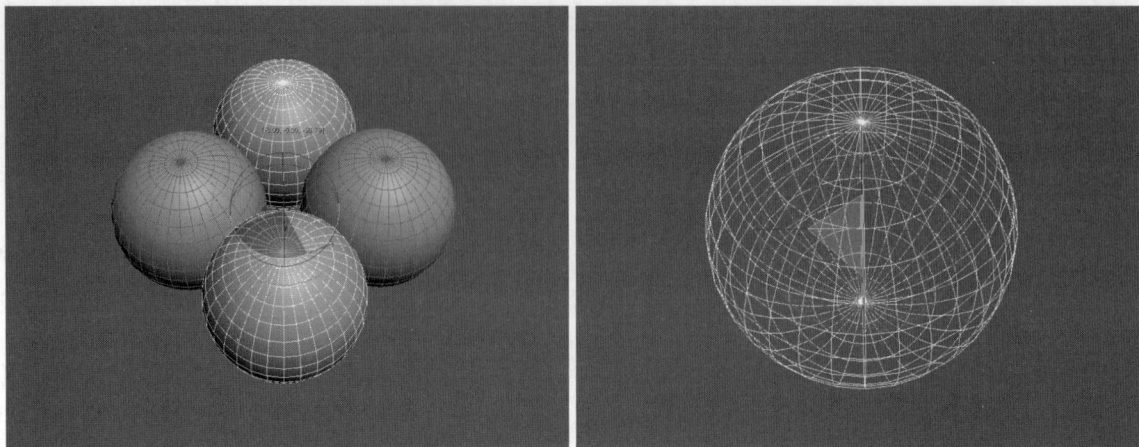

图1-75

1.2.9 对象的镜像、对齐

"镜像"工具■的操作方法较为简单。

第1步： 选中要镜像的对象，然后单击"镜像"工具■，打开"镜像:世界 坐标"对话框，如图1-76所示。

第2步： 选择"镜像轴"的轴向，图1-77所示是将一个圆凳模型沿x轴镜像后的效果。

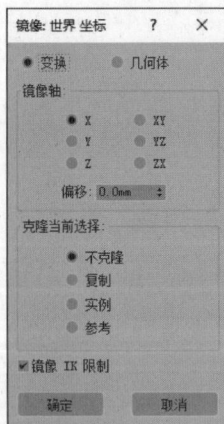

图1-76

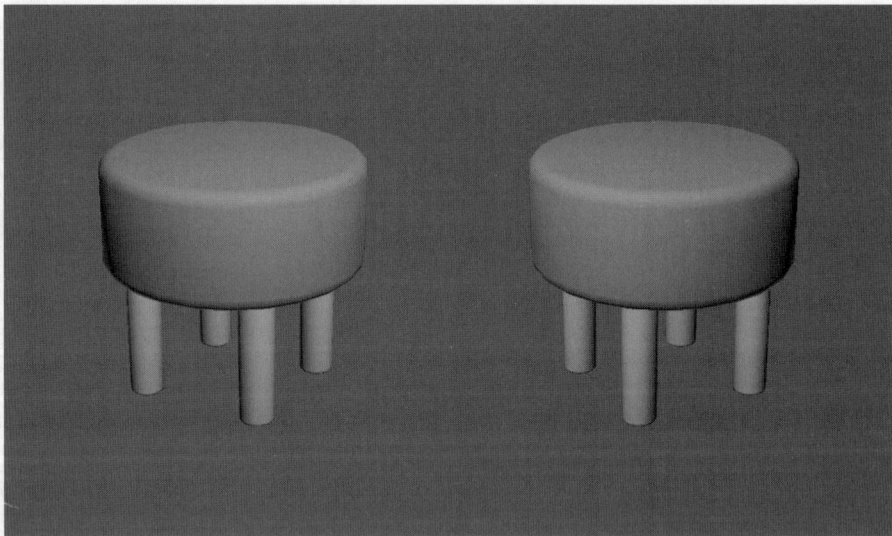

图1-77

第3步： 设置"镜像轴"后，对象会按照镜像轴的轴向进行镜像，原有的对象并不会保留。如果既要保留原有的对象，又要生成镜像对象，就需要在"克隆当前选择"选项组中选择"复制"或"实例"选项。

在6种对齐工具中，常用的是默认的"对齐"工具■，其操作方法如下。

第1步： 选中场景中需要对齐的一个对象，然后单击"对齐"工具■，接着单击场景中需要对齐的另一个对象，此时会弹出"对齐当前选择(Box 001)"对话框，如图1-78所示。

第2步： 设置两个对齐对象的对齐坐标及对齐方式。图1-79所示是长方体与圆柱体在x轴和y轴上轴点对齐的效果。

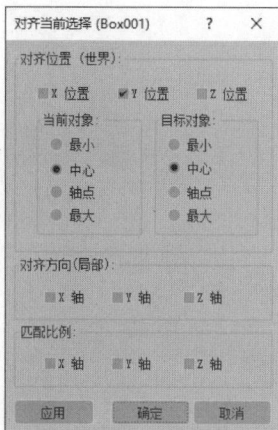 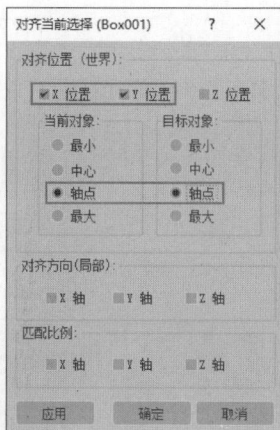 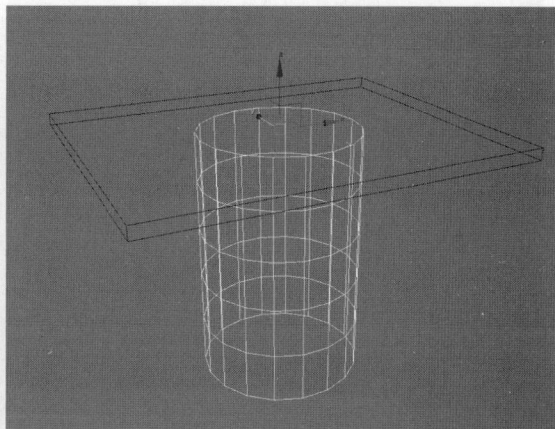

图1-78 图1-79

1.2.10 对象的捕捉

通过以下3种捕捉工具,能在不同的视图中实现对象的对齐和连接效果。

◇ **"2D捕捉"工具**☑: 在二维视图中进行捕捉,如图1-80所示。

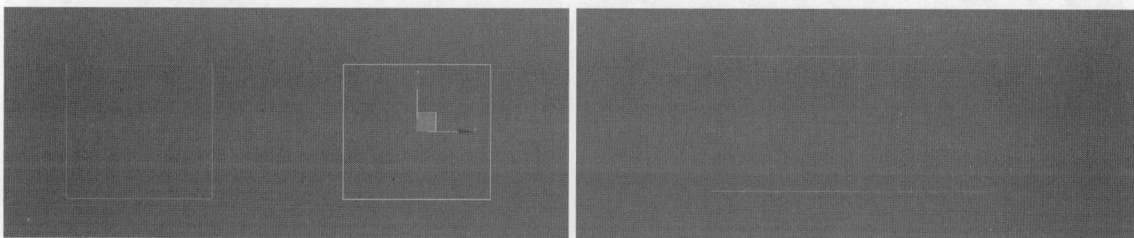

图1-80

◇ **"2.5D捕捉"工具**☑: 常用在二维视图中进行捕捉,也可以用在三维视图中进行捕捉,但用在三维视图中捕捉时会存在误差,如图1-81所示。

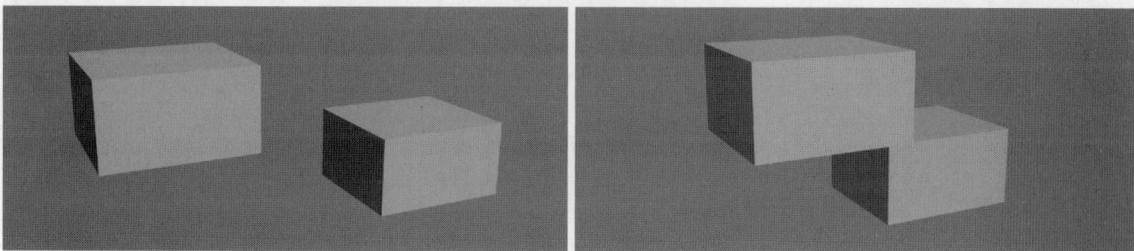

图1-81

◇ **"3D捕捉"工具**☑: 在三维视图中进行捕捉,相比"2.5D捕捉"工具☑,效果会更加精确,如图1-82所示。

图1-82

1.2.11 参考坐标系

软件提供了图1-83所示的9种参考坐标系，在日常工作中常用的是"视图"、"世界"和"局部"这3种。

图1-83

◇ **视图：** 系统默认的参考坐标系，不同的视图会显示不同的坐标轴，如图1-84所示。

◇ **世界：** 每个视图的坐标显示方式，都与视口左下角的世界坐标相吻合，如图1-85所示。

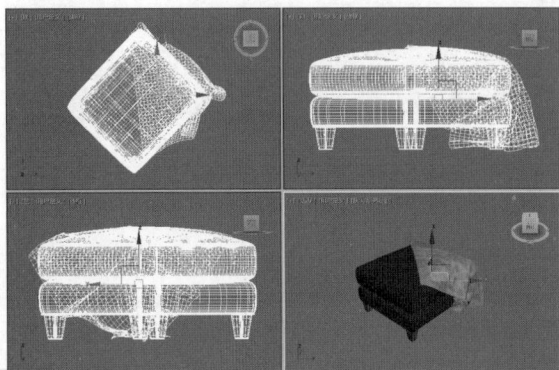

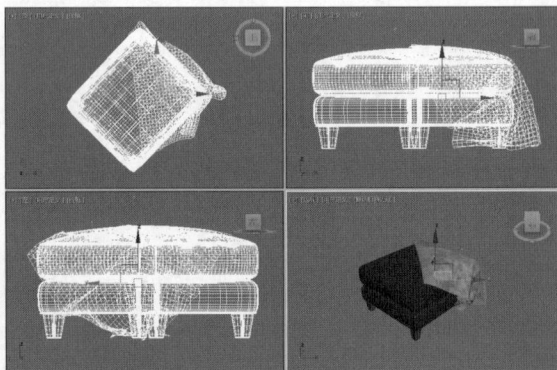

图1-84   图1-85

◇ **局部：** 根据对象的法线方向显示坐标位置，如图1-86所示。这种参考坐标系有助于移动带有角度的模型。

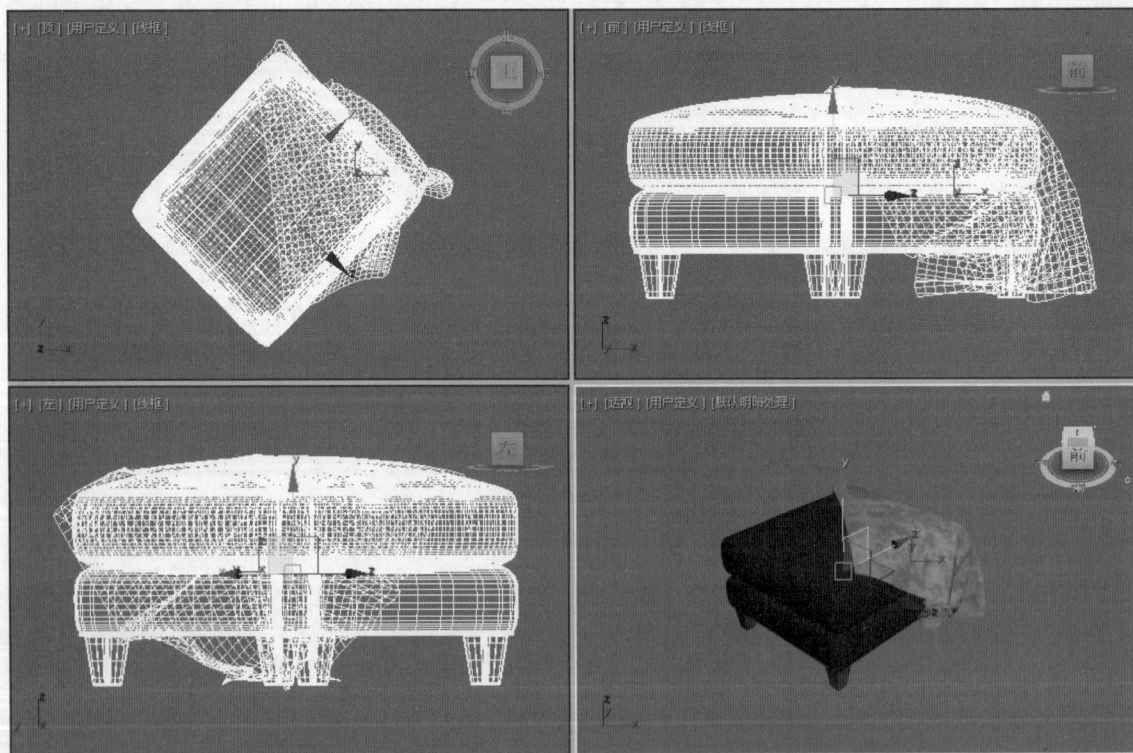

图1-86

项目2

基础建模技术

本项目将介绍3ds Max 2024的基础建模技术，包括创建标准基本体、扩展基本体、复合对象、二维图形和VRay对象等。通过对本项目的学习，读者可以快速创建出一些简单的模型。

学习目标

- 掌握标准基本体的创建方法
- 掌握扩展基本体的创建方法
- 掌握复合对象的创建方法
- 掌握二维图形的创建方法
- 掌握VRay对象的创建方法

技能目标

- 掌握"几何电商展台模型"的制作方法
- 掌握"掌上游戏机模型"的制作方法
- 掌握"冰块冰格模型"的制作方法
- 掌握"花瓶模型"的制作方法
- 掌握"毛绒小球模型"的制作方法

素养目标

- 培养通过合适工具创建模型的思维方式
- 培养不断改进学习方法的自主学习能力
- 培养通过不断实践积极探索的能力

任务2.1 创建标准基本体

本任务通过任务实践，讲解用标准基本体模型创建模型场景的方法；通过任务知识，讲解常用的标准基本体模型。

任务实践 制作几何电商展台模型

任务目标 学习并使用常用的标准基本体模型创建简单的模型场景。

任务要点 使用"长方体"、"圆柱体"、"球体"、"圆环"和"平面"工具，以"搭积木"的方式拼出一个几何电商展台模型。最终效果参看学习资源中的"案例文件>项目2>任务实践；几何电商展台.max"文件，效果如图2-1所示。

图2-1

任务制作

01 使用"长方体"工具 长方体 在场景中创建一个长方体模型，设置"长度"为750.0mm，"宽度"为800.0mm，"高度"为150.0mm，如图2-2所示。

02 将长方体模型向上复制一个，修改复制的长方体模型的"长度"为600.0mm，如图2-3所示。

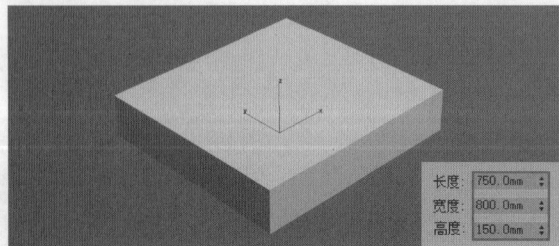

长度： 750.0mm
宽度： 800.0mm
高度： 150.0mm

图2-2

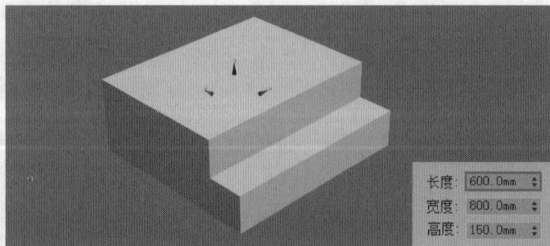

长度： 600.0mm
宽度： 800.0mm
高度： 150.0mm

图2-3

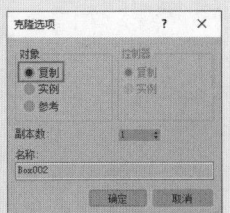

图2-4

03 按照步骤02的方法，继续向上复制3个长方体模型，每一个长方体模型的"长度"都比下方的模型少150.0mm，效果如图2-5所示。

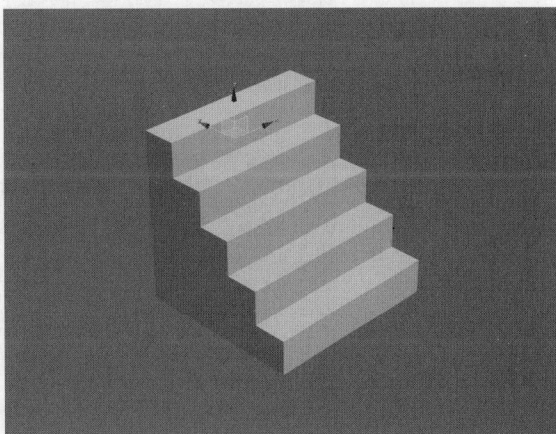

图2-5

04 使用"圆柱体"工具 圆柱体 在场景中创建一个圆柱体模型，设置"半径"为560.0mm，"高度"为300.0mm，"边数"为36，如图2-6所示。

05 将步骤04创建的圆柱体模型向上复制一个，修改复制的圆柱体模型的"半径"为500.0mm，"高度"为70.0mm，如图2-7所示。

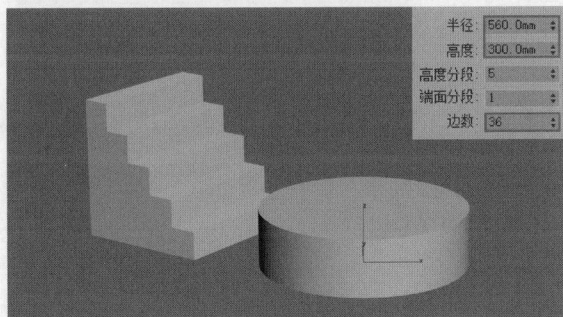

图2-6

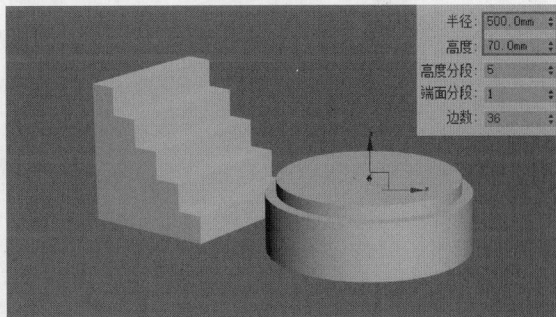

图2-7

06 使用"长方体"工具 长方体 在场景中创建一个立方体模型，设置"长度"、"宽度"和"高度"都为500.0mm，如图2-8所示。

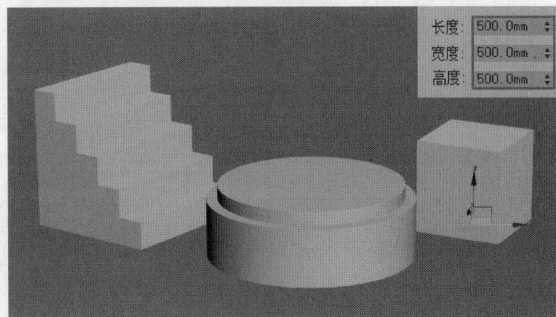

图2-8

07 使用"球体"工具 球体 在立方体模型上创建一个球体模型，设置"半径"为200.0mm，如图2-9所示。

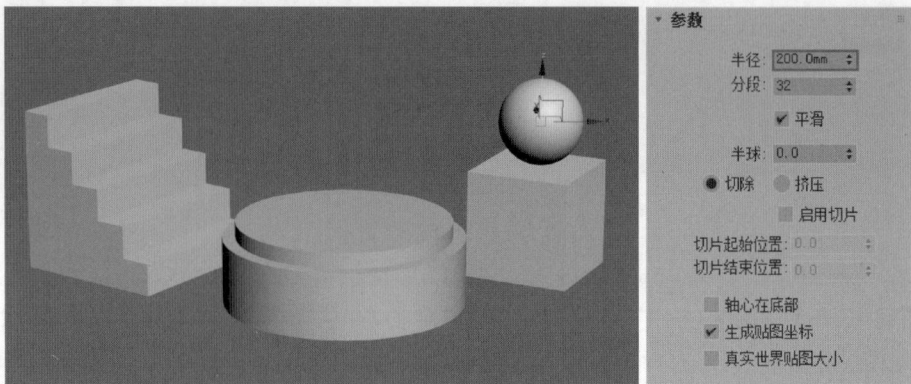

图2-9

08 使用"圆环"工具 圆环 在圆柱体模型后方创建一个圆环模型，设置"半径1"为560.0mm，"半径2"为40.0mm，"分段"为64，如图2-10所示。

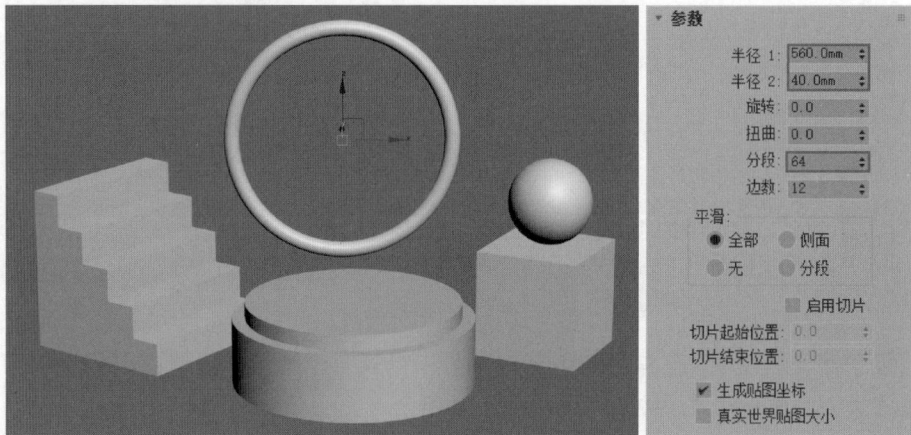

图2-10

09 使用"平面"工具 平面 在场景中创建两个平面模型作为地面和墙面。几何电商展台模型最终效果如图2-11所示。

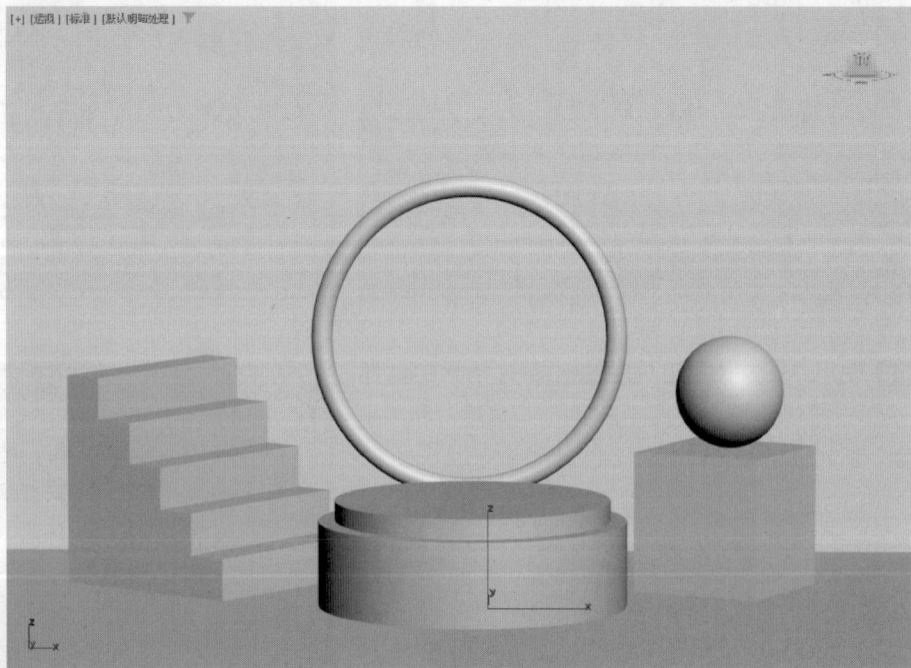

图2-11

任务知识

2.1.1 长方体

使用"长方体"工具 长方体 可以创建出方桌、墙体等多种模型。单击"长方体"按钮 长方体 后，在场景中拖曳，就能创建长方体模型，效果如图2-12所示。

在视口区域右侧的"修改"面板中，可以设置创建的长方体模型的各项参数，如图2-13所示。

图2-12

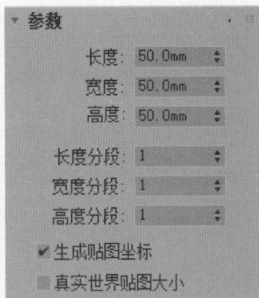
图2-13

◇ **长度/宽度/高度：** 这3个参数决定了长方体模型的外形，用来设置长方体模型的长度、宽度和高度。

◇ **长度分段/宽度分段/高度分段：** 这3个参数用来设置沿着对象每个轴的分段数量。

◇ **生成贴图坐标：** 自动产生贴图坐标。

◇ **真实世界贴图大小：** 不勾选此选项时，贴图大小符合创建对象的尺寸；勾选此选项后，贴图大小由绝对尺寸决定。

2.1.2 圆锥体

使用"圆锥体"工具 圆锥体 能创建出冰激凌的外壳、吊坠等样式的模型。单击"圆锥体"按钮 圆锥体 后，在场景中拖曳，就能创建圆锥体模型，效果如图2-14所示。

在视口区域右侧的"修改"面板中，可以设置创建的圆锥体模型的各项参数，如图2-15所示。

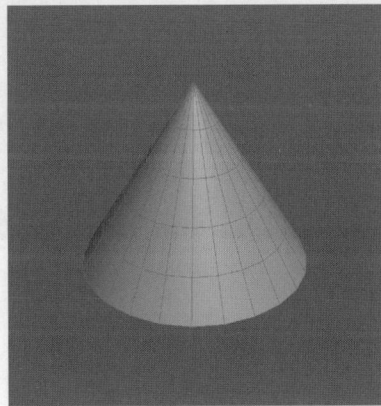
图2-14

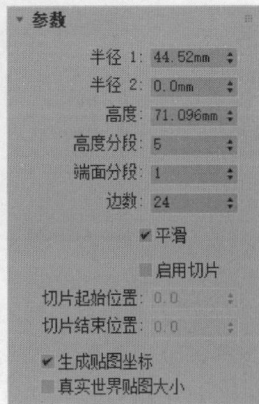
图2-15

◇ **半径1/半径2：** 设置圆锥体模型的第1个半径和第2个半径，两个半径的最小值都是0.0mm。

◇ **高度：** 设置圆锥体模型的高度。

◇ **高度分段：** 设置圆锥体模型曲面上的分段数量。

◇ **端面分段：** 设置圆锥体模型底部圆面的分段数量。

◇ **边数：** 设置圆锥体模型周围边数，数值越大，底部的圆面越圆滑。

◇ **平滑：** 设置混合圆锥体模型的面，从而在渲染视图中创建平滑的外观。

◇ **启用切片：** 控制是否开启"切片"功能。

◇ **切片起始位置/切片结束位置：** 设置从局部 x 轴的零点开始围绕局部 z 轴的度数。

> **提示** "圆柱体"、"球体"和"圆锥体"等工具都有"启用切片"选项,勾选该选项后可以对模型进行切片。读者初次接触切片功能时,可能不能很好地理解"切片起始位置"和"切片结束位置",因此下面介绍切片的具体原理。
>
> 勾选"启用切片"选项后,切片是以y轴的正方向为0°轴,在xy平面内围绕z轴旋转一周(360°),如图2-16所示。
>
> 相信读者明白了其中的原理,就能很好地理解"切片起始位置"和"切片结束位置"这两个参数。当设置"切片起始位置"为90.0时,就是切片从y轴开始,围绕z轴逆时针旋转90°,此处就是切片的起始位置;当设置"切片结束位置"为180.0时,就是切片从y轴开始,围绕z轴逆时针旋转180°,此处就是切片的结束位置,如图2-17所示。

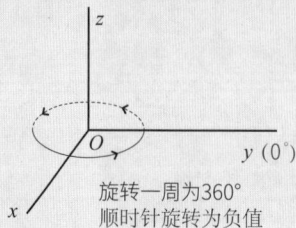

图2-16

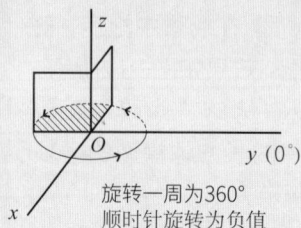

图2-17

2.1.3 球体

球体也是现实生活中常见的物体。在3ds Max 2024中,使用"球体"工具 球体 可以创建完整的球体模型,如图2-18所示,也可以创建半球体模型或球体模型的其他部分。

在视口区域右侧的"修改"面板中,可以设置创建的球体模型的各项参数,如图2-19所示。

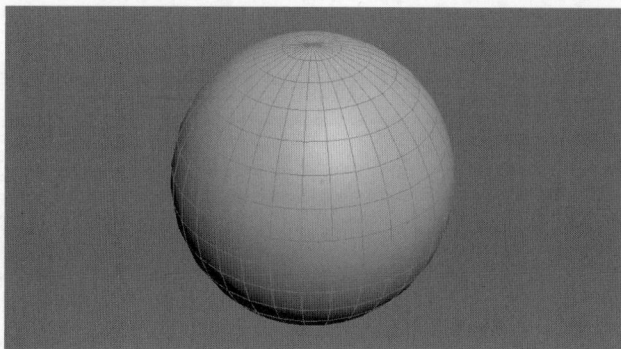

图2-18

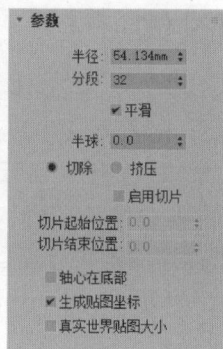

图2-19

◇ **半径:** 设置球体模型的半径。

◇ **分段:** 设置球体模型多边形分段的数目。分段越多,球体模型越圆滑。图2-20所示是"分段"分别为16和32时的球体模型对比。

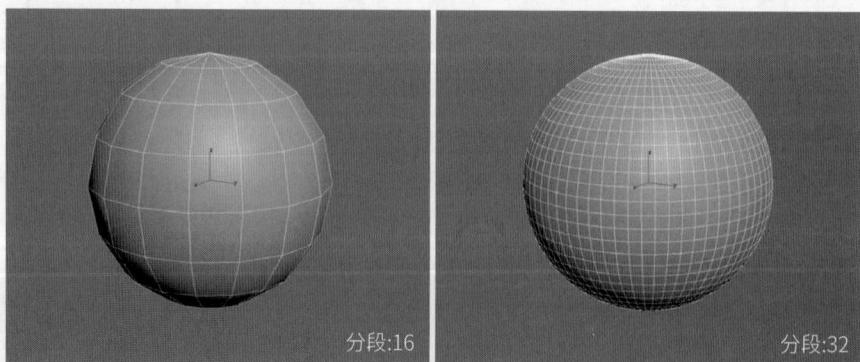

图2-20

◇ **半球：** 当"半球"设置为0.0时可以生成完整的球体模型，设置为0.5时可以生成半球体模型，如图2-21所示，设置为1.0时会使球体模型消失。

◇ **切除：** 切除半球后，保留剩余半球的顶点和面数。

◇ **挤压：** 保留原有球体的顶点和面数，将球体挤压成其他的形状。

◇ **轴心在底部：** 在默认情况下，轴点位于球体模型中心的构造平面上，如图2-22所示。如果勾选"轴心在底部"选项，则会将球体模型沿着局部z轴向上移动，使轴点位于其底部，如图2-23所示。

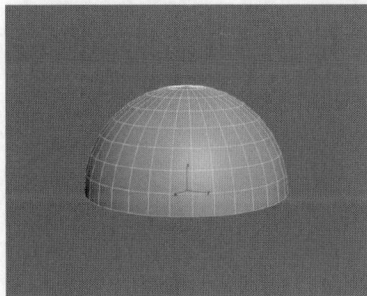
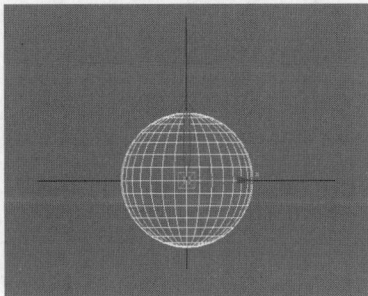
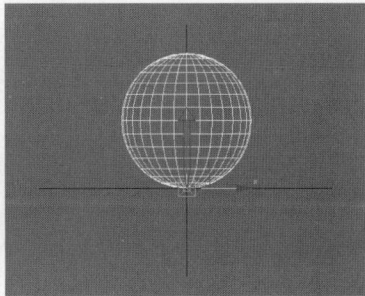

| 图2-21 | 图2-22 | 图2-23 |

> **提示** "几何球体"工具 几何球体 与"球体"工具 球体 功能类似，都用于创建球体模型。两者在模型的布线上有所区别，几何球体模型是由三角形面拼接而成的，如图2-24所示。
>
>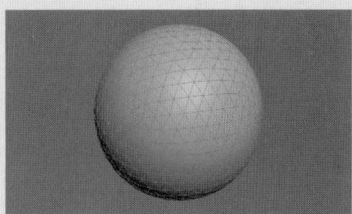
>
> 图2-24

2.1.4 圆柱体

圆柱体在现实生活中很常见，比如玻璃杯和桌腿等，如图2-25所示。制作由圆柱体模型构成的物体时，可以先将圆柱体模型转换成可编辑多边形，然后对细节进行调整。

在视口区域右侧的"修改"面板中，可以设置创建的圆柱体模型的各项参数，如图2-26所示。

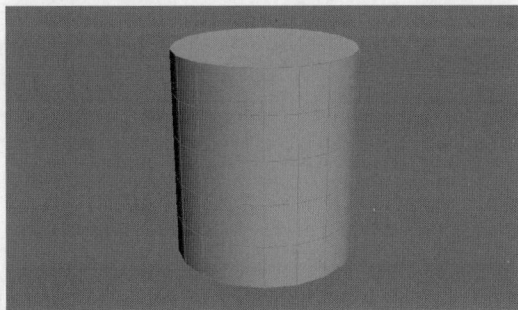
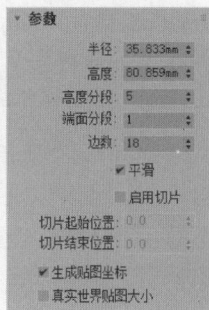

| 图2-25 | 图2-26 |

◇ **半径：** 设置圆柱体模型的半径。

◇ **高度：** 设置沿着中心轴的维度。负值表示将在构造平面下面创建圆柱体模型。

◇ **高度分段：** 设置沿着圆柱体模型主轴的分段数量。

◇ **端面分段：** 设置围绕圆柱体模型顶部和底部中心的同心分段数量。

◇ **边数：** 设置圆柱体模型周围的边数。

2.1.5 管状体

管状体的外形与圆柱体相似，不过管状体是空心的，因此管状体有两个半径，即外径（半径1）和内径（半径2），如图2-27所示。

在视口区域右侧的"修改"面板中，可以设置创建的管状体模型的各项参数，如图2-28所示。

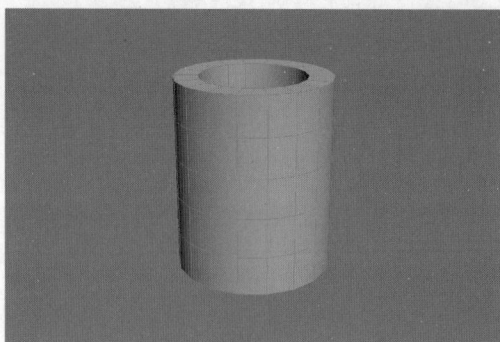

图2-27

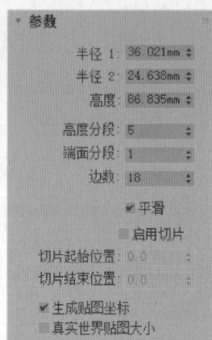

图2-28

◇ **半径1/半径2**："半径1"是指管状体模型的外径，"半径2"是指管状体模型的内径，如图2-29所示。

◇ **高度**：设置沿着中心轴的维度。负值表示将在构造平面下面创建管状体模型。

◇ **高度分段**：设置沿着管状体模型主轴的分段数量。

◇ **端面分段**：设置围绕管状体模型顶部和底部中心的同心分段数量。

◇ **边数**：设置管状体模型的边数，数值越大模型的曲面越圆滑。

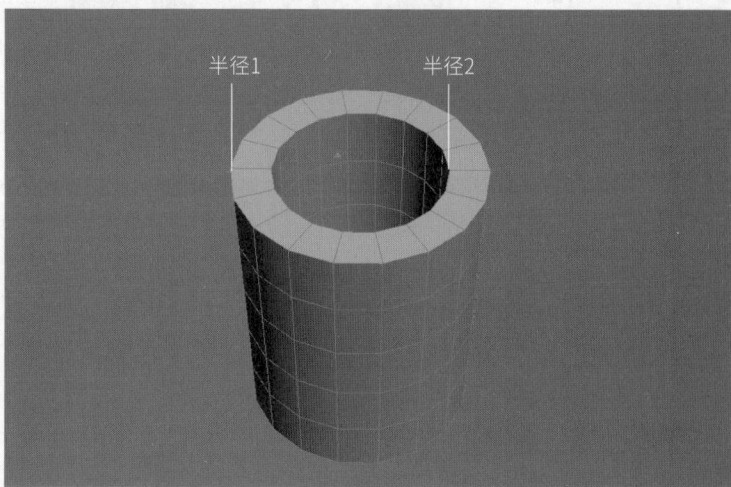

图2-29

2.1.6 圆环

"圆环"工具 圆环 可以用于创建环形或具有圆形横截面的环状物体，如图2-30所示。

在视口区域右侧的"修改"面板中，可以设置创建的圆环模型的各项参数，如图2-31所示。

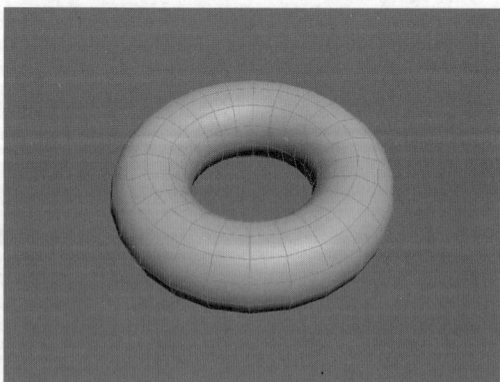

图2-30

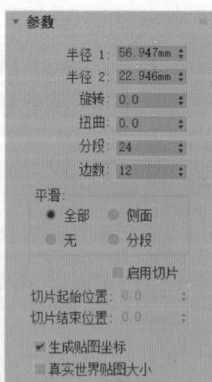

图2-31

◇ **半径1**：设置从圆环模型中心到横截面圆形的中心的距离，以控制圆环模型的整体大小。

◇ **半径2**：设置横截面圆形的半径，以控制圆环模型的粗细。

◇ **旋转**：设置旋转的度数，顶点将围绕通过圆环模型中心的圆形非均匀旋转。

◇ **扭曲**：设置扭曲的度数，横截面将围绕通过圆环模型中心的圆形逐渐旋转。

◇ **分段：** 设置围绕圆环模型的分段数量。数值越大，圆环模型的曲面越圆滑，如图2-32所示。

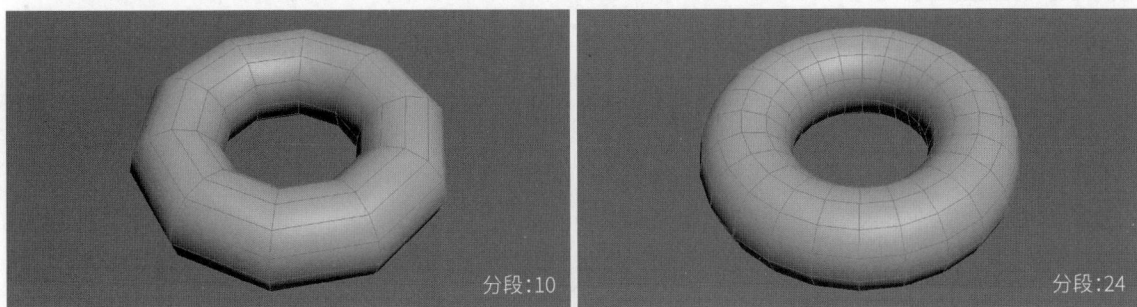

图2-32

◇ **边数：** 设置圆环模型横截面圆形的边数。数值越大，圆环模型的横截面圆形越圆滑，如图2-33所示。

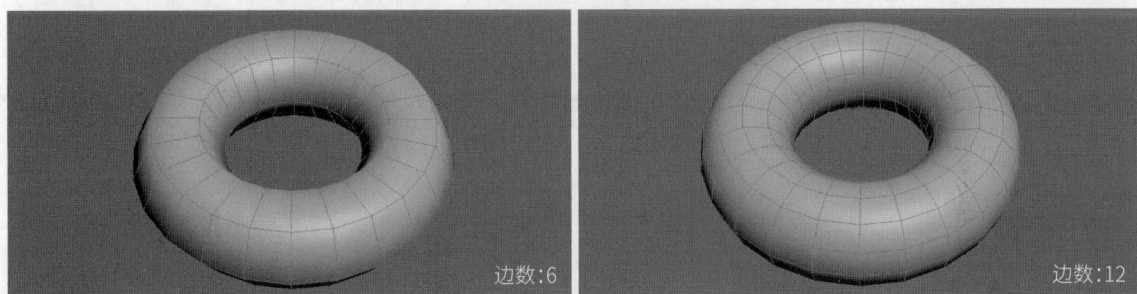

图2-33

2.1.7 四棱锥

四棱锥的外形与圆锥相似，但四棱锥的底面是矩形，侧面是三角形，如图2-34所示。

在视口区域右侧的"修改"面板中，可以设置创建的四棱锥模型的各项参数，如图2-35所示。

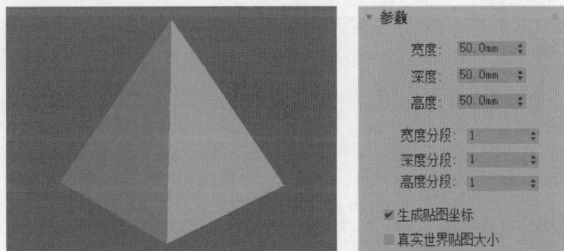

图2-34   图2-35

◇ **宽度/深度/高度：** 设置四棱锥模型底面的长度和宽度，以及模型整体的高度。

◇ **宽度分段/深度分段/高度分段：** 设置四棱锥模型对应面的分段数量。

2.1.8 平面

"平面"工具 平面 在建模过程中使用的频率非常高，例如用于创建墙面和地面等，如图2-36所示。

在视口区域右侧的"修改"面板中，可以设置创建的平面模型的各项参数，如图2-37所示。

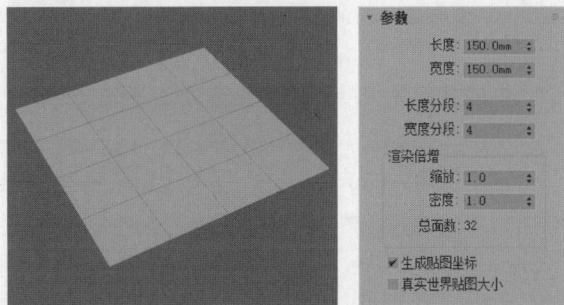

图2-36   图2-37

◇ **长度/宽度：** 设置平面模型的长度和宽度。

◇ **长度分段/宽度分段：** 设置沿着模型每个轴的分段数量。

2.1.9 加强型文本

加强型文本是3ds Max 2018加入的工具，它在原有样条线"文本"工具 文本 的基础上，添加了"挤出"和"倒角"等命令，可以快速制作三维字体模型，如图2-38所示。

在视口区域右侧的"修改"面板中，可以设置创建的加强型文本模型的各项参数，如图2-39所示。

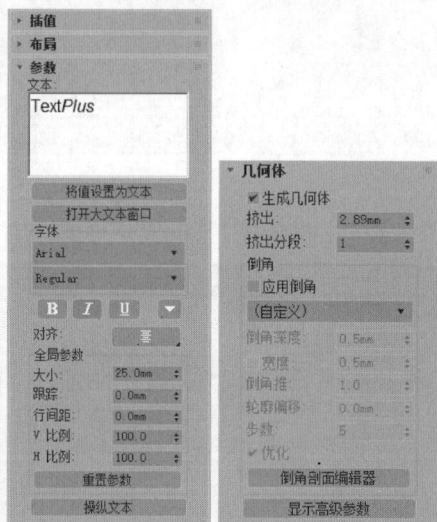

图2-38　　　　　　　　　　　　　　　　　图2-39

◇ **文本：** 在输入框中输入需要生成模型的文本内容。

◇ **字体：** 设置文本的字体。

◇ **大小：** 设置文本的大小。

◇ **跟踪：** 设置文本的字间距。

◇ **行间距：** 设置文本的行间距。

◇ **V比例/H比例：** 设置文本的纵向或横向的比例，效果如图2-40所示。

图2-40

◇ **生成几何体：** 默认勾选此选项。不勾选时，文本模型为样条形式，效果如图2-41所示。

◇ **挤出：** 设置文本模型的厚度。

◇ **应用倒角：** 勾选后，文本模型会出现倒角效果，如图2-42所示。

图2-41　　　　　　　　　　　　　　　　　图2-42

任务2.2 创建扩展基本体

本任务通过任务实践，讲解创建扩展基本体的方法；通过任务知识，讲解常用的扩展基本体模型。

任务实践 制作掌上游戏机模型

任务目标 学习并使用常用的扩展基本体模型制作掌上游戏机模型。

任务要点 使用"切角长方体"和"切角圆柱体"两个工具，以"搭积木"的方式拼出一个简单的掌上游戏机模型。最终效果参看学习资源中的"案例文件>项目2>任务实践：掌上游戏机.max"文件，效果如图2-43所示。

图2-43

任务制作

01 使用"切角长方体"工具 切角长方体 在场景中创建一个切角长方体模型，设置"长度"为50.0mm，"宽度"为36.0mm，"高度"为5.0mm，"圆角"为0.5mm，如图2-44所示。

02 继续使用"切角长方体"工具 切角长方体 在步骤01创建的切角长方体模型上创建一个切角长方体模型，设置"长度"为20.0mm，"宽度"为30.0mm，"高度"为1.0mm，"圆角"为0.3mm，如图2-45所示。

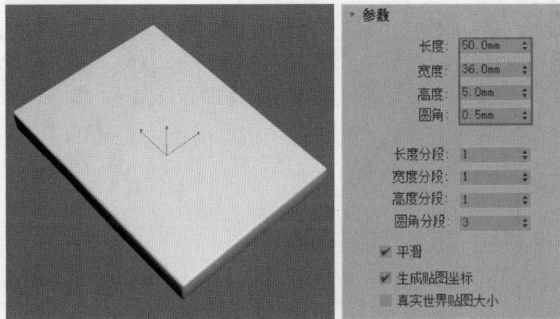

图2-44

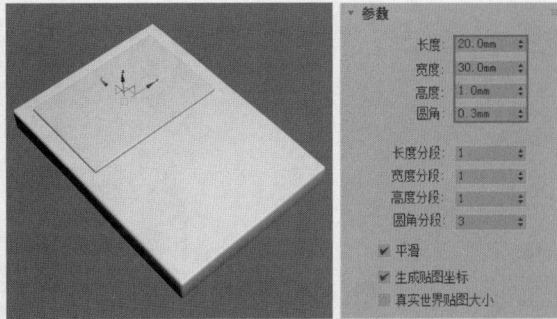

图2-45

提示 这一步也可以通过将原有的切角长方体模型复制一份后修改参数来实现。

03 使用"切角圆柱体"工具 切角圆柱体 在步骤01创建的切角长方体模型上创建一个切角圆柱体模型,设置"半径"为7.5mm,"高度"为1.0mm,"圆角"为0.3mm,"圆角分段"为3,"边数"为36,如图2-46所示。

04 使用"切角长方体"工具 切角长方体 在步骤03创建的切角圆柱体模型上,创建一个切角长方体模型,设置"长度"为2.5mm,"宽度"为10.0mm,"高度"为1.0mm,"圆角"为0.5mm,如图2-47所示。

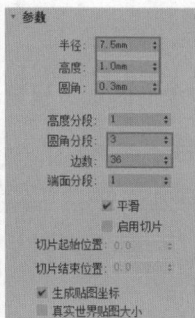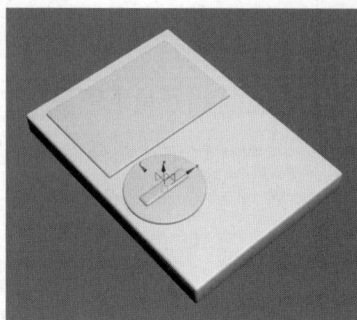

图2-46 图2-47

05 将步骤04创建的切角长方体模型复制一份并旋转90°,如图2-48所示。

06 使用"切角长方体"工具 切角长方体 创建一个大一点的切角长方体模型,设置"长度"为6.0mm,"宽度"为13.0mm,"高度"为1.0mm,"圆角"为3.0mm,如图2-49所示。

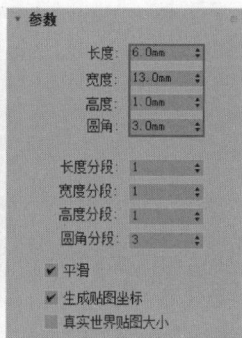

图2-48 图2-49

07 使用"切角圆柱体"工具 切角圆柱体 创建一个切角圆柱体模型,设置"半径"为2.3mm,"高度"为1.0mm,"圆角"为0.3mm,"圆角分段"为3,"边数"为36,如图2-50所示。

08 将步骤07创建的切角圆柱体模型向右复制一份,如图2-51所示。

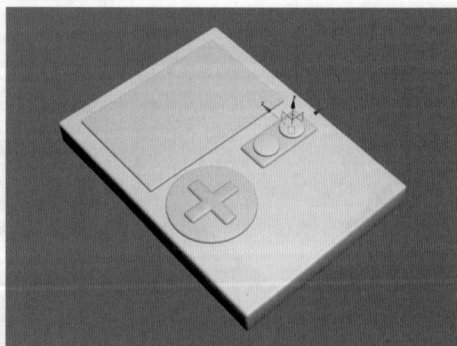

图2-50 图2-51

09 将步骤06~步骤08中创建的所有模型都向下复制一份,如图2-52所示。

10 调整模型的细节。掌上游戏机模型最终效果如图2-53所示。

图2-52

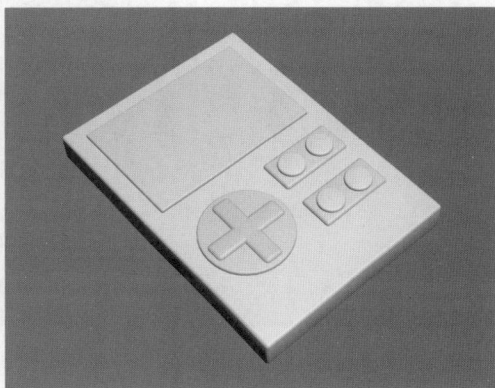

图2-53

任务知识

2.2.1 异面体

异面体是一种很典型的扩展基本体，用它可以创建四面体、立方体和星形等，如图2-54所示。

在视口区域右侧的"修改"面板中，可以设置创建的异面体模型的各项参数，如图2-55所示。

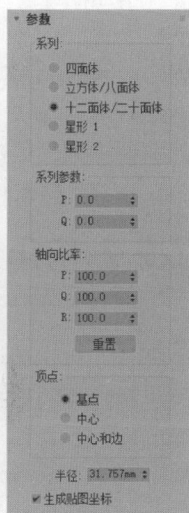

图2-54

图2-55

◇ **系列：** 在"系列"选项组下可以选择异面体模型的类型。图2-56所示是5种异面体模型效果。

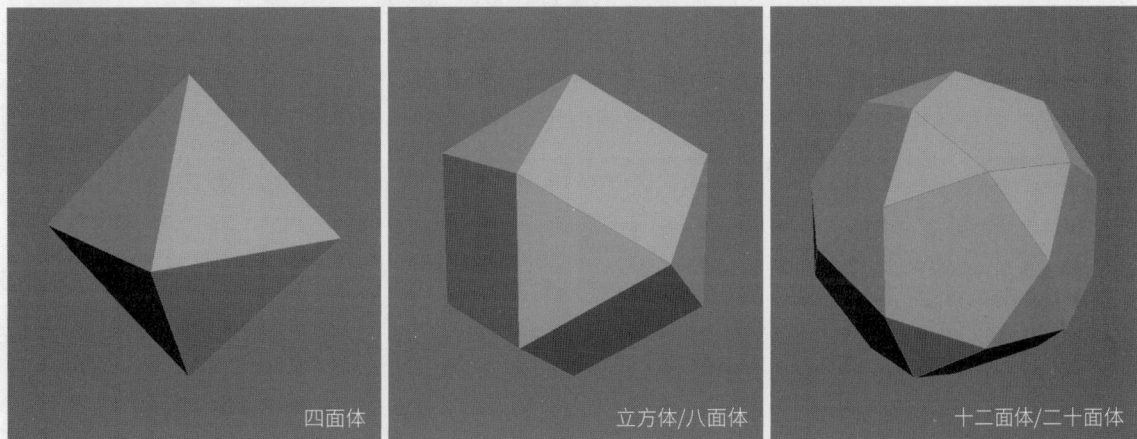

四面体

立方体/八面体

十二面体/二十面体

图2-56

047

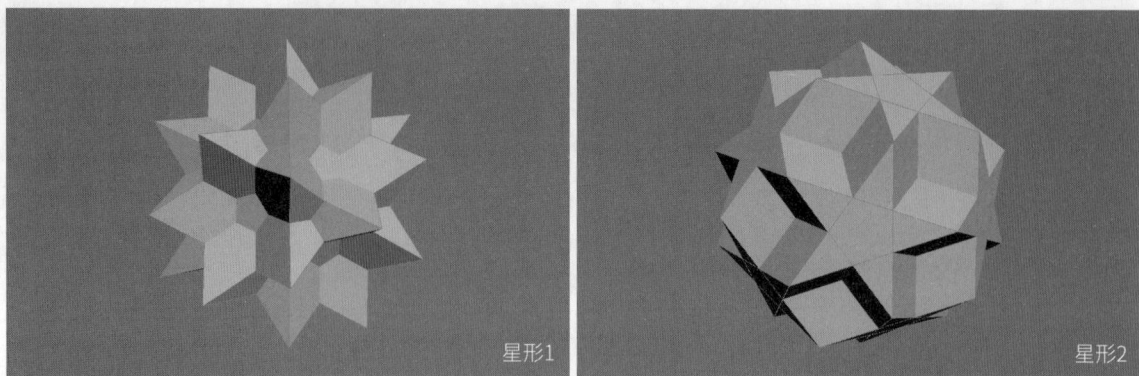

星形1

星形2

图2-56(续)

◇ **系列参数**："P""Q"两个选项主要用来切换异面体顶点与面之间的关联关系，其取值范围为0.0～1.0。

◇ **轴向比率**：异面体可以拥有多达3种面，如三角形、方形或五角形等。这些面可以是规则的，也可以是不规则的。如果异面体只有一种或两种面，则只有一个或两个"轴向比率"参数处于活动状态，非活动状态的参数不起作用。"P""Q""R"分别控制异面体不同方向的轴。如果调整了参数，单击"重置"按钮 重置 可以将"P""Q""R"的数值恢复到默认值100.0。

◇ **顶点**："顶点"选项组中的参数决定异面体的顶点呈现方式。"中心"和"中心和边"选项会增加对象中的顶点数，从而增加面数。

◇ **半径**：设置任何多面体的半径。

2.2.2 切角长方体

切角长方体是长方体的扩展基本体。可以使用"切角长方体"工具 切角长方体 快速创建出带圆角效果的长方体模型，如图2-57所示。

在视口区域右侧的"修改"面板中，可以设置创建的切角长方体模型的各项参数，如图2-58所示。

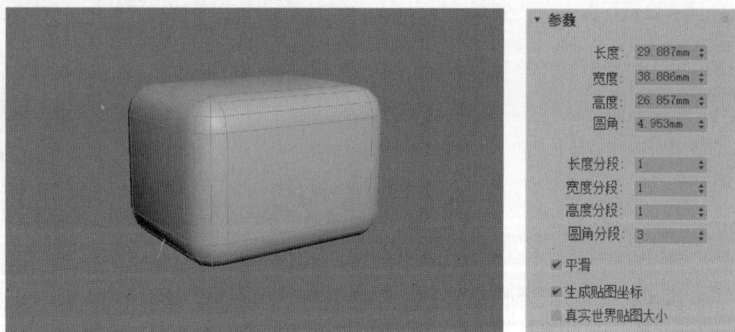

图2-57

图2-58

◇ **长度/宽度/高度**：设置切角长方体模型的长度、宽度和高度。

◇ **圆角**：切开倒角长方体模型的边，以创建圆角效果。图2-59展示了不同的圆角效果。

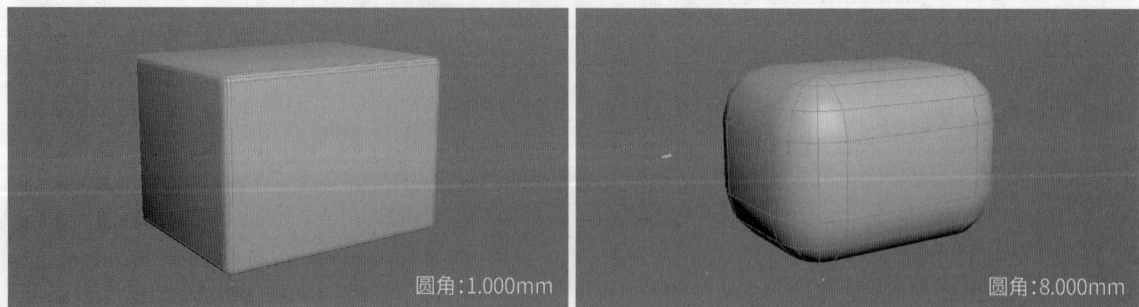

圆角:1.000mm

圆角:8.000mm

图2-59

◇ **长度分段/宽度分段/高度分段：**设置沿着相应轴的分段数量。
◇ **圆角分段：**设置切角长方体模型的圆角上的分段数量。

2.2.3 切角圆柱体

切角圆柱体是圆柱体的扩展基本体。可以使用"切角圆柱体"工具 切角圆柱体 快速创建出带圆角效果的圆柱体模型，如图2-60所示。

在视口区域右侧的"修改"面板中，可以设置创建的切角圆柱体模型的各项参数，如图2-61所示。

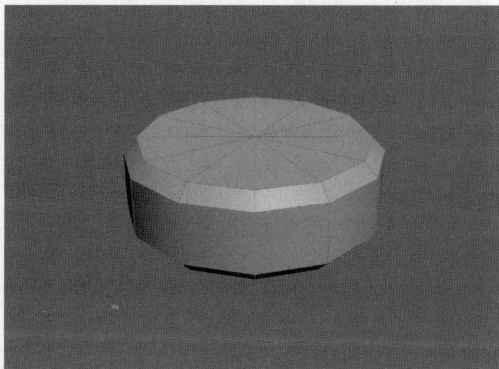

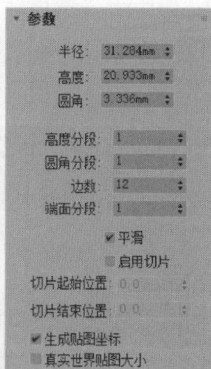

图2-60   图2-61

◇ **半径：**设置切角圆柱体模型的半径。
◇ **高度：**设置沿着中心轴的维度。负值表示将在构造平面下创建切角圆柱体模型。
◇ **圆角：**斜切切角圆柱体模型的顶部和底部封口边。
◇ **高度分段：**设置沿着相应轴的分段数量。
◇ **圆角分段：**设置切角圆柱体模型的圆角上的分段数量。
◇ **边数：**设置切角圆柱体模型周围的边数。
◇ **端面分段：**设置沿着切角圆柱体模型顶部和底部中心的同心分段数量。

任务2.3 创建复合对象

本任务通过任务实践，讲解用复合对象创建模型场景的方法；通过任务知识，讲解常用的复合对象。

任务实践 制作冰块冰格模型

任务目标 学习并使用"布尔"工具制作日常生活中常见的冰块冰格模型。

任务要点 使用"布尔"工具将大的长方体模型与小的长方体模型进行布尔运算，生成冰格的凹槽。最终效果参看学习资源中的"案例文件>项目2>任务实践：冰块冰格.max"文件，效果如图2-62所示。

图2-62

任务制作

01 使用"切角长方体"工具 切角长方体 在场景中创建一个切角长方体模型,设置"长度"为72.0mm,"宽度"为102.0mm,"高度"为36.0mm,"圆角"为1.5mm,如图2-63所示。

02 继续使用"切角长方体"工具 切角长方体 创建一个小的切角长方体模型作为冰块,设置"长度"、"宽度"和"高度"都为30.0mm,"圆角"为1.0mm,如图2-64所示。

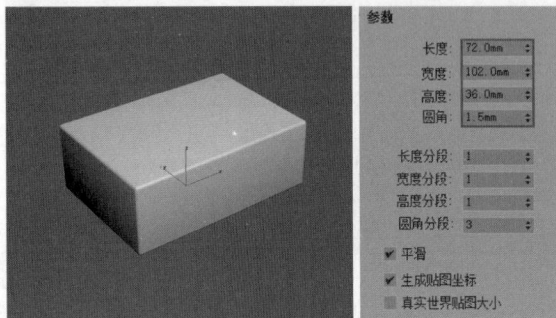

图2-63

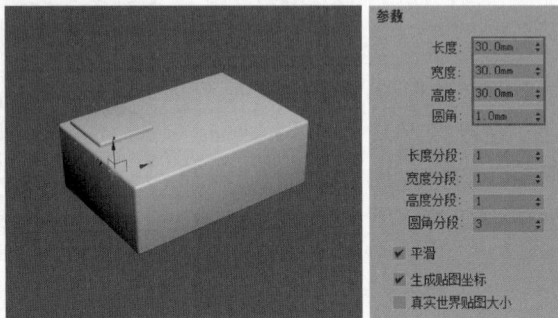

图2-64

03 将步骤02创建的切角长方体模型复制5个,排列在大的切角长方体模型中,如图2-65所示。

04 选中6个小的切角长方体模型,在"实用程序"卷展栏中单击"塌陷"按钮 塌陷 ,然后单击"塌陷选定对象"按钮 塌陷选定对象 ,将6个小的切角长方体模型合并为一个模型,如图2-66所示。

图2-65

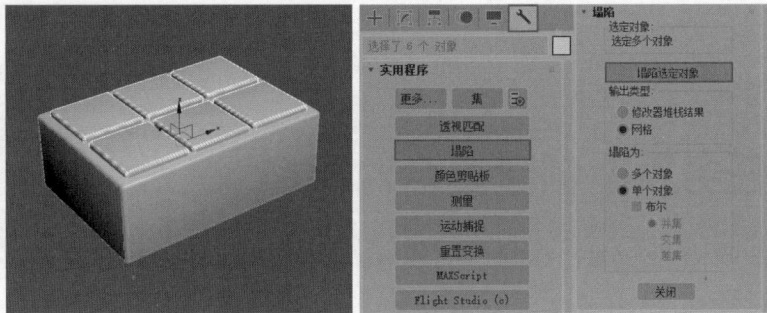

图2-66

提示 这一步的目的是将6个小的切角长方体模型一次性与大的切角长方体模型进行"布尔"运算。如果将6个小的切角长方体模型逐个与大的切角长方体模型进行"布尔"运算,会出现模型布线非常复杂的问题,不利于后面的调整。

05 选中大的切角长方体模型,在"复合对象"中单击"布尔"按钮 布尔 ,如图2-67所示。

06 在"布尔参数"卷展栏中单击"添加运算对象"按钮 添加运算对象 ,然后选中6个小的切角长方体模型,如图2-68所示。

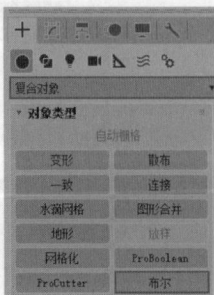

图2-67

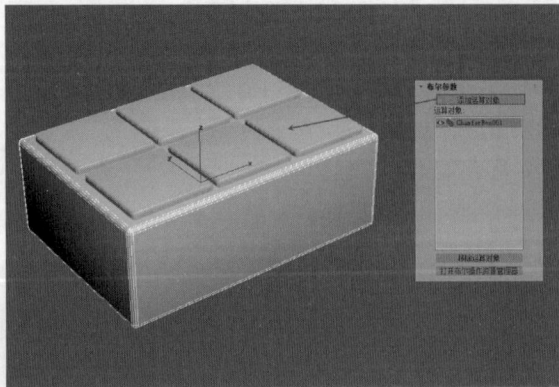

图2-68

07 在"运算对象参数"卷展栏中单击"差集"按钮,如图2-69所示。冰块冰格模型最终效果如图2-70所示。

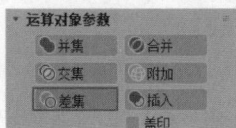
图2-69

图2-70

任务知识

2.3.1 图形合并

使用"图形合并"工具 图形合并 可以将一个或多个图形嵌入其他对象的网格中或从网格中将图形移除。"图形合并"的参数如图2-71所示。

◇ 拾取图形:单击该按钮,然后单击要嵌入网格对象中的图形,这样图形可以沿图形的局部z轴负方向投射到网格对象上。

◇ **参考/复制/移动/实例:**指定如何将图形传输到复合对象中。

◇ **运算对象:**在"运算对象"列表框中列出所有操作对象。第1个操作对象是网格对象,之后是任意数目的基于图形的操作对象。

◇ 删除图形:单击该按钮,从复合对象中删除选中图形。

◇ 提取运算对象:单击该按钮,提取选中运算对象的副本或实例。在"运算对象"列表框中选择操作对象时,该按钮才可用。

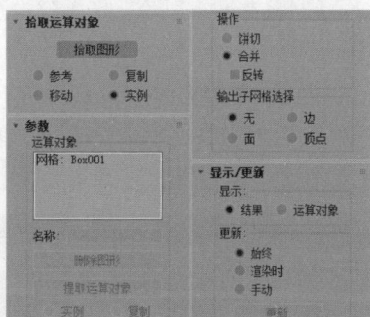
图2-71

◇ **实例/复制:**指定如何提取操作对象。

◇ **操作:**"操作"选项组中的参数决定如何将图形应用于网格中。选择"饼切"选项时,可切去网格对象曲面外部的图形;选择"合并"选项时,可将图形与网格对象曲面合并;勾选"反转"选项时,可反转"饼切"或"合并"效果。

◇ **输出子网格选择:**"输出子网格选择"选项组中的参数决定了投影后哪些子对象层级会被自动选中,并形成可操作的选择集。

2.3.2 布尔运算

布尔运算通过对两个以上的对象进行并集、差集、交集等运算,得到新的物体形态。布尔运算的参数如图2-72所示。

◇ 添加运算对象:单击该按钮可以在场景中选择另一个运算对象来完成布尔运算。

◇ **运算对象:**用来显示当前运算对象的名称。

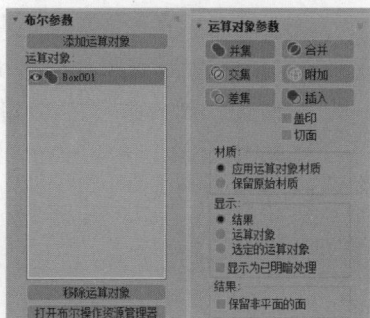
图2-72

◇ **并集**：将两个对象合并，相交的部分将被删除，运算完成后两个物体将合并为一个物体，如图2-73所示。

◇ **交集**：将两个对象相交的部分保留下来，删除不相交的部分，如图2-74所示。

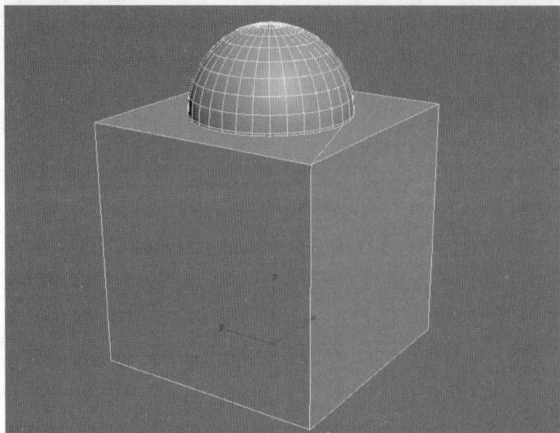
图2-73

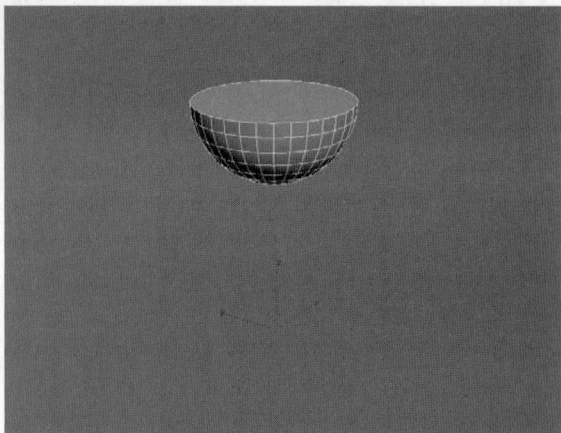
图2-74

◇ **差集**：在A物体中减去与B物体重合的部分，如图2-75所示。

◇ **合并**：与并集相似，将两个单独的模型合并为一个整体。

◇ **附加**：也是将两个单独的模型合并为一个整体，但不改变各自模型的布线，如图2-76所示。

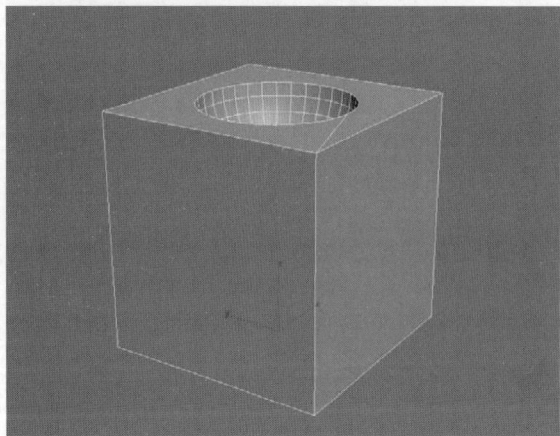
图2-75

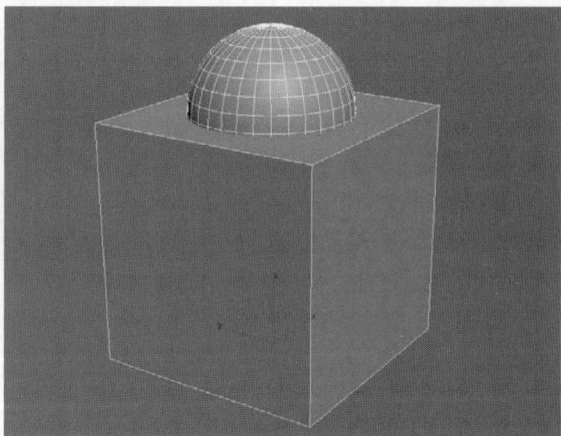
图2-76

2.3.3 放样

"放样"是指将一个二维图形作为沿某个路径移动的剖面，从而形成复杂的三维对象。"放样"是一种特殊的建模方法，能快速地创建出多种模型，其参数如图2-77所示。

◇ **获取路径**：单击该按钮，将路径指定给选定图形或更改当前指定的路径。

◇ **获取图形**：单击该按钮，将图形指定给选定路径或更改当前指定的图形。

◇ **移动/复制/实例**：用于指定路径或图形转换为放样对象的方式。

提示 "扫描"修改器的功能与"放样"相似，但比"放样"更为强大。在软件更新了"扫描"修改器后，"放样"功能使用频率将大大降低。

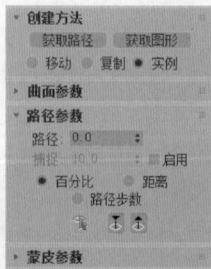
图2-77

任务2.4 创建二维图形

本任务通过任务实践，讲解用二维图形模型创建模型场景的方法；通过任务知识，讲解常用的二维图形模型。

任务实践 制作花瓶模型

任务目标 学习并使用"线"工具 线 制作花瓶模型，同时熟悉"车削"修改器的使用方法。

任务要点 花瓶模型不是规则的圆柱体，利用标准基本体进行建模会比较麻烦。用"线"工具 线 绘制花瓶的截面后再用"车削"修改器，就能快速生成花瓶模型。最终效果参看学习资源中的"案例文件>项目2>任务实践：花瓶.max"文件，效果如图2-78所示。

图2-78

任务制作

01 使用"线"工具 线 在前视图中绘制出花瓶模型的半个截面，如图2-79所示。

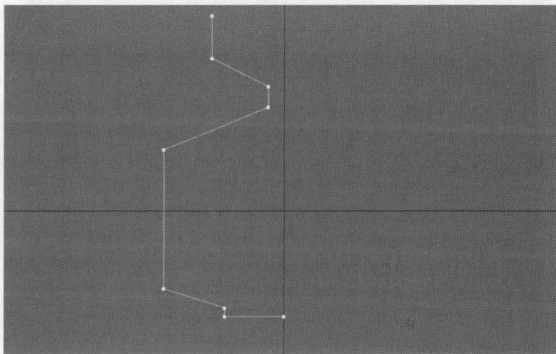

图2-79

02 选中样条线的顶点，然后单击鼠标右键，在弹出的快捷菜单中选择"Bezier"命令，如图2-80所示。此时样条线的顶点会发生变化，如图2-81所示。

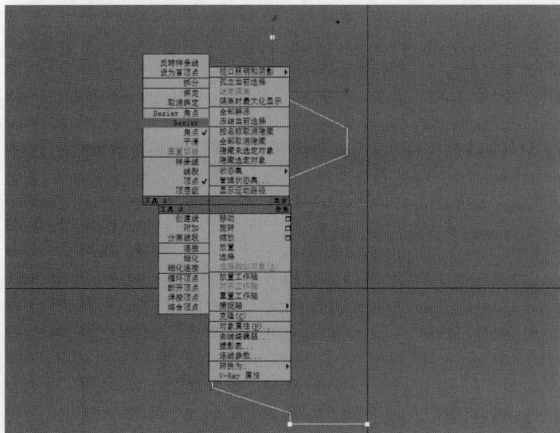

图2-80

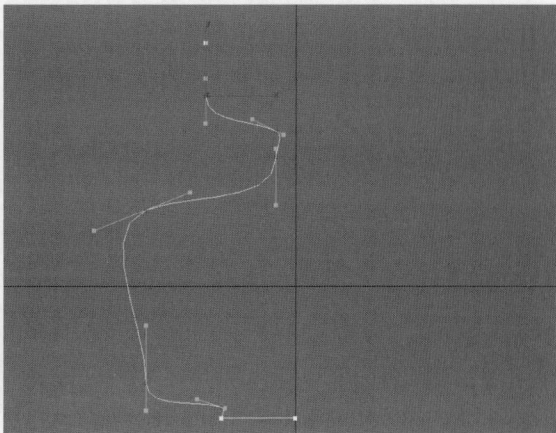

图2-81

03 使用"选择并移动"工具➕调整顶点的控制手柄，使样条线的外形更像花瓶半截面形状，如图2-82所示。

04 仔细观察样条线，可以发现在弯曲的位置上有锯齿。在"修改"面板中展开"插值"卷展栏，设置"步数"为12，如图2-83所示。

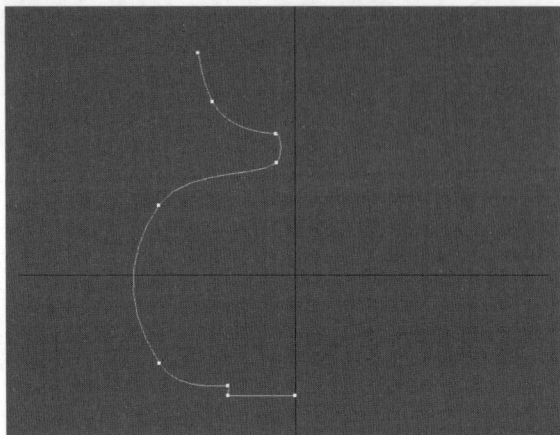

图2-82

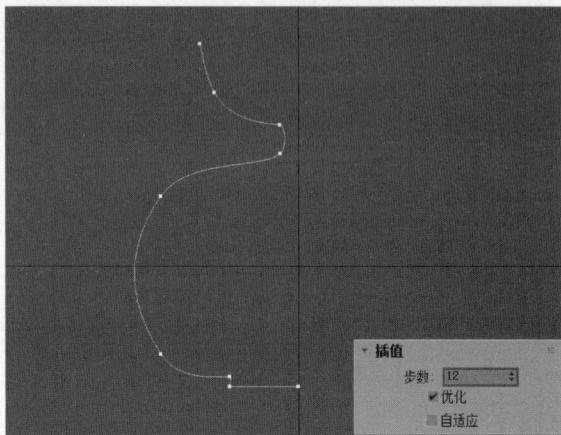

图2-83

05 在"修改"面板中，切换到"样条线"层级，然后在"轮廓"按钮 轮廓 后的微调数值框中输入0.5，原有的样条线附近会出现一条新的样条线，如图2-84所示。

06 在"修改器列表"下拉列表中选择"车削"选项，此时样条线会生成模型，如图2-85所示。

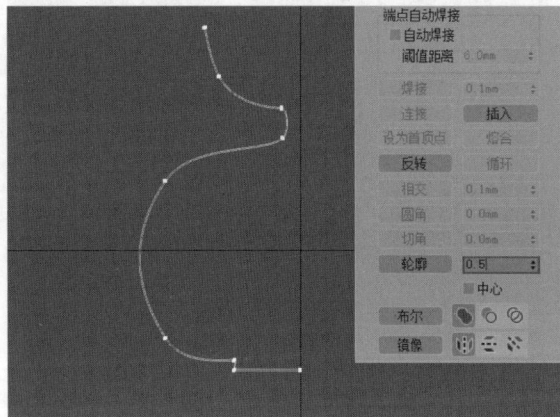

图2-84

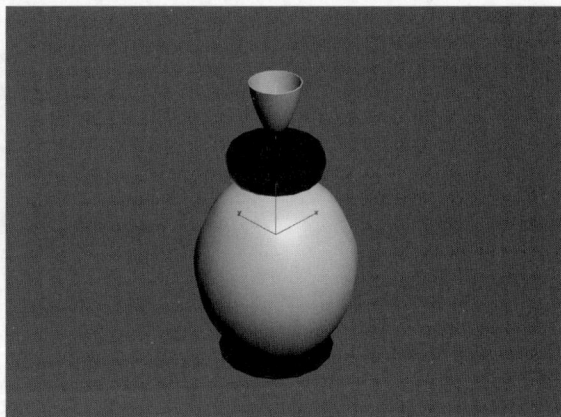

图2-85

07 生成的模型与花瓶模型相差较大。在"修改"面板中勾选"焊接内核"选项，然后设置"分段"为36，在"对齐"中单击"最大"按钮，如图2-86所示。场景中的模型变形为花瓶的形状，如图2-87所示。至此，本任务制作完成。

> **提示** 如果车削后发现模型造型有不满意的地方，在"修改"面板中返回"顶点"层级，调整点的位置即可。

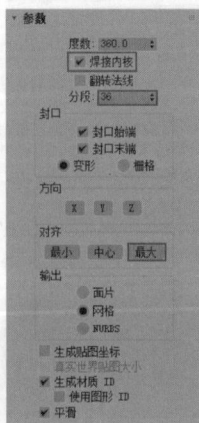

图2-86

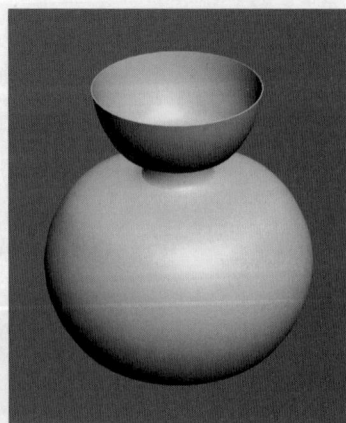

图2-87

任务知识

2.4.1 线

线在建模中是最常用的一种样条线，其使用方法非常灵活，其形状也不受约束，可以封闭，也可以不封闭，拐角处可以是尖锐的也可以是平滑的。线的参数如图2-88所示。

◇ **在渲染中启用：** 勾选该选项才能渲染出样条线；若不勾选，将不能渲染出样条线。

◇ **在视口中启用：** 勾选该选项后，样条线会以网格的形式显示在视图中。

  » 使用视口设置：该选项只有在勾选"在视口中启用"选项时才可用，主要用于设置不同的渲染参数。

◇ **生成贴图坐标：** 控制是否应用贴图坐标。

◇ **真实世界贴图大小：** 控制应用于对象的纹理贴图材质所使用的缩放方法。

◇ **视口/渲染：** 当勾选"在视口中启用"选项时，样条线将显示在视图中；当同时勾选"在视口中启用"和"渲染"选项时，样条线在视图中和渲染中都可以显示出来。

◇ **径向：** 将三维网格显示为圆柱形对象，其参数包含"厚度"、"边"和"角度"。

  » 厚度：用于指定视图或渲染样条线网格的直径。

  » 边：用于在视图或渲染器中为样条线网格设置边数或面数。

  » 角度：用于调整视图或渲染器中的横截面的旋转位置。

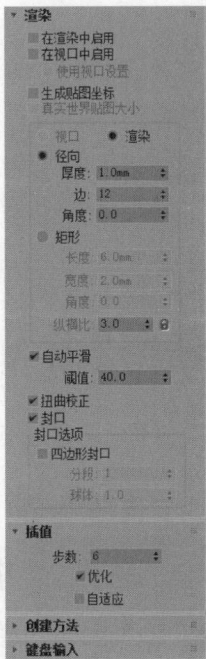

图2-88

◇ **矩形：** 将三维网格显示为矩形对象，其参数包含"长度"、"宽度"、"角度"和"纵横比"。

  » 长度：用于设置沿局部轴的横截面大小。

  » 宽度：用于设置沿局部轴的横截面大小。

  » 角度：用于调整视图或渲染器中的横截面的旋转位置。

  » 纵横比：用于设置矩形横截面的纵横比。

◇ **自动平滑：** 勾选该选项可以激活下面的"阈值"选项，调整"阈值"数值可以自动平滑样条线。

◇ **步数：** 手动设置每条样条线的步数。

  » 优化：勾选该选项后，可以从样条线的直线线段中删除不需要的步数。

2.4.2 矩形

矩形在实际建模中较为常用，可以生成大小不等的矩形样条线，为后续转为三维模型打下基础。矩形的参数如图2-89所示。

◇ **长度/宽度：** 设置矩形的长度和宽度。

◇ **角半径：** 设置矩形样条线的圆角大小，如图2-90所示。

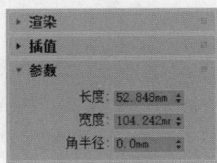

图2-89

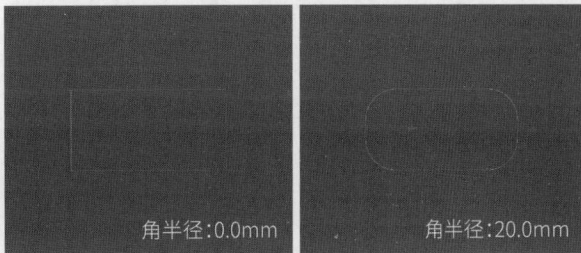

角半径:0.0mm   角半径:20.0mm

图2-90

2.4.3 文本

"文本"工具 文本 是加强型文本的简化版，只能生成文本样条线，不能直接生成拥有厚度和倒角的三维模型。文本的参数如图2-91所示。

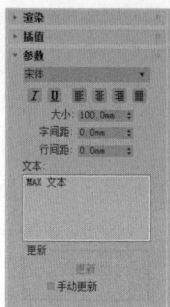

> **提示** "文本"的参数与加强型文本的参数较为相似，这里不赘述。

图2-91

任务2.5 VRay对象

本任务通过任务实践，讲解用VRay对象创建模型场景的方法；通过任务知识，讲解常用的VRay对象。

任务实践 制作毛绒小球模型

任务目标 学习并使用"VRay毛皮"工具 VRayFur 制作毛绒小球模型。

任务要点 "VRay毛皮"工具 VRayFur 可以快速生成较为逼真的毛发模型，常用于模拟地毯、毛巾、角色毛发等模型。最终效果参看学习资源中的"案例文件>项目2>任务实践：毛绒小球.max"文件，效果如图2-92所示。

图2-92

任务制作

01 使用"球体"工具 球体 在场景中创建一个球体模型，设置"半径"为25.0mm，如图2-93所示。

02 选中步骤01创建的模型，然后在"创建"面板中切换到"VRay"选项，并单击"VRayFur"（VRay毛皮）按钮 VRayFur ，如图2-94所示。此时模型上会自动生成毛发，如图2-95所示。

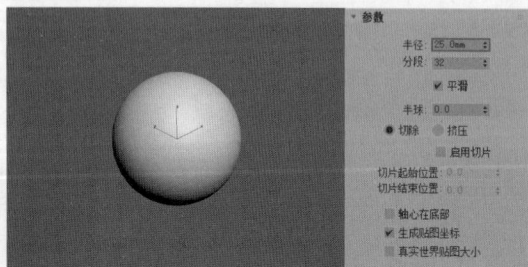

图2-93

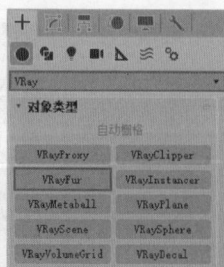

图2-94

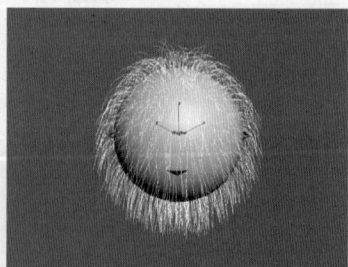

图2-95

03 选中生成的毛发模型，然后切换到"修改"面板，设置"长度"为10.0mm，"半径"为0.5mm，"重力"为−1.0mm，"弯曲"为1.0，"尖端"为0.5，"单位面积"为0.8，如图2-96所示。生成的毛发效果如图2-97所示。

04 按F9键预览毛发模型效果。毛绒小球模型最终效果如图2-98所示。

提示 通过毛发模型无法直观地观察模型最终效果，必须通过渲染才能准确观察。

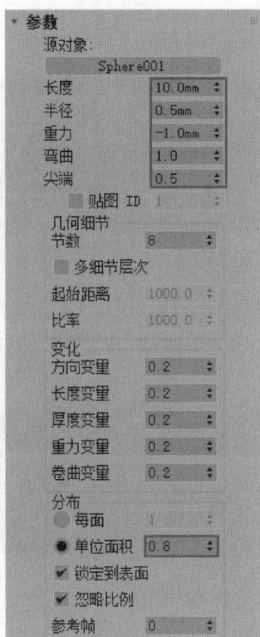

图2-96

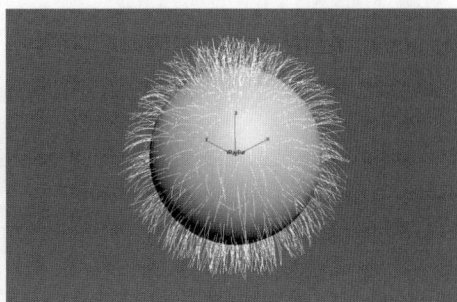

图2-97

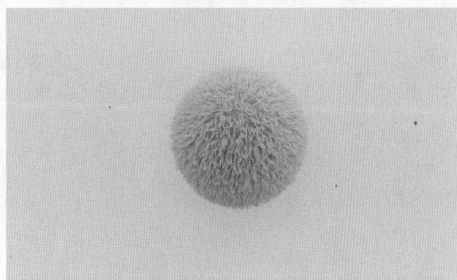

图2-98

任务知识

2.5.1 VRay毛皮

"VRay毛皮"工具 用于模拟毛发、地毯和草坪等效果。选中需要添加毛发的模型后，单击"VRayFur"按钮 ，就能自动在模型上生成毛发。VRay毛皮参数如图2-99所示。

◇ **长度**：设置毛发的长度。

◇ **厚度**：设置毛发的粗细。

◇ **重力**：负值表示毛发会向下弯曲。

◇ **弯曲**：设置毛发的弯曲效果，取值为0.0～1.0。

◇ **锥度**：设置发根与发梢间的过渡效果。

◇ **结数**：数值越大，毛发弯曲的弧度越圆滑。

◇ **方向参量/长度参量/厚度参量/重力参量/卷曲变化**：设置毛发的对应参数的随机变化效果。

◇ **每个面/每区域**：设置毛发的密度，数值越大，毛发数量越多。

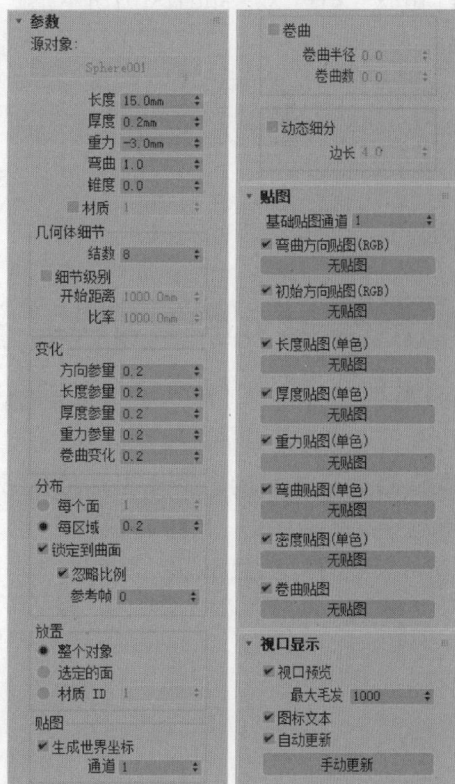

图2-99

2.5.2 VRay平面

　　"VRayPlane"（VRay平面）工具 `VRayPlane` 可创建无限延伸、没有边界的VRay平面模型。VRay平面不仅可以赋予材质，也可以进行渲染，在实际工作中常用作背景板、地面和水面等。只需要单击"VRayPlane"按钮 `VRayPlane`，然后在场景中单击即可创建VRay平面模型，如图2-100所示。

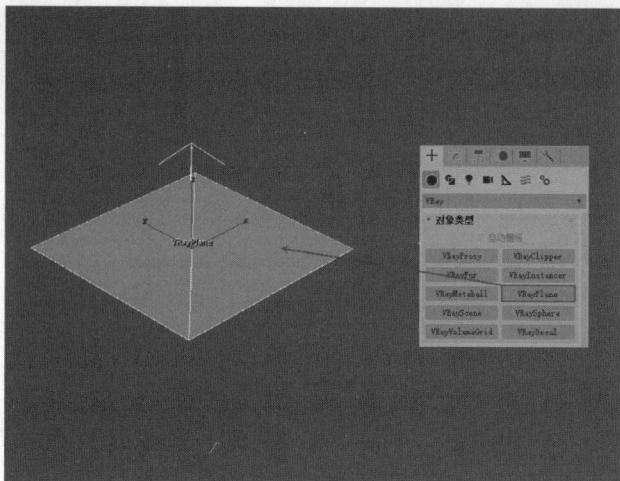

图2-100

项目实践 制作积木组合模型

项目要点 本项目使用常用的标准基本体模型，制作积木组合模型。最终效果参看学习资源中的"项目2>项目实践：积木组合.max"文件，效果如图2-101所示。

图2-101

课后习题 制作管道模型

习题要点 本习题使用"线"工具 `线` 绘制管道的路径并通过参数调整将管道模型调整为带体积的管道模型。最终效果参看学习资源中的"项目2>课后习题：管道.max"文件，效果如图2-102所示。

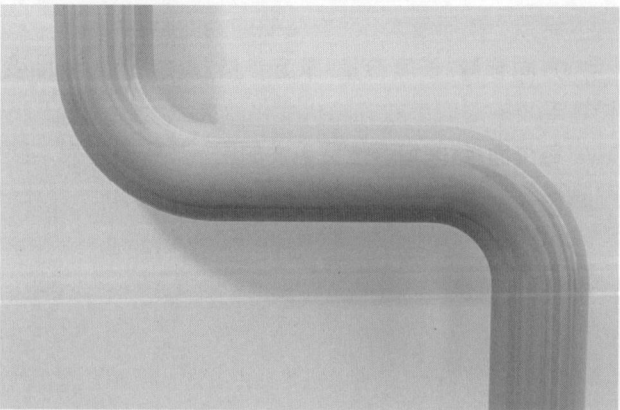

图2-102

项目3

高级建模技术

本项目将介绍3ds Max 2024的高级建模技术，包括常用的修改器和多边形建模。实际工作中运用的高级建模技术基本上都包含在本项目中。通过学习本项目，读者可以掌握具有一定难度的模型的制作思路与方法。

学习目标

● 掌握常用的修改器的使用方法
● 掌握多边形建模的思路和相关技巧

技能目标

● 掌握"立体UI图标"的制作方法
● 掌握"游戏路灯模型"的制作方法

素养目标

● 培养使用修改器转换模型形态的思维方式
● 培养运用多边形建模技术创建复杂模型的思维
● 培养不断改进学习方法的自主学习能力
● 培养通过不断实践积极探索的能力

任务3.1 常用的修改器

本任务通过任务实践，讲解用修改器创建模型场景的方法；通过任务知识，讲解常用的修改器。

任务实践 制作立体UI图标

任务目标 学习并使用"挤出"修改器和样条线制作立体UI图标。

任务要点 使用不同形态的样条线绘制UI图标的轮廓，然后使用"挤出"修改器将其变成立体模型。最终效果参看学习资源中的"案例文件>项目3>任务实践：立体UI图标.max"文件，效果如图3-1所示。

图3-1

任务制作

01 使用"矩形"工具 矩形 在前视图中绘制一个矩形样条线，设置"长度"和"宽度"都为150.0mm，"角半径"为15.0mm，如图3-2所示。

02 保持矩形样条线的选中状态，在"修改"面板中单击"修改器列表"下拉按钮 ，选择"挤出"选项，如图3-3所示，即可加载"挤出"修改器。加载后，矩形样条线会变成矩形模型，如图3-4所示。

长度:	150.0mm
宽度:	150.0mm
角半径:	15.0mm

图3-2

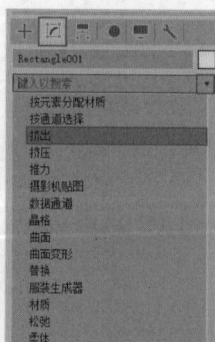

Rectangle001

键入以搜索

按元素分配材质
拐通道选择
挤出
挤压
推力
摄影机贴图
数据通道
晶格
曲面
曲面变形
替换
服装生成器
材质
松弛
条件

图3-3

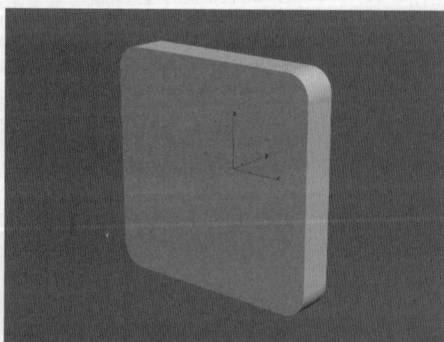

图3-4

提示 "修改器列表"下拉列表中有很多修改器，查找起来比较麻烦，建议读者使用搜索功能快速定位需要使用的修改器，如图3-5所示。

图3-5

03 生成的矩形模型较厚，在"修改"面板中修改"数量"为10.0mm，如图3-6所示。

04 在"修改器列表"中选中"切角"选项，设置"数量"为2.5mm，"分段"为2，如图3-7所示。

图3-6

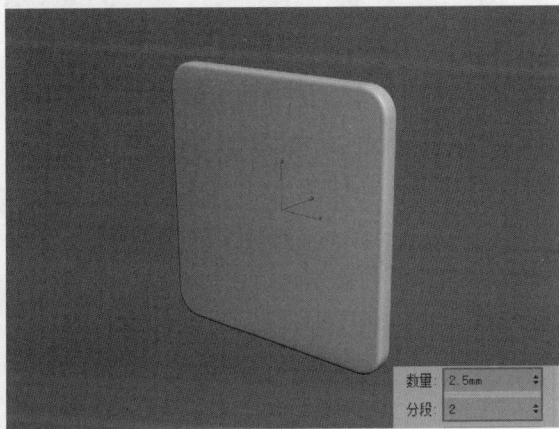

图3-7

05 使用"切角圆柱体"工具 切角圆柱体 在场景中创建一个切角圆柱体模型，设置"半径"为55.0mm，"高度"为3.0mm，"圆角"为1.2mm，保持"圆角分段"和"边数"不变，如图3-8所示。

06 在切角圆柱体模型上加载"网格平滑"修改器，设置"迭代次数"为3，就可以将切角圆柱体模型变得圆滑，如图3-9所示。

07 将切角圆柱体模型复制一份并缩小，然后摆放在最前端，如图3-10所示。

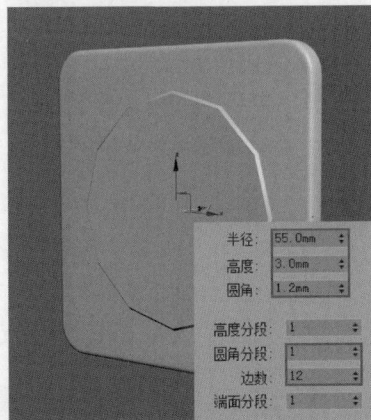

图3-8

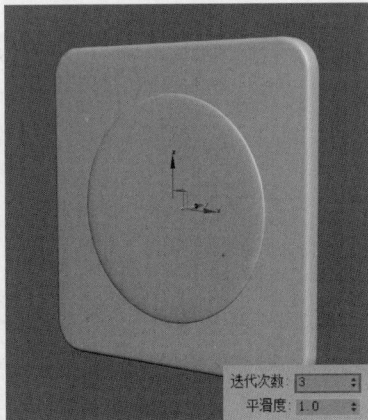

图3-9

图3-10

08 使用"线"工具 线 在小切角圆柱体模型的下方绘制样条线，如图3-11所示。

09 为步骤08绘制的样条线加载"挤出"修改器，设置"数量"为3.0mm，如图3-12所示。

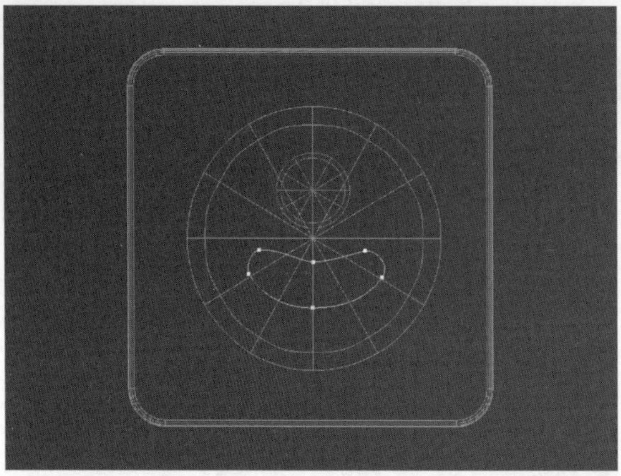

图3-11

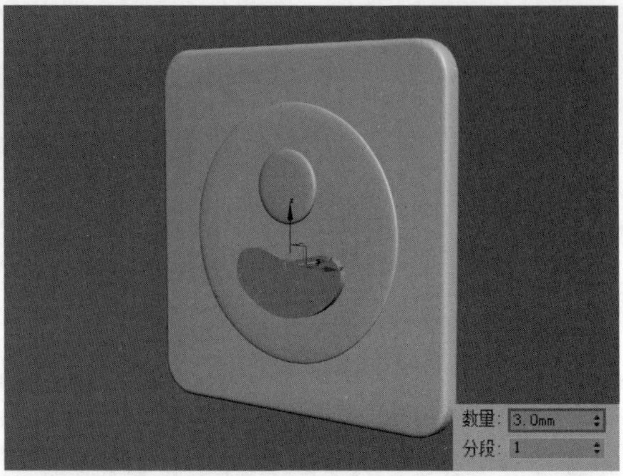

图3-12

10 继续在模型上加载"切角"修改器，设置"数量"为1.5mm，如图3-13所示。立体UI图标最终效果如图3-14所示。

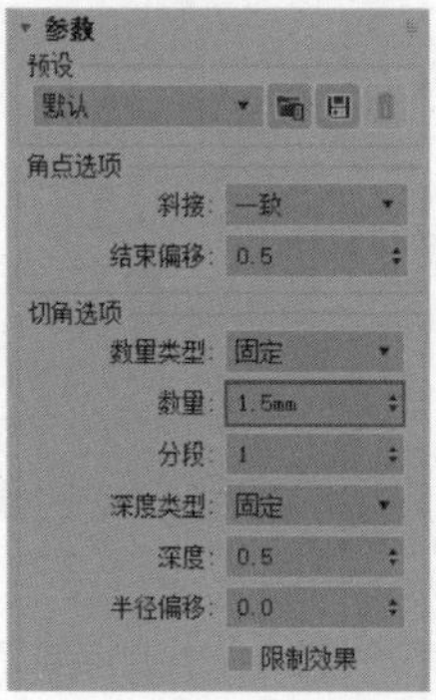

图3-13

图3-14

任务知识

3.1.1 修改器相关知识

修改器是3ds Max非常重要的功能之一，它可以快速对基础模型或样条线进行变形，形成更为复杂的模型形态。3ds Max将这些修改器分为"选择修改器""世界空间修改器""对象空间修改器"3个部分，如图3-15所示。

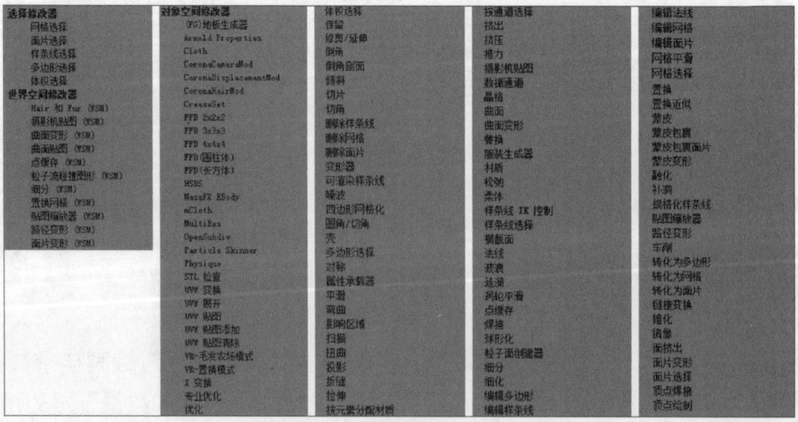

图3-15

1.修改器的加载方法

为对象加载修改器的方法非常简单。

第1步: 选择一个对象,切换到"修改"面板。

第2步: 单击"修改器列表"下拉按钮 ,在弹出的下拉列表中选择相应的修改器即可加载,如图3-16所示。

> **提示** 修改器可以通过"修改"面板中的"修改器列表"下拉列表进行加载,也可以通过菜单栏中的"修改器"菜单命令进行加载,这两个地方的修改器完全一样。

图3-16

2.修改器排列顺序

修改器的排列顺序非常重要,先加载的修改器位于修改器堆栈的下方,后加载的修改器则在修改器堆栈的上方,不同的顺序对同一物体起到的效果是不一样的。

图3-17所示的圆柱体模型上加载了"弯曲"修改器后,效果如图3-18所示。

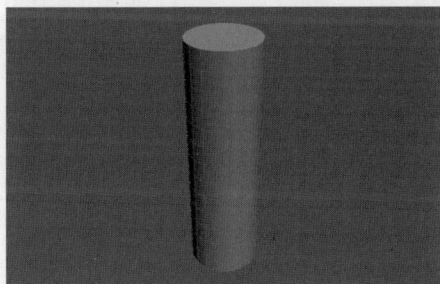

图3-17

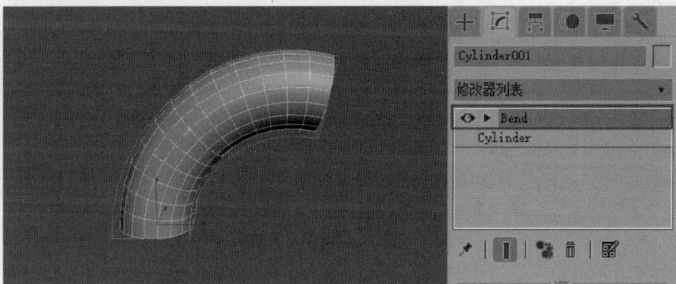

图3-18

继续在修改器堆栈中添加"倾斜"修改器,效果如图3-19所示。

下面调整两个修改器的顺序。选中"倾斜"修改器,然后按住鼠标左键不放,将其拖曳到"弯曲"修改器的下方后释放鼠标左键(拖曳时修改器下方会出现一条蓝色的线)。调整顺序后可以发现,圆柱体模型发生了很大的变化,如图3-20所示。

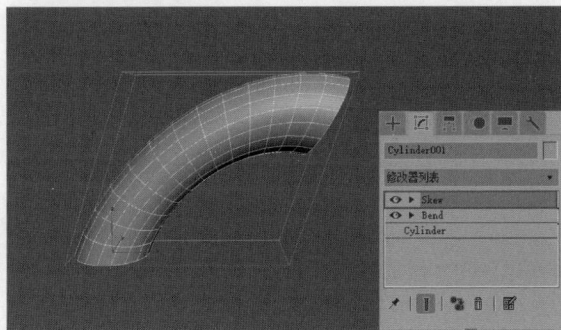

图3-19

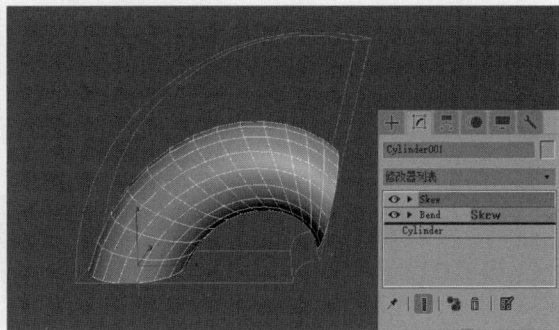

图3-20

通过上述操作可见，修改器的不同排列顺序产生的效果不同，所以在加载修改器时，加载的先后顺序一定要合理。

> **提示** 在修改器列表中，如果要同时选择多个修改器，可以先选中一个修改器，然后按住Ctrl键单击其他修改器进行加选，如果按住Shift键则可以选中多个连续的修改器。

3.修改器的使用

可以看到，修改器堆栈中每个修改器前面都有个类似眼睛的图标，这个图标表示这个修改器处于启用或禁用状态。图标 表示这个修改器处于启用状态。图标 表示这个修改器处于禁用状态。单击这个图标即可切换启用和禁用状态。

继续以上述圆柱体模型为例，圆柱体模型加载了"弯曲"修改器和"倾斜"修改器，如图3-21所示。

当单击"倾斜"修改器前的眼睛图标时，图标会从 变为 ，此时场景中的模型也不再显示倾斜效果，如图3-22所示。

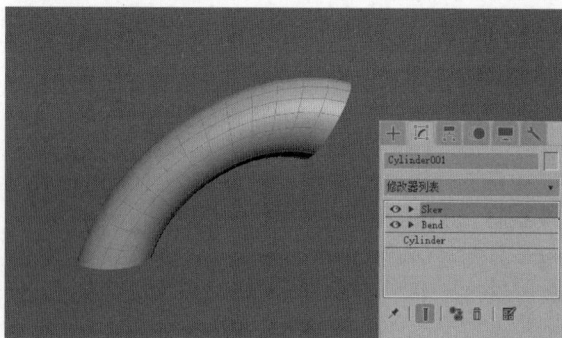
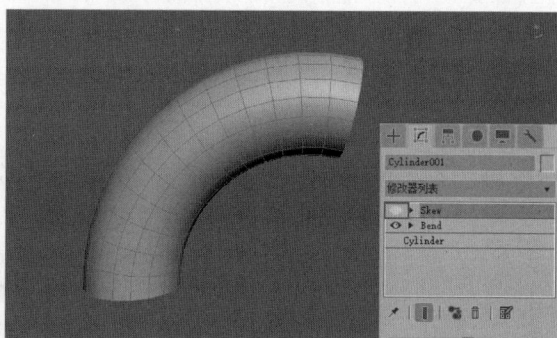

图3-21   图3-22

4. 复制与粘贴修改器

在修改器上单击鼠标右键会弹出快捷菜单，该快捷菜单中包括一些对修改器进行编辑的常用命令，如图3-23所示。

修改器是可以复制到其他物体上的，复制的方法有以下两种。

第1种： 在修改器上单击鼠标右键，在弹出的快捷菜单中选择"复制"命令，然后在需要的位置单击鼠标右键，在弹出的快捷菜单中选择"粘贴"命令即可。

第2种： 直接将修改器拖曳到场景中的某一物体上。

图3-23

> **提示** 在选中某一修改器后，如果按住Ctrl键并将其拖曳到其他对象上，可以将这个修改器作为实例粘贴到该对象上；如果按住Shift键并将其拖曳到其他对象上，就相当于将源物体上的修改器剪切并粘贴到该对象上。

5.塌陷修改器

塌陷修改器会将物体转换为可编辑网格，并删除其中所有的修改器，这样可以简化对象，并且还能够节约内存。但是塌陷之后不能再对修改器的参数进行调整，也不能将修改器恢复到原始状态。

　　塌陷加载的修改器可以通过"塌陷到"和"塌陷全部"两个命令实现。使用"塌陷到"命令可以塌陷到当前选定的修改器，也就是说删除当前选定的修改器及修改器堆栈中位于当前修改器下面的所有修改器，保留当前修改器上面的所有修改器。使用"塌陷全部"命令，会塌陷整个修改器堆栈中的修改器，删除所有修改器，并使对象转变成可编辑网格。

　　选中"倾斜"修改器，然后单击鼠标右键，在弹出的快捷菜单中选择"塌陷全部"命令，如图3-24所示，此时软件会弹出图3-25所示的对话框。

◇ 暂存(H)/是：单击该按钮，将当前对象的状态保存到"暂存"缓冲区，然后才执行"塌陷全部"命令。执行"编辑/取回"菜单命令，可以恢复到塌陷前的状态。

◇ 是(Y)：单击该按钮，塌陷所有修改器，且模型会转变成可编辑网格，如图3-26所示。

◇ 否(N)：单击该按钮，不进行塌陷操作。

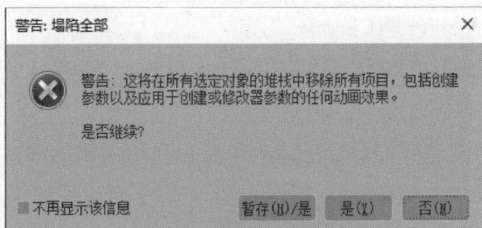

图3-25

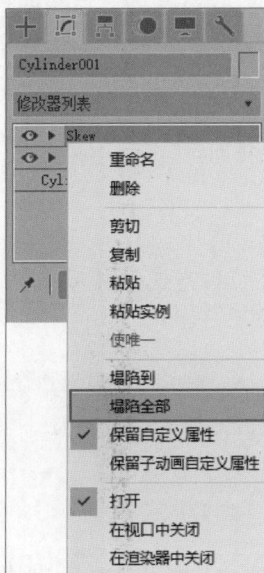

图3-24

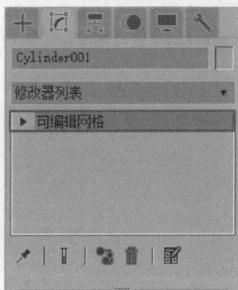

图3-26

3.1.2 "挤出"修改器

　　"挤出"修改器可以将深度添加到二维图形中，并且可以将对象转换成一个参数化对象，其参数如图3-27所示。

◇ **数量：**设置挤出的深度。

◇ **分段：**指定要在挤出对象中创建的线段数目。

◇ **封口：**用来设置挤出对象的封口，共有以下4个选项。

» 封口始端：在挤出对象的初始端生成一个平面。

» 封口末端：在挤出对象的末端生成一个平面。

» 变形：以可预测、可重复的方式排列封口面，这是创建变形目标所必需的操作。

» 栅格：生成均匀分布的四边形网格，类似于棋盘格布局。

◇ **输出：**指定挤出对象的输出方式，共有以下3个选项。

» 面片：产生一个可以折叠到面片对象中的对象。

» 网格：产生一个可以折叠到网格对象中的对象。

» NURBS：产生一个可以折叠到NURBS对象中的对象。

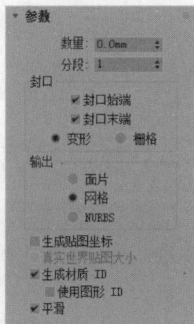

图3-27

3.1.3 "车削"修改器

"车削"修改器可以通过围绕坐标轴旋转一个图形或NURBS曲线来生成三维对象，其参数如图3-28所示。

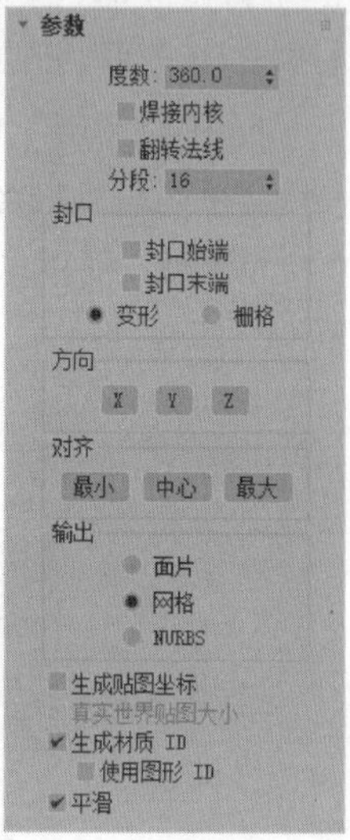

◇ **度数：** 设置对象围绕坐标轴旋转的角度，其范围为0.0～360.0，默认值为360.0。

◇ **焊接内核：** 通过焊接旋转轴中的顶点来简化网格。

◇ **翻转法线：** 使物体的法线翻转，翻转后物体的内部会外翻。

◇ **分段：** 设置旋转的分段数量，数值越大，所生成的模型越圆滑。

◇ **封口：** 如果设置的车削对象的"度数"小于 360.0，该选项用来控制是否在车削对象的内部创建封口。

» 封口始端：车削的起点，用来设置封口的最大程度。

» 封口末端：车削的终点，用来设置封口的最大程度。

» 变形：按照创建变形目标所需的可预见且可重复的模式来排列封口面。

» 栅格：生成均匀分布的四边形网格，类似于棋盘格布局。

◇ **方向：** 设置轴的旋转方向，共有x、y和z这3个轴可供选择。

◇ **对齐：** 设置对齐的方式，共有"最小"、"中心"和"最大"3种方式可供选择。

◇ **输出：** 指定车削对象的输出方式，共有以下3种。

» 面片：产生一个可以折叠到面片对象中的对象。

» 网格：产生一个可以折叠到网格对象中的对象。

» NURBS：产生一个可以折叠到NURBS对象中的对象。

图3-28

3.1.4 "弯曲"修改器

"弯曲"修改器可以控制物体在任意轴上弯曲的角度和方向，也可以对几何体的某段限制弯曲效果，其参数如图3-29所示。

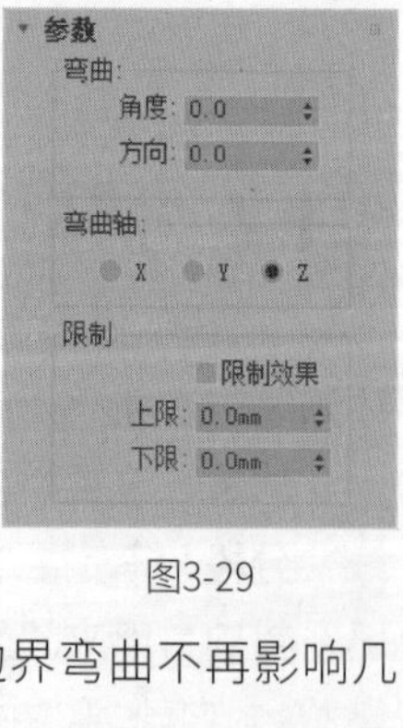

◇ **角度：** 从顶点平面设置要弯曲的角度，其范围为 - 999999.0～999999.0。

◇ **方向：** 设置弯曲相对于水平面的方向，其范围为 - 999999.0～999999.0。

◇ **X/Y/Z：** 指定弯曲的轴，默认轴为z轴。

◇ **限制效果：** 将限制约束应用于弯曲效果。

◇ **上限：** 以世界单位设置上部边界，该边界位于弯曲中心点的上方，超出该边界弯曲不再影响几何体，其范围为0.0mm～999999.0mm。

图3-29

◇ **下限：** 以世界单位设置下部边界，该边界位于弯曲中心点的下方，超出该边界弯曲不再影响几何体，其范围为 - 999999.0mm～0.0mm。

3.1.5 "切角"修改器

"切角"修改器可以为所加载的模型边缘进行整体切角，一般在制作的最后一步使用，其参数如图3-30所示。

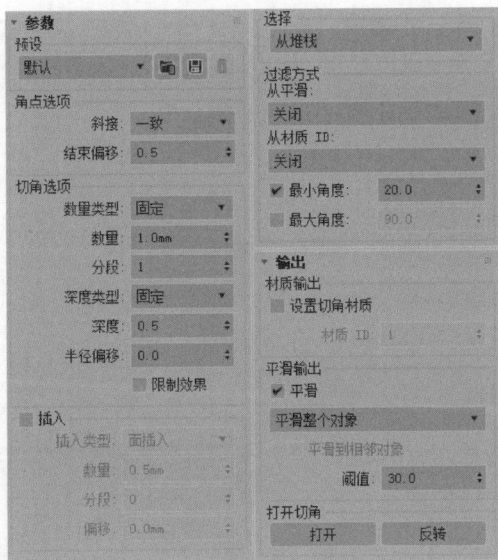

图3-30

◇ **斜接**：在该下拉列表中可以选择"四边形"、"三角形"、"一致"、"径向"和"面片"共5种方式显示切角的样式，部分样式如图3-31所示。

图3-31

> **提示** "径向"和"面片"的切角样式与"一致"基本相似。在日常制作中，"一致"使用得较多。

◇ **数量**：设置切角的大小，数值越大，切角的范围也越大，如图3-32所示。

◇ **分段**：设置切角上的分段数量，分段越多，切角越圆滑，如图3-33所示。

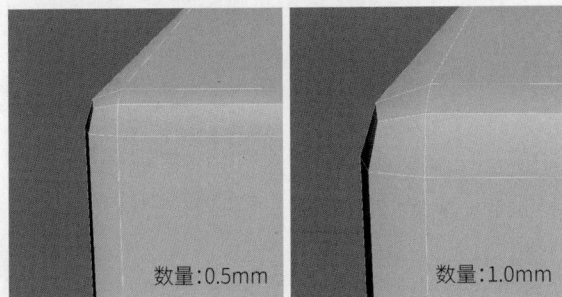

图3-32

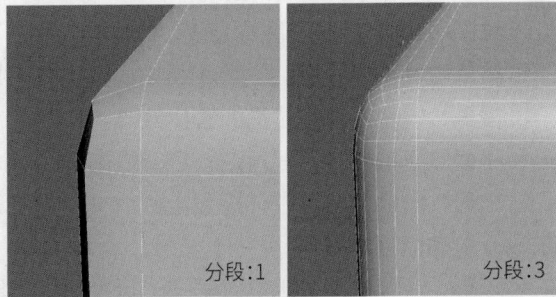

图3-33

◇ **深度**：设置切角的效果，不同的数值生成不同的效果，如图3-34所示。

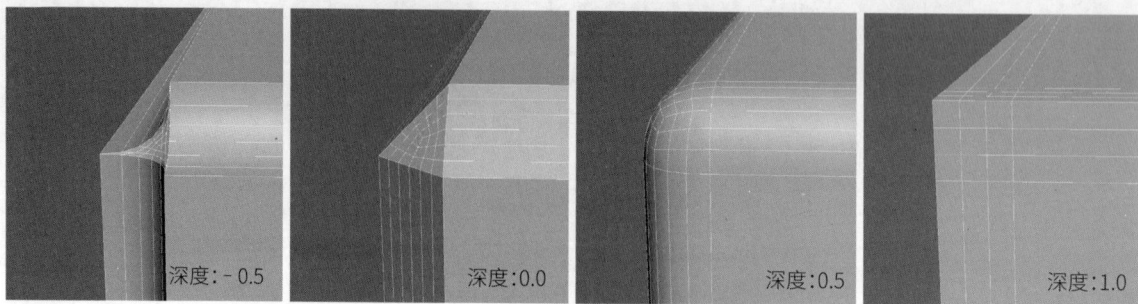

图3-34

> **提示** 除非特殊情况，"深度"保持默认值0.5即可。

◇ **插入**：勾选该选项后，会在切角的模型边缘添加新的面，未勾选和勾选效果如图3-35所示。

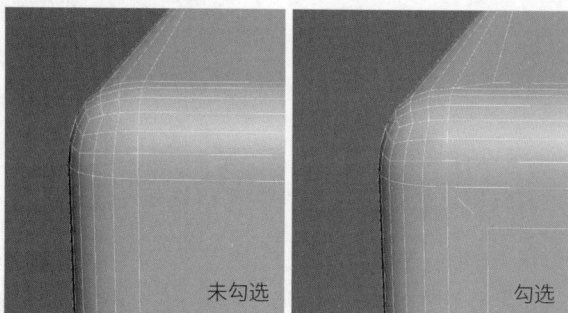

图3-35

3.1.6 "置换"修改器

"置换"修改器以力场的形式来推动和重塑对象的几何外形，可以直接从修改器的Gizmo（也可以使用位图）来应用它的变量力，其参数如图3-36所示。

◇ **强度**：设置置换的强度，数值为0.0mm时没有任何效果。

◇ **衰退**：如果设置"衰退"数值，则置换强度会随距离的增大而衰减。

◇ **亮度中心**：决定使用什么样的灰度作为0的置换值。勾选该选项以后，可以设置下面的"居中"数值。

◇ **位图/贴图**：加载位图或贴图。

◇ **移除位图/移除贴图**：移除指定的位图或贴图。

◇ **模糊**：模糊或柔化位图的置换效果。

◇ **平面**：从单独的平面对贴图进行投影。

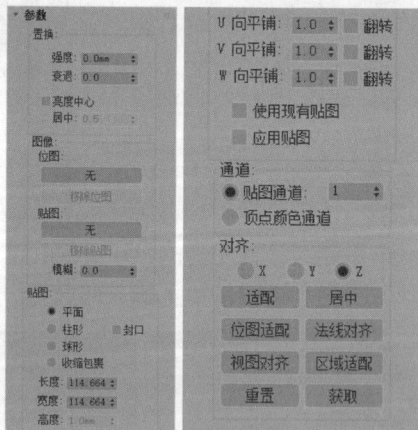

图3-36

◇ **柱形**：以环绕在圆柱体模型上的方式对贴图进行投影。勾选"封口"选项可以从圆柱体模型的末端投射贴图副本。

◇ **球形**：从球体模型出发对贴图进行投影，位图边缘在球体模型两极的交汇处均为极点。

◇ **收缩包裹**：从球体模型投射贴图，与"球形"贴图类似，但是它会截去贴图的各个角，然后在一个单独的极点将它们全部结合在一起，在底部创建一个极点。

◇ **长度/宽度/高度**：指定置换Gizmo的边界框尺寸，其中高度对"平面"贴图没有任何影响。

◇ **U/V/W向平铺：**设置位图沿指定方向重复的次数。

◇ **翻转：**沿相应的U/V/W轴翻转贴图的方向。

◇ **使用现有贴图：**让置换使用堆栈中较早的贴图设置，如果没有为对象应用贴图，该功能将不起任何作用。

◇ **应用贴图：**将置换UV贴图应用到绑定对象。

◇ **贴图通道：**指定U/V/W通道用来贴图，其后面的微调数值框用来设置通道的数目。

◇ **顶点颜色通道：**选择该选项可以对贴图使用顶点颜色通道。

◇ **X/Y/Z：**选择对齐的方式，可以选择沿*x*、*y*、*z*轴进行对齐。

◇ **适配：**单击该按钮，缩放Gizmo以适配对象的边界框。

◇ **居中：**单击该按钮，相对于对象的中心来调整Gizmo的中心。

◇ **位图适配：**单击该按钮，可以打开"选择图像"对话框，可以缩放Gizmo来适配选定位图的纵横比。

◇ **法线对齐：**单击该按钮，可以将曲面的法线进行对齐。

◇ **视图对齐：**单击该按钮，使Gizmo指向视图的方向。

◇ **区域适配：**单击该按钮，可以将指定的区域进行适配。

◇ **重置：**单击该按钮，将Gizmo恢复到默认值。

◇ **获取：**单击该按钮，选择另一个对象并获得它的置换Gizmo设置。

3.1.7 "噪波"修改器

"噪波"修改器可以使对象表面的顶点进行随机变动，从而让表面变得起伏不规则，常用于制作复杂的地形、地面和水面效果，并且"噪波"修改器可以应用在任何类型的对象上，其参数如图3-37所示。

◇ **种子：**根据设置的数值生成一个随机起始点。该参数在创建地形时非常有用，因为每种设置都可以生成不同的效果。

◇ **比例：**设置噪波影响的大小（不是强度）。较大的值可以产生平滑的噪波，较小的值可以产生锯齿比较明显的噪波。

◇ **分形：**控制是否产生分形效果。勾选该选项以后，下面的"粗糙度"和"迭代次数"选项才可用。

◇ **粗糙度：**决定分形变化的程度。

◇ **迭代次数：**控制分形功能所使用的迭代数目。

◇ **X/Y/Z：**设置噪波在*x*、*y*、*z*轴上的强度（至少为其中一个坐标轴设置强度数值）。

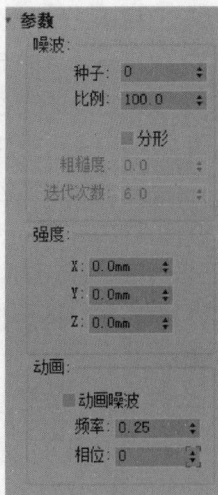

图3-37

3.1.8 FFD类修改器

FFD是"自由变形"的意思，FFD类修改器即"自由变形"类修改器。FFD类修改器包含5种类型，分别FFD 2×2×2修改器、FFD 3×3×3修改器、FFD 4×4×4修改器、FFD（长方体）修改器和FFD（圆柱体）修改器，如图3-38所示。这类修改器使用晶格框选中几何体，然后通过调整晶格的控制点来改变封闭几何体的形状。

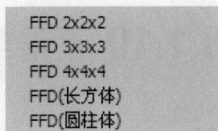

FFD 2x2x2
FFD 3x3x3
FFD 4x4x4
FFD(长方体)
FFD(圆柱体)

图3-38

由于FFD类修改器的使用方法基本相同,因此这里选择FFD(长方体)修改器来进行讲解,其参数如图3-39所示。

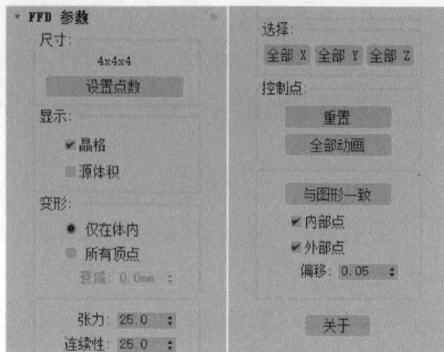

◇ 设置点数 :单击该按钮可以打开"设置FFD尺寸"对话框,在该对话框中可以设置晶格中所需控制点的数目,如图3-40所示。

　　◇ **晶格**:控制是否使连接控制点的线条形成栅格。

　　◇ **源体积**:勾选该选项,可以将控制点和晶格以未修改的状态显示出来。

　　◇ **仅在体内**:只有位于源体积内的顶点会变形。

　　◇ **所有顶点**:所有顶点都会变形。

　　◇ **张力/连续性**:调整变形样条线的张力和连续性。虽然无法看到FFD中的样条线,但晶格和控制点代表着控制样条线的结构。

图3-39

　　◇ 重置 :单击该按钮,可以将所有控制点恢复到原始位置。

图3-40

3.1.9 "晶格"修改器

"晶格"修改器可以将图形的线段或边转化为圆柱形结构,并在顶点上生成可选择的关节多面体,其参数如图3-41所示。

　　◇ **应用于整个对象**:将"晶格"修改器应用到对象的所有边或线段上。

　　◇ **仅来自顶点的节点**:仅显示由原始网格顶点产生的关节(多面体)。

　　◇ **仅来自边的支柱**:仅显示由原始网格线段产生的支柱(多面体)。

　　◇ **二者**:显示支柱和关节。

　　◇ **半径**:指定结构的半径。

　　◇ **分段**:指定沿结构的分段数目。

　　◇ **边数**:指定结构边界的边数目。

　　◇ **材质ID**:指定用于结构的材质ID,这样可以使结构和关节具有不同的材质ID。

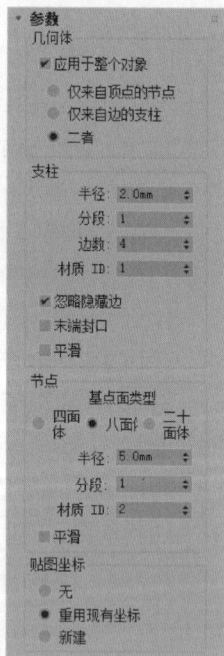

　　◇ **平滑**:将平滑应用于结构。

　　◇ **基点面类型**:指定用于关节的多面体类型,包括"四面体"、"八面体"和"二十面体"3种类型。注意,"基点面类型"对"仅来自边的支柱"选项不起作用。

　　◇ **半径**:设置关节的半径。

　　◇ **分段**:指定关节中的分段数目。分段数目越多,关节形状越接近球形。

　　◇ **材质ID**:指定用于结构的材质ID。

　　◇ **平滑**:将平滑应用于关节。

图3-41

3.1.10 平滑类修改器

"平滑"修改器、"网格平滑"修改器和"涡轮平滑"修改器都可以用来平滑几何体,但是在效果和可调性上有所差别。简单地说,对于相同的物体,"平滑"修改器的参数比其他两种修改器要简单一些，但是平滑的强度不大；"网格平滑"修改器与"涡轮平滑"修改器的使用方法相似，但是后者能够更快并更有效率地利用内存，不过"涡轮平滑"修改器在运算时容易发生错误。因此，在实际工作中"网格平滑"修改器是其中最常用的一种。下面就针对"网格平滑"修改器进行讲解。

"网格平滑"修改器可以通过多种方法来平滑场景中的几何体，它支持细分几何体，同时可以使角和边变得平滑，其参数如图3-42所示。

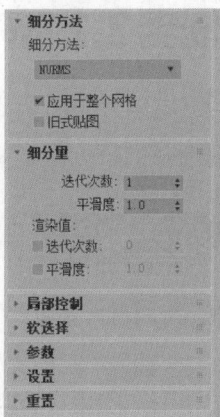

图3-42

◇ **细分方法：** 选择细分的方法，共有"经典"、"NURMS"和"四边形输出"3种方法。

　» 经典：生成三面和四面的多面体，如图3-43所示。

　» NURMS：生成的对象与可以为每个控制点设置不同权重的NURBS对象相似，这是默认设置，如图3-44所示。

　» 四边形输出：仅生成四面多面体，如图3-45所示。

| 图3-43 | 图3-44 | 图3-45 |

◇ **应用于整个网格：** 勾选该选项后，平滑效果将应用于整个对象。

◇ **迭代次数：** 设置网格细分的次数，数值越大平滑效果越好，取值范围为0~10，图3-46所示为不同数值对比效果。

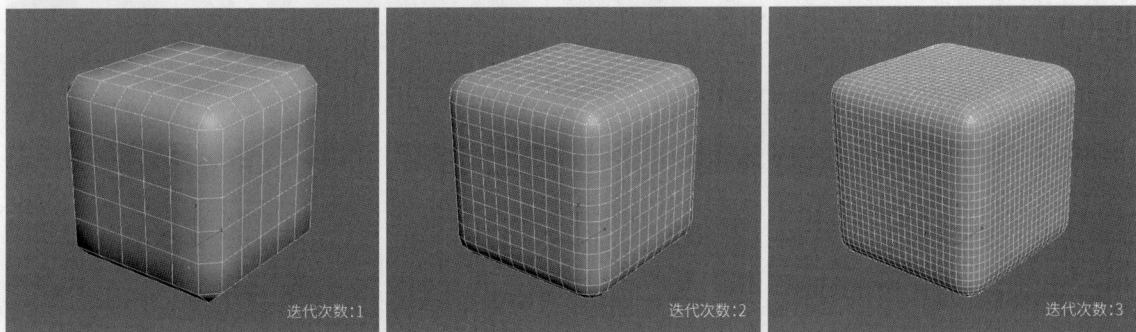

图3-46

> **提示** "网格平滑"修改器的参数虽然有7个卷展栏，但是基本上只会用到"细分方法"和"细分量"卷展栏下的参数，特别是"细分量"卷展栏下的"迭代次数"。

任务3.2 多边形建模

本任务通过任务实践，讲解用多边形建模创建模型场景的方法；通过任务知识，讲解多边形建模。

任务实践 制作游戏路灯模型

任务目标 学习并使用多边形建模制作一个游戏场景中经常出现的路灯模型。

任务要点 使用多边形建模可以制作较为复杂的模型效果。本任务需要制作游戏场景中常见的路灯模型，运用多边形建模，就可以将长方体模型经过复杂的变形，得到想要的效果。最终效果参看学习资源中的"案例文件>项目3>任务实践：游戏路灯模型.max"文件，效果如图3-47所示。

图3-47

任务制作

01 使用"长方体"工具 长方体 在场景中创建一个长方体模型，然后设置"长度""宽度"均为100.0mm，"高度"为10.0mm，如图3-48所示。

02 选择长方体模型，单击鼠标右键，在弹出的快捷菜单中选择"转换为:>转换为可编辑多边形"命令，如图3-49所示。

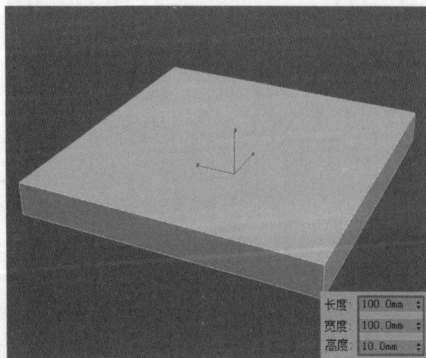

图3-48

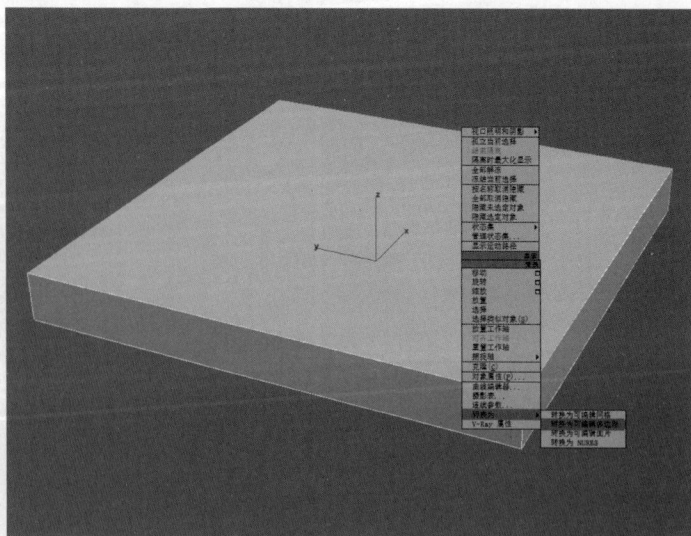

图3-49

03 在"选择"卷展栏下单击"边"按钮 ◁ 进入"边"层级,然后选择图3-50所示的4个边。

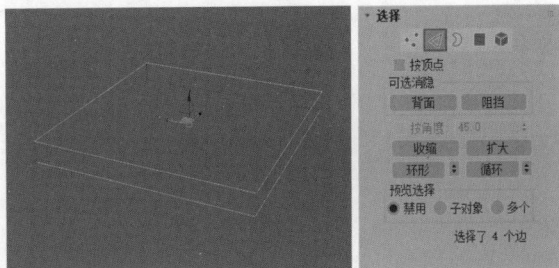

提示 这一步选择边时,可以先选中其中一个边,然后单击"环形"按钮 环形 ,就可以快速选中剩下3个边。

图3-50

04 保持选中的边不变,然后在"编辑边"卷展栏中单击"连接"按钮 连接 右侧的"设置"按钮 ▫ ,设置"分段"为2,"收缩"为50,如图3-51所示。

05 单击"多边形"按钮 ▣ 切换到"多边形"层级,然后选中图3-52所示的4个多边形。

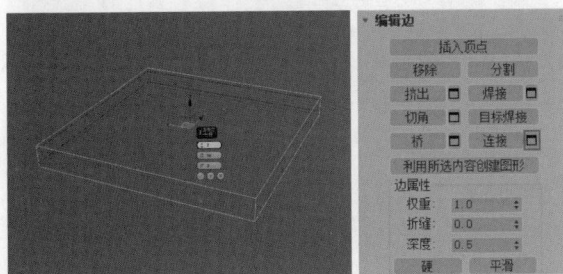

图3-51

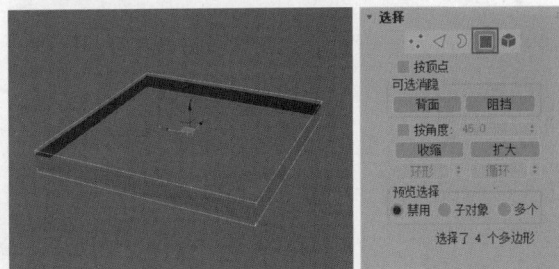

图3-52

提示 在"多边形"层级中,无法使用"环形"或"循环"两个工具快速选择一圈多边形。建议读者在操作这一步时,切换到前视图或左视图中框选多边形,就可以快速选择需要的4个多边形。

06 保持选中的多边形不变,单击"挤出"按钮 挤出 右侧的"设置"按钮 ▫ ,设置挤出模式为"局部法线","数量"为﹣2.0mm,如图3-53所示。

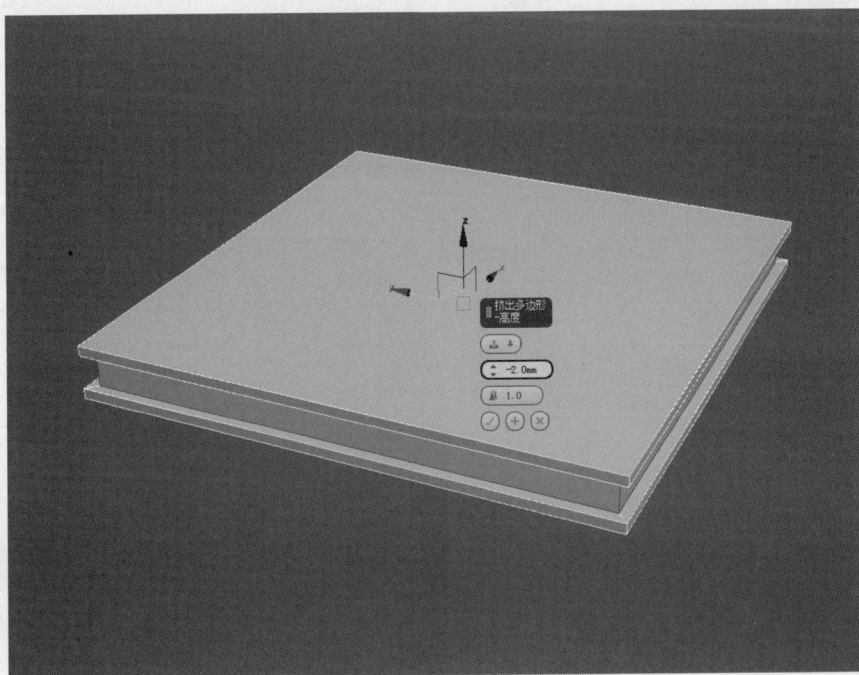

图3-53

提示 在挤出模型时，选择不同的挤出模式会产生不同的效果。默认的"组"模式会让4个多边形朝一个方向移动，效果如图3-54所示。"按多边形"模式会让4个多边形分别挤出，形成不连贯的状态，效果如图3-55所示。挤出的"数量"数值如果是正值，挤出的多边形会沿着法线的方向正向移动；如果是负值，挤出的多边形会沿着法线的方向反向移动。

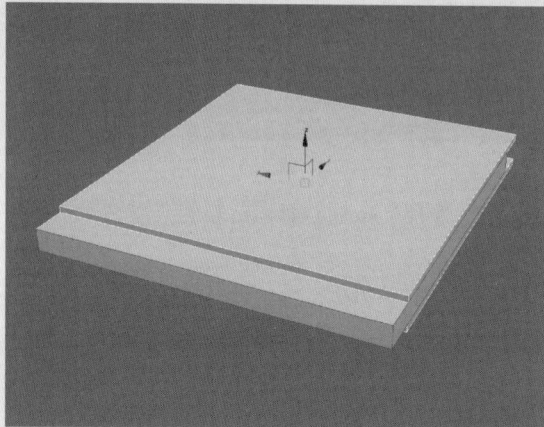

图3-54

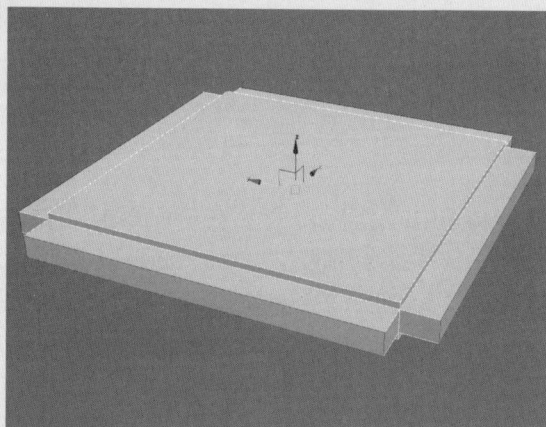

图3-55

07 选中图3-56所示的多边形，单击"插入"按钮 插入 右侧的"设置"按钮▣，设置"数量"为5.0mm，如图3-57所示。

图3-56

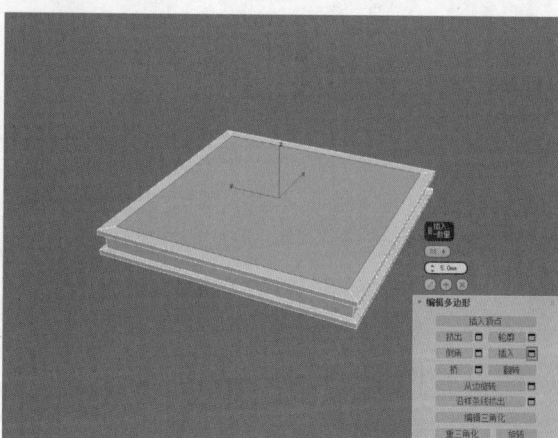

图3-57

08 保持选中的多边形不变，使用"挤出"工具 挤出 向上挤出40.0mm，如图3-58所示。

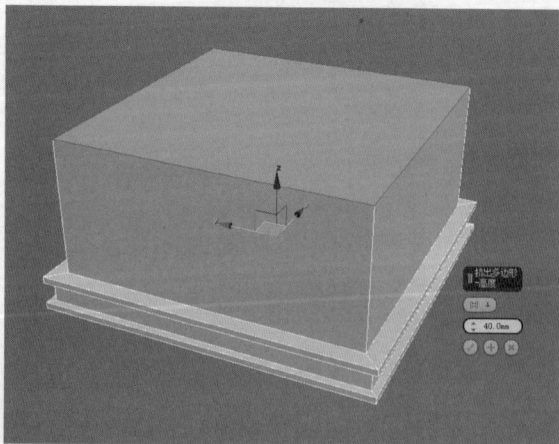

图3-58

09 单击"轮廓"按钮 轮廓 右侧的"设置"按钮 ▣，设置"数量"为－20.0mm，将顶部的多边形向内收缩，如图3-59所示。

> **提示** 这一步也可以使用"选择并均匀缩放"工具 ▣ 向内收缩多边形的大小。

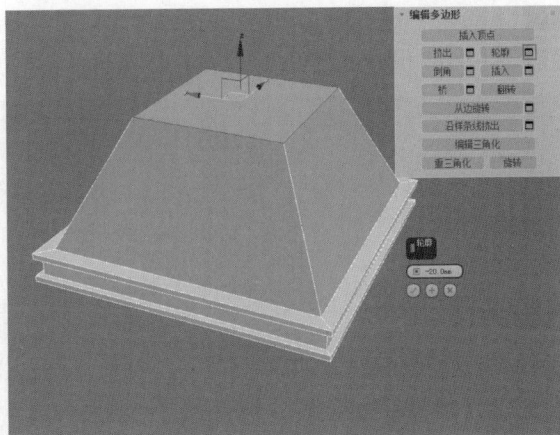
图3-59

10 切换到"边"层级，选中图3-60所示的边，然后单击"切角"按钮 切角 右侧的"设置"按钮 ▣，设置"边切角量"为2.0mm，如图3-61所示。

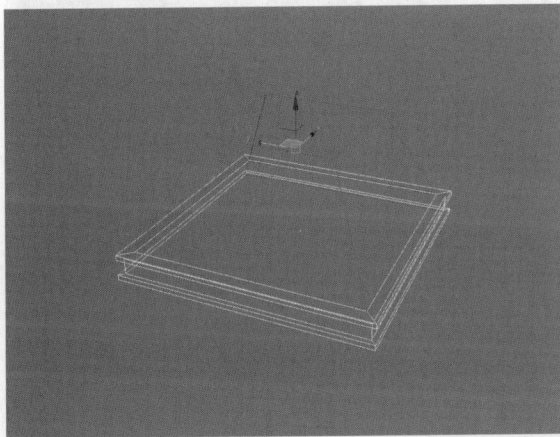
图3-60

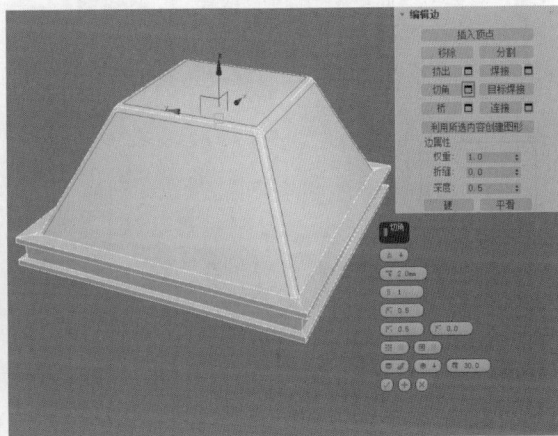
图3-61

11 选中图3-62所示的4个多边形，单击"插入"按钮 插入 右侧的"设置"按钮 ▣，设置"数量"为2.0mm，如图3-63所示。

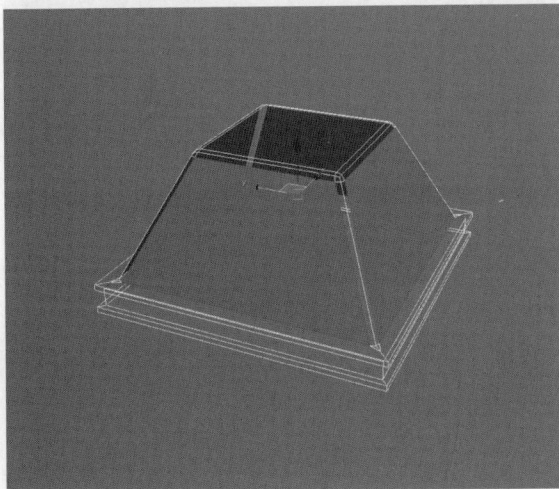
图3-62

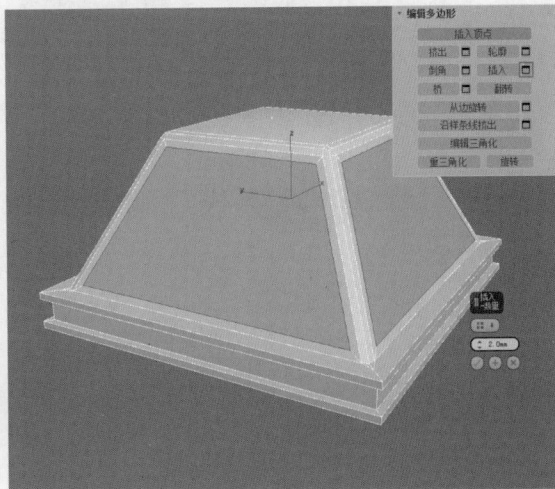
图3-63

12 保持选中的多边形不变，使用"挤出"工具 挤出 向内挤入 – 3.0mm，如图3-64所示。

13 选中图3-65所示的顶部的多边形，使用"插入"工具 插入 向内插入3.0mm，如图3-66所示。

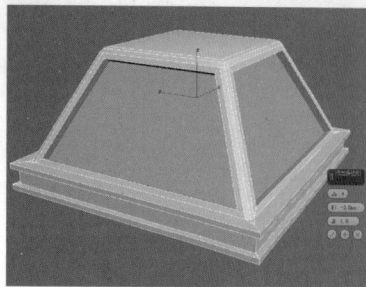

图3-64

图3-65

图3-66

14 保持选中的多边形不变，使用"挤出"工具 挤出 向上挤出5.0mm，如图3-67所示，然后继续使用"挤出"工具 挤出 向上挤出40.0mm，如图3-68所示。

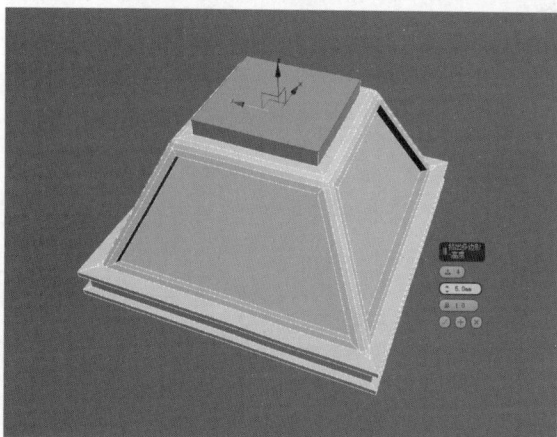

图3-67

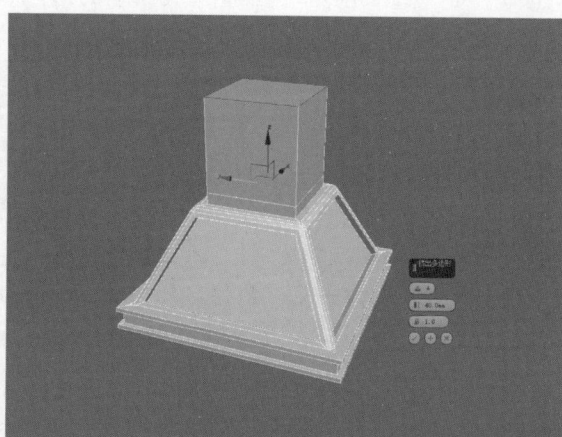

图3-68

15 使用"轮廓"工具 轮廓 将顶部的多边形向内收缩 – 8.0mm，如图3-69所示，然后使用"挤出"工具 挤出 向上挤出30.0mm，如图3-70所示。

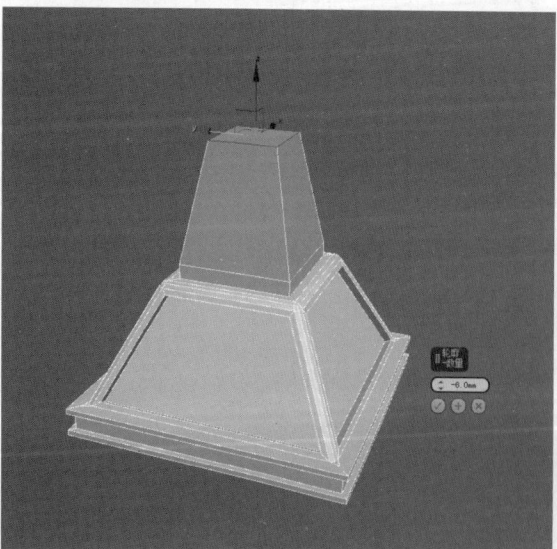

图3-69

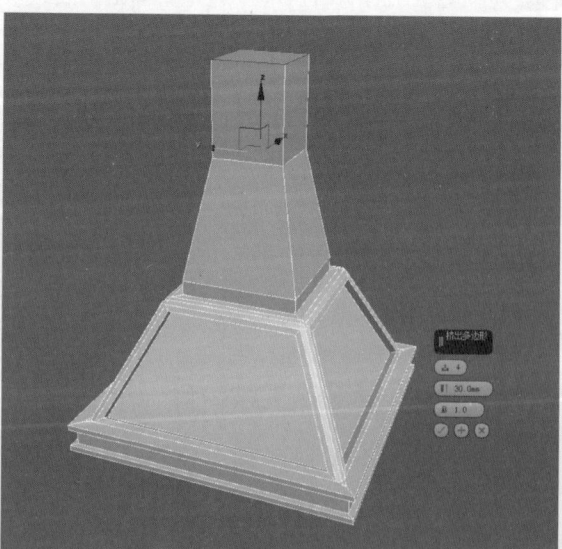

图3-70

16 调整上方挤出模型的高度，然后使用"连接"工具 连接 添加两圈边，如图3-71所示，接着调整添加的两圈边的大小，使模型边缘呈现弧度，如图3-72所示。

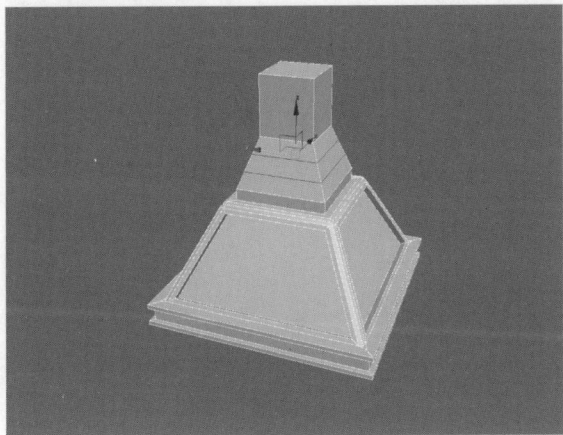

图3-71

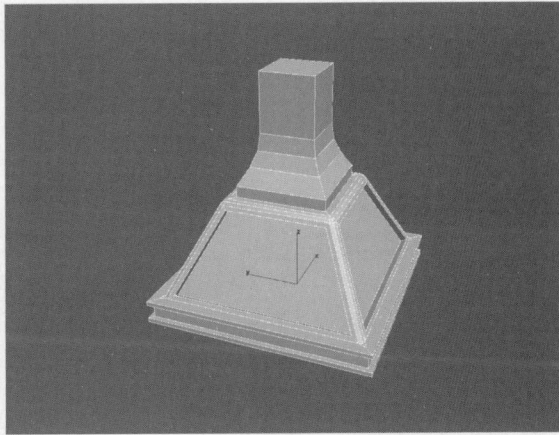

图3-72

17 使用"长方体"工具 长方体 在模型顶部创建一个长方体模型，具体参数如图3-73所示。

18 将步骤17创建的长方体模型转换为可编辑多边形，然后选中顶部的多边形，使用"挤出"工具 挤出 向上挤出10.0mm，如图3-74所示，接着使用"轮廓"工具 轮廓 向外扩大8.0mm，如图3-75所示。

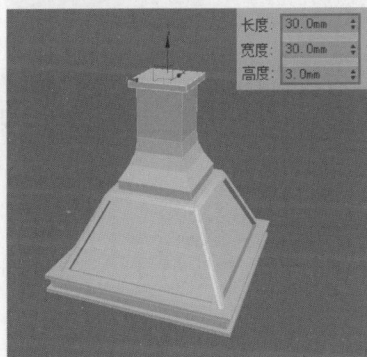

图3-73

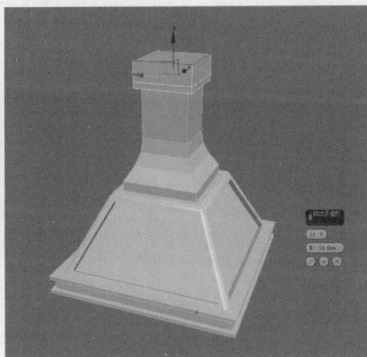

图3-74

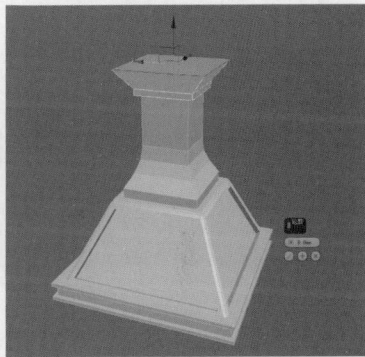

图3-75

19 保持选中的多边形不变，使用"挤出"工具 挤出 向上挤出5.0mm，如图3-76所示。

20 为了方便操作，将上半部分的模型按快捷键Alt+Q孤立显示，如图3-77所示。

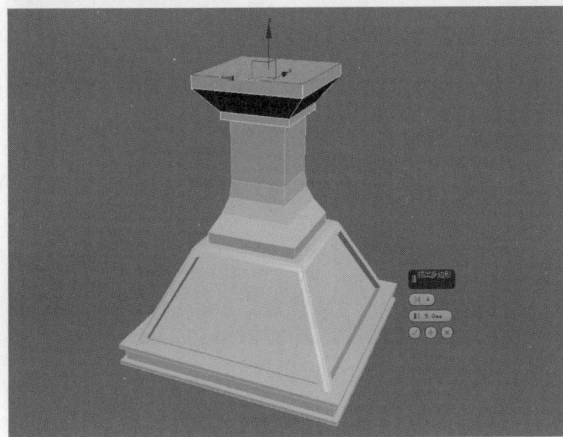

图3-76

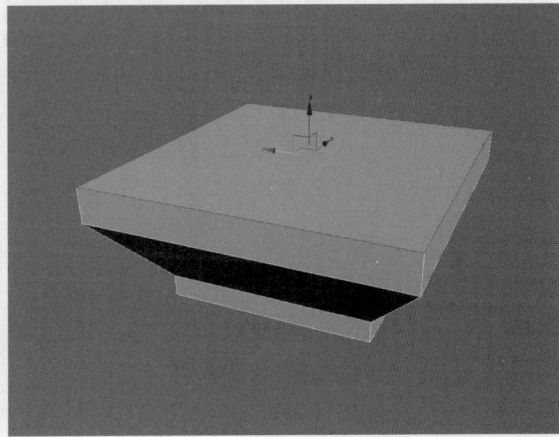

图3-77

21 保持选中的多边形不变，使用"插入"工具 插入 向内插入3.0mm，如图3-78所示，然后使用"挤出"工具 挤出 向上挤出50.0mm，如图3-79所示。

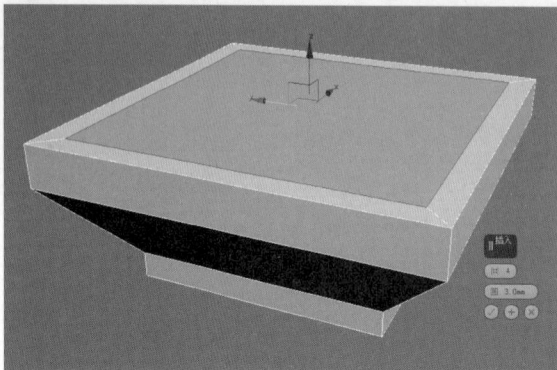

图3-78

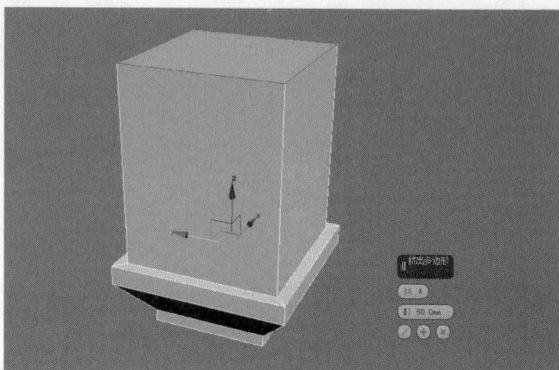

图3-79

22 使用"长方体"工具 长方体 在顶部创建一个长方体模型，具体参数如图3-80所示。

23 将步骤22创建的长方体模型向上复制一份，修改"长度"和"宽度"都为100.0mm，如图3-81所示。

图3-80

图3-81

24 将步骤23复制的长方体模型转换为可编辑多边形，选中顶部的多边形，使用"插入"工具 插入 向内插入40.0mm，如图3-82所示，然后将插入后生成的多边形向上移动一段距离，如图3-83所示。

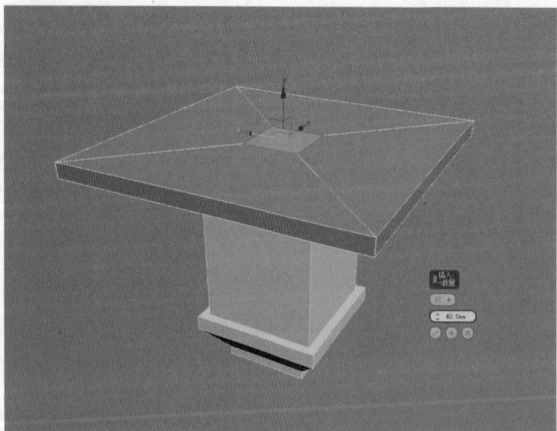

图3-82

图3-83

25 保持选中的多边形不变，使用"挤出"工具 挤出 向上挤出3.0mm，如图3-84所示，然后在上方创建一个"半径"为7.5mm的球体模型，如图3-85所示。模型大体形状已经建模完成，下面细化一些模型细节。

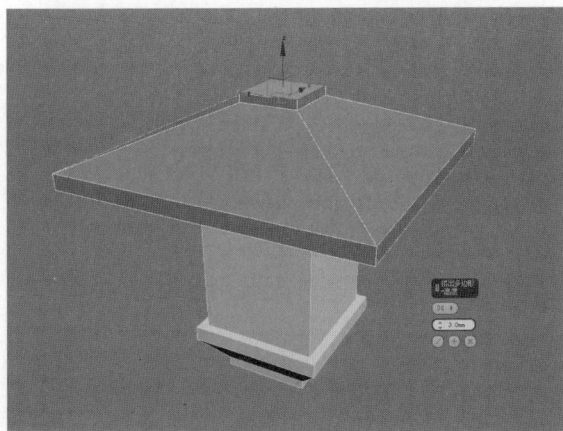

图3-84

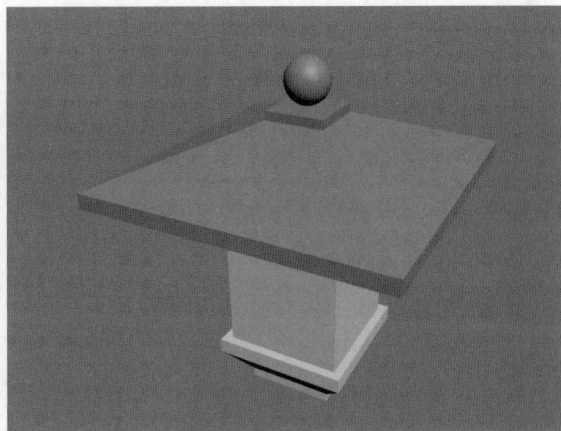

图3-85

26 选中图3-86所示的4个多边形，使用"插入"工具 插入 向内插入3.0mm，插入模式选择"按多边形"，如图3-87所示。

27 保持选中的多边形不变，使用"挤出"工具 挤出 向内挤入 -3.0mm，如图3-88所示。

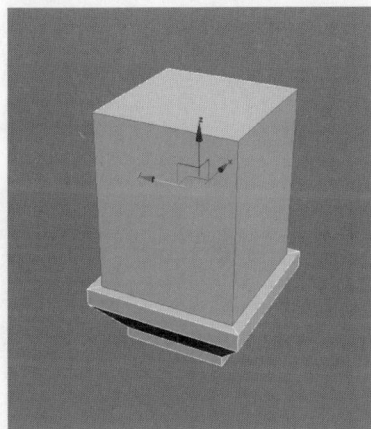

图3-86

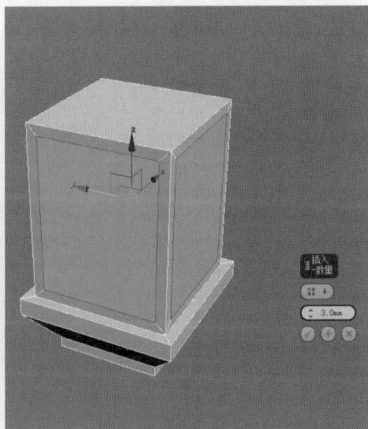

图3-87

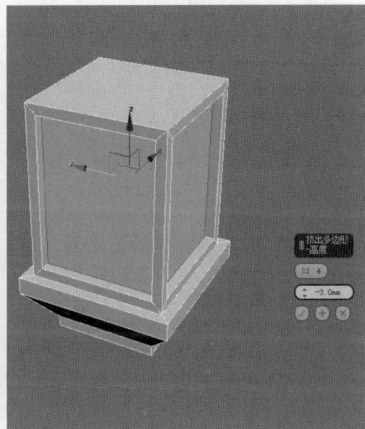

图3-88

28 选中图3-89所示的模型，使用"连接"工具 连接 在其上方添加两条边，并设置"收缩"为70，然后在另外两个面上也添加相同的边，如图3-90所示。

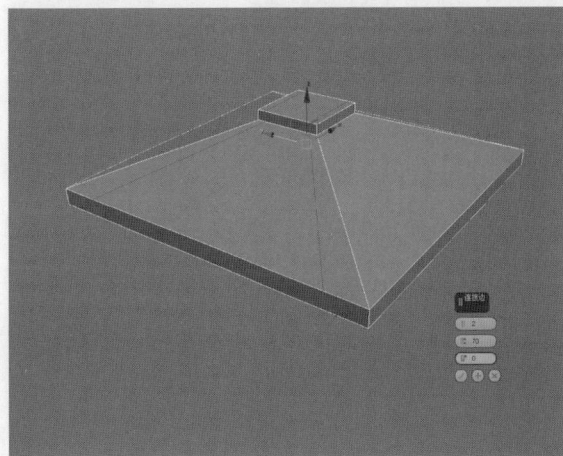

图3-89

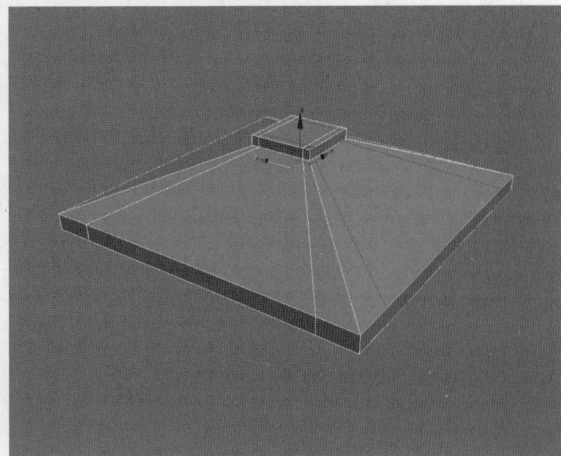

图3-90

29 使用"连接"工具 连接 在模型顶部添加一圈边,如图3-91所示,然后单击"顶点"按钮,切换到"顶点"层级,选中4个角的顶点向上移动一段距离,如图3-92所示。

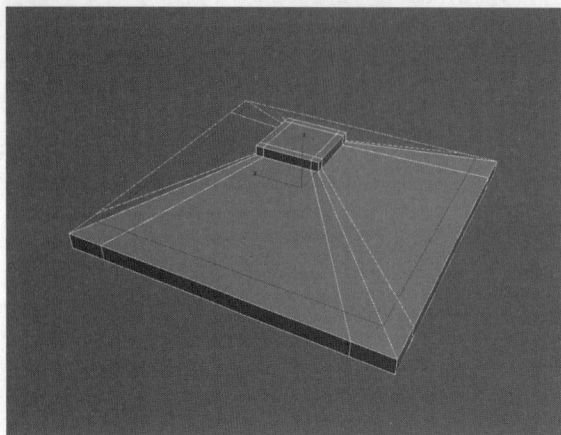

图3-91

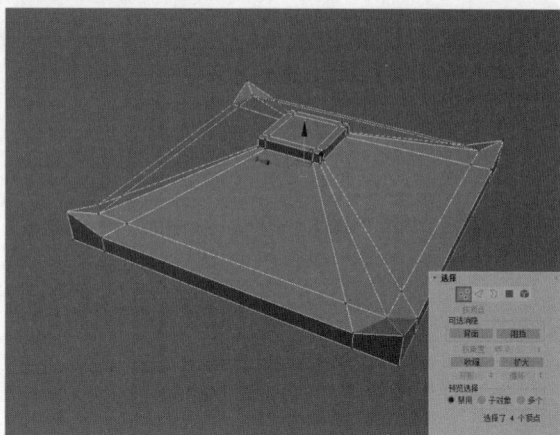

图3-92

30 保持选中的4个顶点不变,使用"选择并均匀缩放"工具将其向外扩大一些,如图3-93所示,然后根据所有模型的大小调整其比例,如图3-94所示。

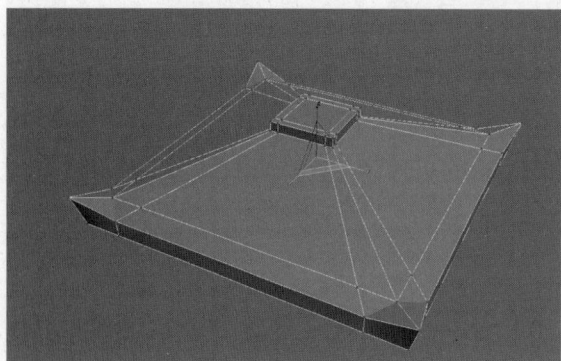

图3-93

图3-94

31 为模型的边缘进行切角操作或加载"切角"修改器。游戏路灯模型最终效果如图3-95所示。

图3-95

任务知识

3.2.1 多边形的转换方法

在编辑多边形对象之前，首先要明确多边形物体不是创建出来的，而是转换而来的。转换多边形对象的方法主要有以下3种。

第1种：在物体上单击鼠标右键，然后在弹出的快捷菜单中选择"转换为:>转换为可编辑多边形"命令，如图3-96所示。

第2种：为物体加载"编辑多边形"修改器，如图3-97所示。

第3种：在修改器列表框中选中物体，然后单击鼠标右键，在弹出的快捷菜单中选择"可编辑多边形"命令，如图3-98所示。

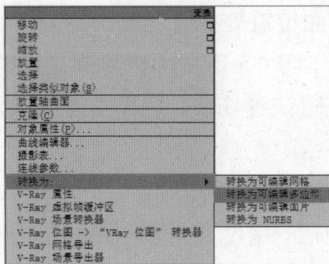  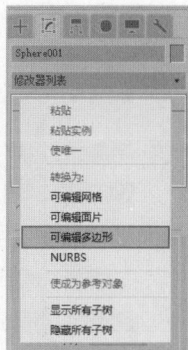

图3-96 图3-97 图3-98

3.2.2 "选择"卷展栏

将物体转换为可编辑多边形对象后，就可以对可编辑多边形对象的顶点、边、边界、多边形和元素等分别进行编辑。在"选择"卷展栏中可以选择对象的编辑层级，如图3-99所示。

◇ **"顶点"按钮** ：单击此按钮后，对模型的顶点进行编辑。

◇ **"边"按钮** ：单击此按钮后，对模型的边进行编辑。

◇ **"边界"按钮** ：单击此按钮后，对模型的边界进行编辑，如图3-100所示。

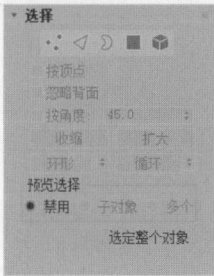 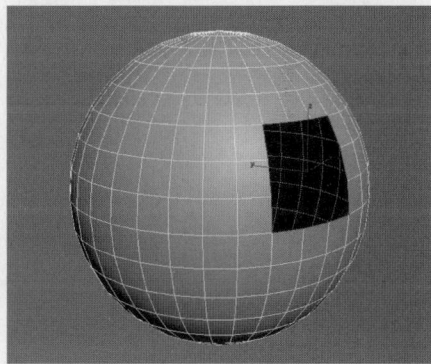

图3-99 图3-100

◇ **"多边形"按钮** ：单击此按钮后，对模型的面（多边形）进行编辑。

◇ **"元素"按钮** ：单击此按钮后，对连续的多边形进行编辑。

◇ **忽略背面：**勾选该选项后，只能选中法线指向当前视图的子对象。

◇ **收缩** ：单击一次该按钮，可以在当前选择范围中向内减少一圈对象。

◇ **扩大** ：与 收缩 相反，单击一次该按钮，可以在当前选择范围中向外增加一圈对象。

◇ **环形** ：该按钮只能在"边"和"边界"层级中使用。在选中一部分子对象后，单击该按钮可以自动选择与当前对象在同一环形曲面上的其他对象。

◇ **循环** ：该按钮同样只能在"边"和"边界"层级中使用。在选中一部分子对象后，单击该按钮可以自动选择与当前对象在同一曲线上的其他对象。

3.2.3 "编辑几何体"卷展栏

"编辑几何体"卷展栏下的工具适用于所有层级,主要用来全局修改多边形对象,如图3-101所示。

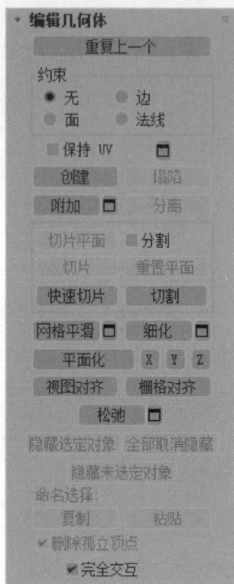

图3-101

◇ 重复上一个:单击该按钮可以重复使用上一次使用的命令。

◇ 创建:单击该按钮可以创建新的几何体。

◇ 附加:单击该按钮可以将场景中的其他对象附加到选定的可编辑多边形对象中。

◇ 分离:单击该按钮可以将选定的子对象作为单独的对象或元素分离出来。

◇ 切片平面:单击该按钮可以沿某一平面分开网格对象。

◇ 切片:单击该按钮可以在切片平面位置处执行切割操作。

◇ 重置平面:单击该按钮可以将执行过"切片"的平面恢复到之前的状态。

◇ 快速切片:单击该按钮可以将对象进行快速切片,切片的虚线会沿着对象表面移动,所以可以更加准确地进行切片。

◇ 网格平滑:单击该按钮可以使选定的对象产生平滑效果。

◇ 细化:单击该按钮可以增加局部网格的密度,从而方便处理对象的细节。

3.2.4 "编辑顶点"卷展栏

在"选择"卷展栏中单击"顶点"按钮,就会在其下方显示"编辑顶点"卷展栏,如图3-102所示。该卷展栏中的工具都是用于编辑顶点的形状的。

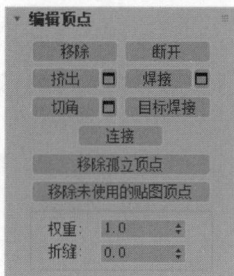

图3-102

◇ 移除:选中一个或多个顶点以后,单击该按钮可以将其移除,但顶点所在的面依然存在。

提示 这里详细介绍一下移除顶点与删除顶点的区别。

移除顶点: 选中一个或多个顶点以后,单击"移除"按钮 移除 或按Backspace键即可移除顶点,但也只是移除了顶点,而面仍然存在,如图3-103所示。注意,移除顶点可能导致网格形状发生严重变形。

删除顶点: 选中一个或多个顶点以后,按Delete键可以删除顶点,同时也会删除连接到这些顶点的面,如图3-104所示。

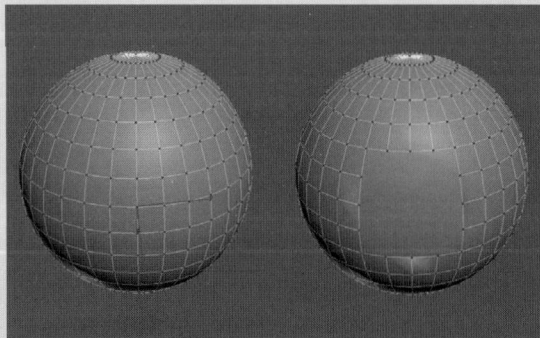

图3-103

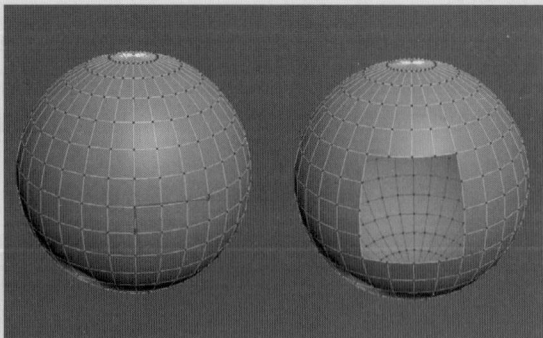

图3-104

◇ **断开**：选中顶点以后，单击该按钮可以在与选定顶点相连的每个多边形上都创建一个新顶点，这可以使多边形的转角相互分开，使它们不再相连于原来的顶点上。

◇ **挤出**：单击该按钮可以手动在视图中挤出顶点，如图3-105所示。如果要精确设置挤出的高度和宽度，可以单击该按钮右侧的"设置"按钮 ，然后在视图中的"挤出顶点"对话框中输入数值即可，如图3-106所示。

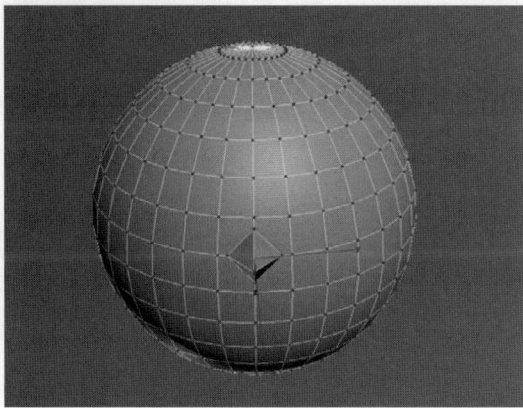

图3-105

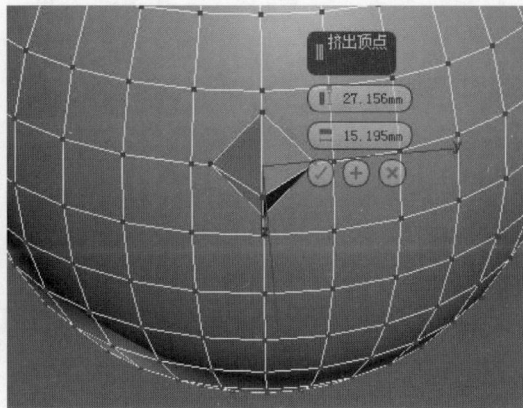

图3-106

◇ **焊接**：单击该按钮，可以对"焊接顶点"对话框中指定的"焊接阈值"范围之内连续选中的顶点进行合并，合并后所有边都会与产生的单个顶点连接。单击该按钮右侧的"设置"按钮 可以设置"焊接阈值"。

◇ **切角**：选中顶点以后，单击该按钮并在视图中拖曳光标，可以手动为顶点切角，如图3-107所示。单击该按钮右侧的"设置"按钮 ，在弹出的"切角"对话框中可以设置精确的"顶点切角量"数值。

◇ **目标焊接**：选择一个顶点后，单击该按钮可以将其焊接到相邻的目标顶点。

◇ **连接**：单击该按钮可以在选中的对角顶点之间创建新的边，如图3-108所示。

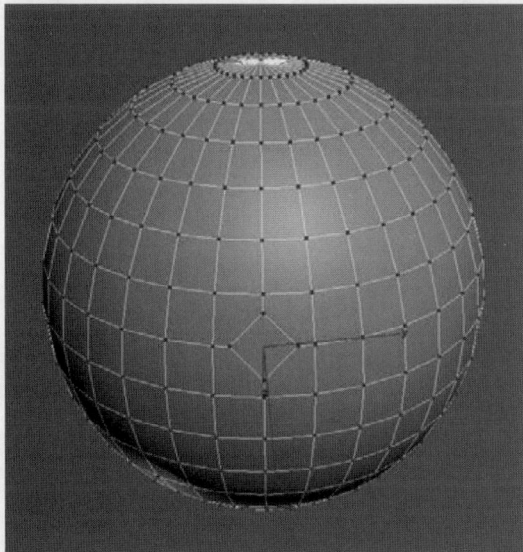

图3-107

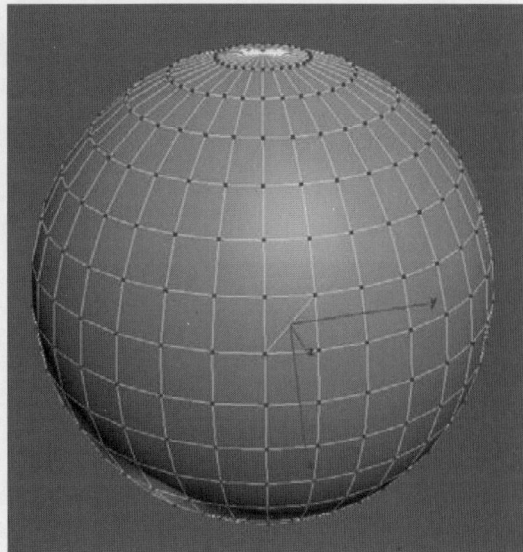

图3-108

提示 "目标焊接"工具 **目标焊接** 只能焊接成对的连续顶点。也就是说，选择的顶点与目标顶点有一个边相连。

3.2.5 "编辑边"卷展栏

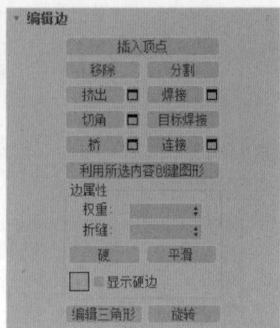

单击"边"按钮 ▧ 以后，在"修改"面板中会增加一个"编辑边"卷展栏，如图3-109所示。这个卷展栏下的工具全部是用来编辑边的。

图3-109

◇ **插入顶点**：单击该按钮，在任意边上单击，可以添加新的顶点。

◇ **挤出**：单击该按钮可以手动在视图中挤出边。如果要精确设置挤出的高度和宽度，可以单击该按钮右侧的"设置"按钮 ▣，然后在视图中的"挤出边"对话框中输入数值即可，如图3-110所示。

◇ **切角**：这是多边形建模中使用频率较高的工具之一，单击该按钮可以为选定边进行切角处理，从而生成平滑的棱角，如图3-111所示。

◇ **连接**：单击该按钮可以在每对选定边之间创建新边，这对于创建或细化边循环特别有用，如图3-112所示。

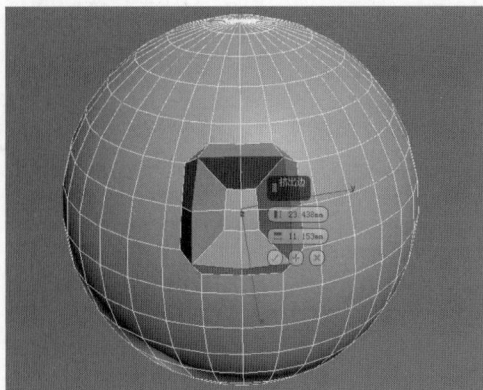

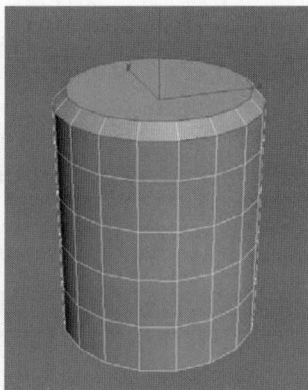

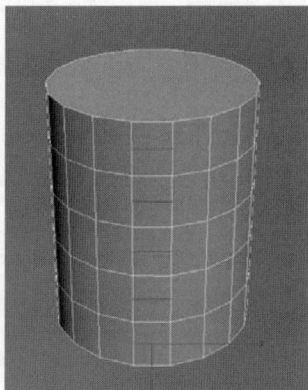

图3-110 图3-111 图3-112

◇ **利用所选内容创建图形**：单击该按钮可以将选定的边创建为样条线图形。创建的样条线图形有两种形式，选择"平滑"会生成平滑后的样条线图形，如图3-113所示；选择"线性"会生成与原模型的布线完全相同的样条线图形，如图3-114所示。

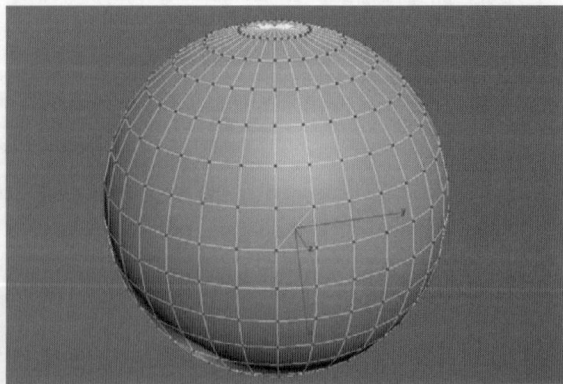

图3-113 图3-114

3.2.6 "编辑多边形"卷展栏

单击"多边形"按钮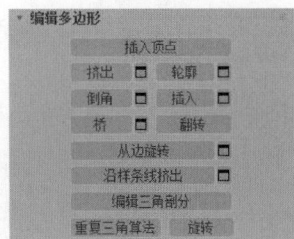以后，在"修改"面板中会增加"编辑多边形"卷展栏，如图3-115所示。这个卷展栏下的工具全部是用来编辑多边形的。

图3-115

◇ 挤出：单击该按钮可以挤出多边形。如果要精确设置挤出的高度，可以单击该按钮右侧的"设置"按钮，然后在视图中的"挤出多边形"对话框中输入数值即可。挤出多边形时，"高度"为正值时可向外挤出多边形，为负值时可向内挤出多边形，如图3-116所示。

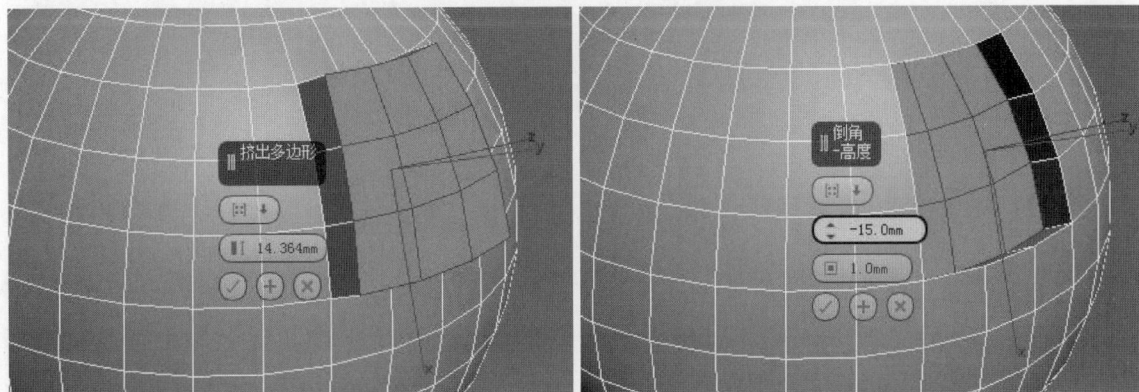

图3-116

◇ 轮廓：单击该按钮可以放大或缩小选定多边形的边缘。

◇ 插入：单击该按钮可以执行没有高度的倒角操作，即在选定多边形的平面内执行该操作，如图3-117所示。

◇ 翻转：单击该按钮可以反转选定多边形的法线方向，从而使其正面或背面面向用户。

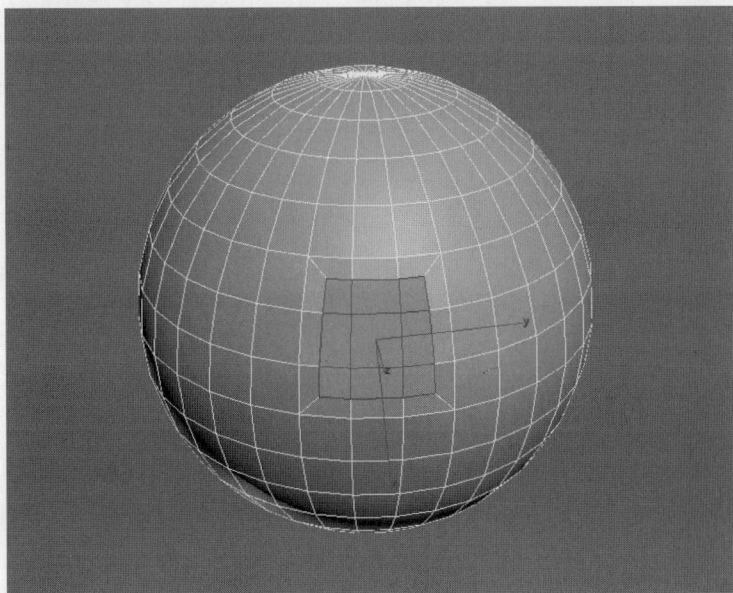

图3-117

项目实践 制作陶瓷马克杯模型

项目要点 本项目实践的陶瓷马克杯模型是通过一个圆柱体模型转换而来的，效果如图3-118所示。

图3-118

课后习题 制作游戏标志牌模型

习题要点 本习题是制作一个游戏场景中常见的标志牌模型，效果如图3-119所示。

图3-119

项目4

摄影机技术

本项目介绍3ds Max 2024的摄影机技术。熟悉场景构图和画面比例可以为场景取景打下基础。掌握常用的摄影机工具和特殊镜头效果，是本项目的学习重点。

学习目标

● 熟悉场景构图和画面比例
● 掌握常用摄影机工具的使用方法
● 掌握特殊镜头效果的制作方法

技能目标

● 掌握"创建物理摄影机"的方法
● 掌握"设置竖构图场景"的方法
● 掌握"画面景深效果"的制作方法

素养目标

● 培养运用不同摄影机拍摄场景的能力
● 培养运用渲染安全框确定场景的取景范围的能力
● 培养设置不同的画面比例的能力

任务4.1 常用的摄影机工具

本任务将讲解3ds Max 2024中的摄影机工具（以下简称摄影机）。在制作效果图和动画时摄影机非常有用。常用的摄影机包括3ds Max 2024中的"物理"和"目标"两种，以及VRay渲染器自带的"VRay物理摄影机"。

任务实践 创建物理摄影机

任务目标 学习物理摄影机的创建和调整方法。

任务要点 本任务使用"物理"摄影机工具 物理 在场景中创建摄影机，调整摄影机的"焦距"和ISO等参数以控制画面大小和曝光。最终效果参看学习资源中的"案例文件>项目4>任务实践：创建物理摄影机.max"文件，效果如图4-1所示。

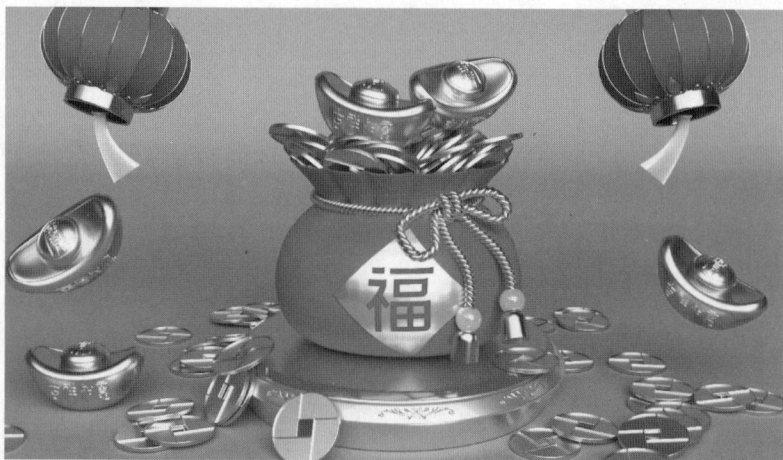

图4-1

任务制作

01 打开学习资源"案例文件>项目4>课堂案例：创建物理摄影机"文件夹中的"练习.max"文件，效果如图4-2所示。

02 在"创建"面板中单击"摄影机"按钮 ▣，然后单击"物理"按钮 物理 ，如图4-3所示。

图4-2

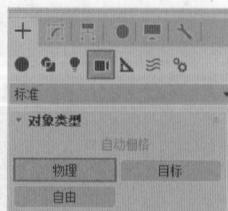

图4-3

03 切换到顶视图，从下往上拖曳光标创建一台物理摄影机，如图4-4所示。

04 切换到左视图调整摄影机的高度，效果如图4-5所示。

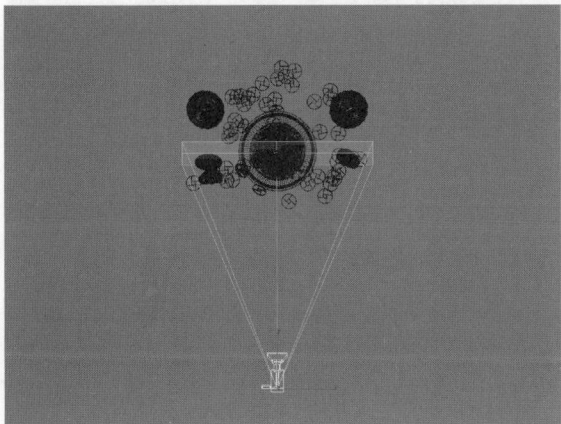

图4-4

图4-5

提示 在透视图中按快捷键Ctrl+C可以快速根据当前视图创建物理摄影机。

05 按C键切换到摄影机视图，效果如图4-6所示。可以看到，场景中的灯光在视图窗口中的亮度不够，画面显得很暗。

图4-6

06 单击画面左上角的"用户定义"，在弹出的菜单中执行"照明和阴影>用默认灯光照亮"菜单命令，然后取消勾选"阴影"和"环境光阻挡"，如图4-7所示。此时画面中的亮度合适，可以清晰地看到所有对象。

图4-7

07 选中摄影机，在"修改"面板中设置"焦距"为45.0毫米，画面效果如图4-8所示。

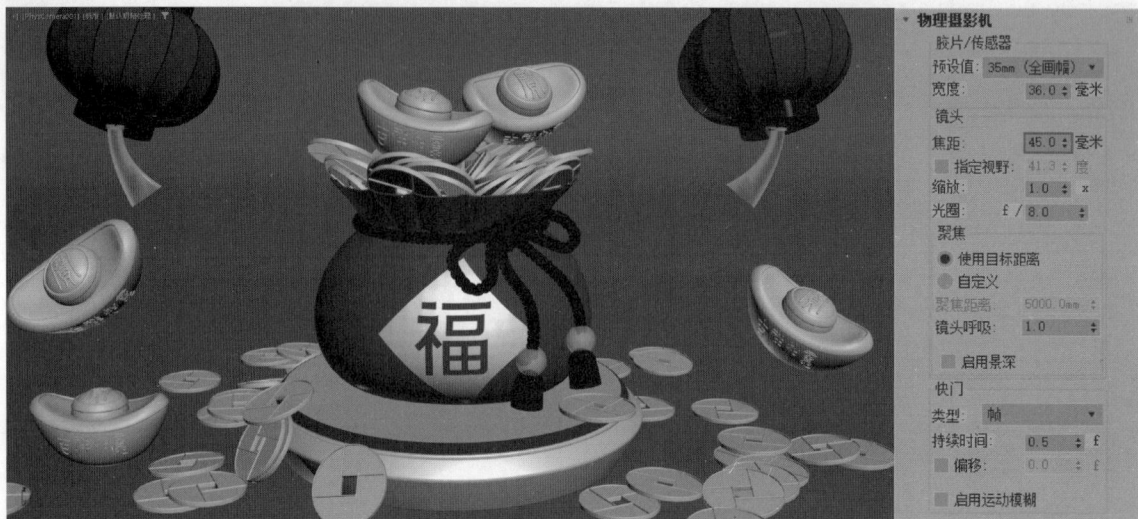

图4-8

08 在"曝光"卷展栏中设置"曝光增益"为"手动"，ISO为600.0，如图4-9所示。

09 按F9键渲染当前场景，画面最终效果如图4-10所示。

提示 物理摄影机默认曝光增益方式为"目标"，通常情况下会出现曝光效果。调整为"手动"后再降低ISO的数值就可以得到比较合适的画面亮度。

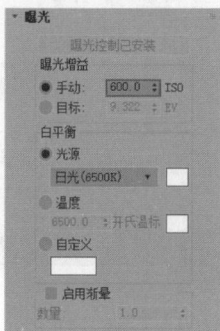

图4-9

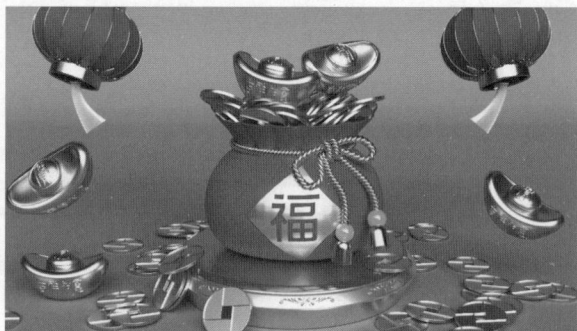

图4-10

任务知识

4.1.1 物理摄影机

物理摄影机与VRay物理摄影机类似，其操作方式接近现实中单反相机的操作方式。使用"物理"摄影机工具 物理 在视图中拖曳光标可以创建一台物理摄影机，可以看到物理摄影机包含摄影机和目标点两个部件，如图4-11所示。

物理摄影机包含8个卷展栏，如图4-12所示。下面只介绍常用的4个卷展栏。

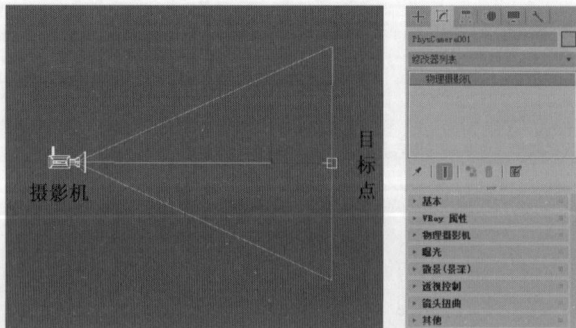

图4-11

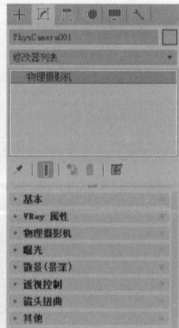

图4-12

1.基本

展开"基本"卷展栏，如图4-13所示。

◇ **目标：** 勾选该选项后摄影机有目标点。

◇ **目标距离：** 设置目标点离摄影机的距离。

◇ **显示圆锥体：** 有"选定时""始终"和"从不"3个选项，如图4-14所示。该选项用来控制摄影机圆锥体的显示方式。

◇ **显示地平线：** 勾选该选项后可在摄影机视图中显示地平线。

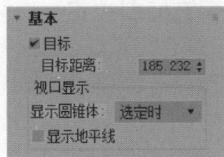

图4-13　　　图4-14

2.物理摄影机

展开"物理摄影机"卷展栏，如图4-15所示。

◇ **预设值：** 系统设定的镜头类型，如图4-16所示。

◇ **宽度：** 手动调节镜头范围的大小。

◇ **焦距：** 设置摄影机的焦长。

◇ **指定视野：** 勾选该选项后可以手动调节视野大小。

◇ **缩放：** 缩放场景。

◇ **光圈：** 设置摄影机的光圈大小，用来控制渲染图像的亮度和景深大小。

◇ **使用目标距离：** 使用目标点离摄影机的距离。

◇ **自定义：** 手动调节距离。

◇ **镜头呼吸：** 基于焦距更改视野。镜头必须移动，才能在不同的距离聚焦。当聚焦更近时视野会变得更窄。值为0时禁用此效果。

◇ **启用景深：** 勾选该选项后开启景深效果。

◇ **类型：** 按不同的时间单位控制进光时间，如图4-17所示。

◇ **持续时间：** 控制进光时间。

◇ **偏移：** 勾选该选项后启用快门偏移。

◇ **启用运动模糊：** 勾选该选项后启用运动模糊效果。

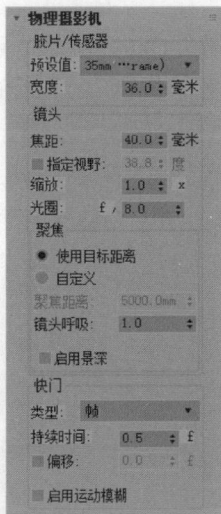

图4-15

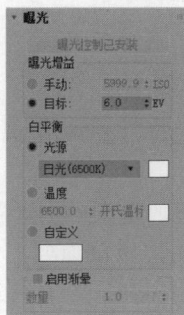

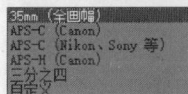

图4-16　　　　图4-17

3.曝光

展开"曝光"卷展栏，如图4-18所示。

◇ **手动：** 传统胶片曝光，选择该选项后调整ISO值。

◇ **目标：** 摄影机默认曝光增益方式，选择该选项后调节EV值。

◇ **光源：** 使用光源颜色控制白平衡，如图4-19所示。

◇ **温度：** 用色温控制白平衡。

◇ **自定义：** 自定义颜色以控制白平衡。

◇ **启用渐晕：** 勾选该选项后镜头有渐晕效果。

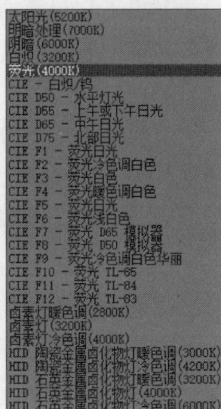

图4-18　　　　图4-19

4.透视控制

展开"透视控制"卷展栏，如图4-20所示。

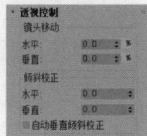

图4-20

◇ **镜头移动：** 水平/垂直移动胶片平面，用于使摄影机向上或向下环视，而不必倾斜。

◇ **倾斜校正：** 水平/垂直倾斜镜头，用于更正摄影机向上或向下倾斜的透视角度。

◇ **自动垂直倾斜校正：** 勾选该选项后自动调整摄影机的垂直倾斜角度，以便沿z轴对齐透视角度。

4.1.2 目标摄影机

目标摄影机可以查看所放置的目标周围的区域，它比自由摄影机更容易定向，因为只需将目标对象定位在所需位置的中心即可。使用"目标"工具 目标 在场景中拖曳光标可以创建一台目标摄影机，可以看到目标摄影机包含目标点和摄影机两个部件，如图4-21所示。

在默认情况下，目标摄影机的参数包含"参数"和"景深参数"两个卷展栏，如图4-22所示。当在"参数"卷展栏下设置"多过程效果"为"运动模糊"时，目标摄影机的参数就变成了包含"参数"和"运动模糊参数"两个卷展栏，如图4-23所示。

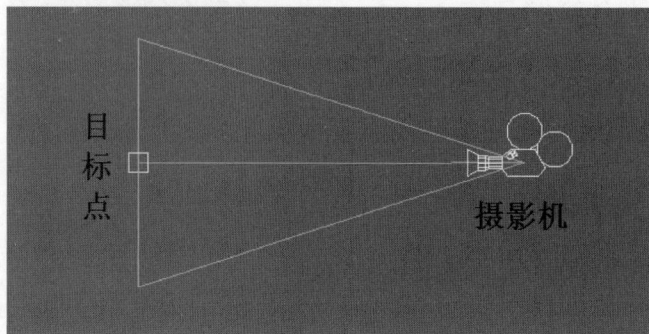

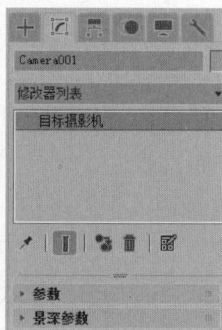

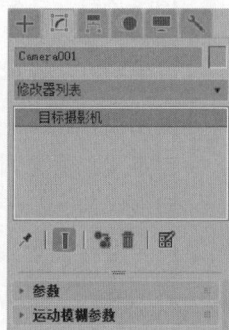

图4-21 图4-22 图4-23

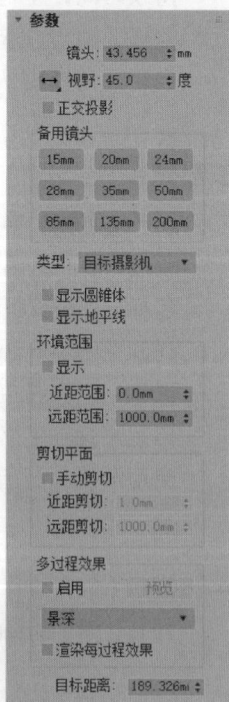

实际工作中常用的只有"参数"卷展栏，展开"参数"卷展栏，如图4-24所示。

◇ **镜头：** 以mm为单位来设置摄影机的焦距。

◇ **视野：** 设置摄影机查看区域的视野宽度，有"水平"↔、"垂直"↕和"对角线"↗3种方式。

◇ **正交投影：** 勾选该选项后，摄影机视图为用户视图；取消勾选该选项后，摄影机视图为标准的透视图。

◇ **备用镜头：** 系统预置的摄影机焦距镜头包含15mm、20mm、24mm、28mm、35mm、50mm、85mm、135mm和200mm。

◇ **类型：** 切换摄影机的类型，包含"目标摄影机"和"自由摄影机"两种。

◇ **显示圆锥体：** 显示摄影机视野定义的锥形光线（实际上是一个四棱锥）。锥形光线出现在其他视口，但是显示在摄影机视口中。

◇ **显示地平线：** 在摄影机视图中的地平线上显示一条深灰色的线条。

◇ **显示：** 显示出在摄影机锥形光线内的矩形。

◇ **近距/远距范围：** 设置大气效果的近距范围和远距范围。

◇ **手动剪切：** 勾选该选项后，可定义剪切的平面。

图4-24

◇ **近距/远距剪切**：设置"近距剪切"平面和"远距剪切"平面。对于摄影机来说，比"近距剪切"平面近或比"远距剪切"平面远的对象是不可视的。

◇ **启用**：勾选该选项后，可以预览渲染效果。

◇ 预览 ：单击该按钮可以在活动摄影机视图中预览渲染效果。

◇ **多过程效果类型**：共有"景深"和"运动模糊"两个选项，系统默认为"景深"。

◇ **渲染每过程效果**：勾选该选项后，系统会将渲染效果应用于多重过滤效果的每个过程（景深或运动模糊）。

◇ **目标距离**：当使用目标摄影机时，该选项用来设置摄影机与目标点之间的距离。

4.1.3 VRay物理摄影机

VRay物理摄影机相当于一台真实的摄影机，有光圈、快门、曝光、ISO等调节功能，它可以对场景进行"拍照"。使用"VRayPhysicalCamera"（VRay物理摄影机）工具 VRayPhysicalCamera 在视图中拖曳光标可以创建一台VRay物理摄影机，可以看到VRay物理摄影机同样包含摄影机和目标点两个部件，如图4-25所示。

VRay物理摄影机的参数包含13个卷展栏，如图4-26所示。下面只介绍常用的5个卷展栏。

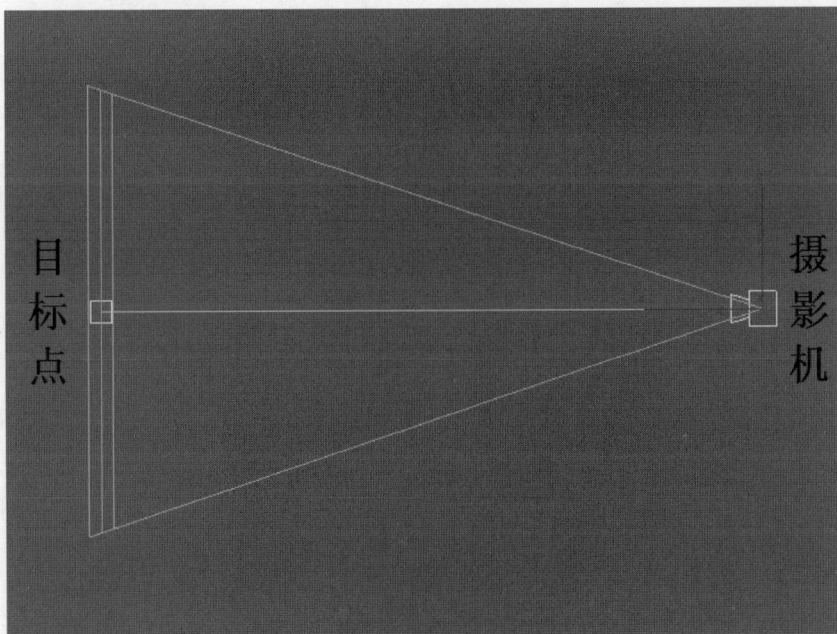

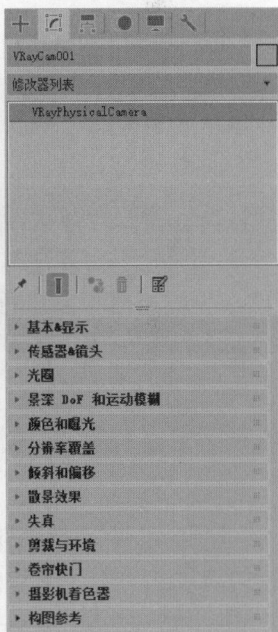

图4-25 图4-26

1.传感器&镜头

展开"传感器&镜头"卷展栏，如图4-27所示。

◇ **视野**：勾选该选项后，可以调整摄影机的可视区域。

◇ **片门(mm)**：控制摄影机所看到的景色范围。其数值越大，看到的景色就越多。

图4-27

◇ **焦距(mm)**：设置摄影机的焦长，同时也会影响到画面的感光强度。较大的数值产生的效果类似于长焦效果，且感光材料（胶片）会变暗，特别是在胶片的边缘区域；较小的数值产生的效果类似于广角效果，其透视感比较强，当然胶片也会变亮，对比效果如图4-28所示。

图4-28

◇ **缩放系数：** 控制摄影机视图的缩放。数值越大，摄影机视图拉得越近。

2.光圈

展开"光圈"卷展栏，如图4-29所示。

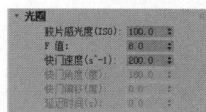

图4-29

◇ **胶片感光度(ISO)：** 控制渲染画面的曝光时长。其数值越大，画面越亮，如图4-30所示。

图4-30

◇ **F值：** 也叫作"光圈数"，用于控制VRay物理摄影机的曝光和景深。其数值越大，画面亮度越低，景深效果也越弱，对比效果如图4-31所示。只有勾选了"景深"选项才能渲染带景深效果的画面。

图4-31

◇ **快门速度（s^-1）：** 控制VRay物理摄影机的快门速度。其数值越大，画面亮度越低，如图4-32所示。

图4-32

3.景深DoF和运动模糊

"景深DoF和运动模糊"卷展栏下只有"景深"和"运动模糊"两个选项，如图4-33所示，勾选后会形成相应的镜头效果。

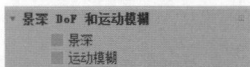

图4-33

4.颜色和曝光

展开"颜色和曝光"卷展栏，如图4-34所示。

◇ **曝光：** 控制摄影机的曝光方式，默认为"物理曝光"。展开其下拉列表，可以选择其他两种曝光方式，如图4-35所示。

◇ **暗角：** 勾选该选项后，渲染图片会带有渐晕效果，如图4-36所示。

图4-34　　　　图4-35　　　　图4-36

◇ **白平衡：** 控制镜头的颜色。展开其下拉列表，可以选择其他白平衡模式，如图4-37所示。部分白平衡模式的渲染效果如图4-38所示。一般情况下选择"中性"模式，此时的镜头白平衡是纯白色，渲染的图片不会有色差。

图4-37

图4-38

◇ **自定义平衡**：自行设置白平衡的颜色。

5.倾斜和偏移

展开"倾斜和偏移"卷展栏，如图4-39所示。

◇ **自动垂直倾斜**：勾选该选项后，系统会自动校正摄影机的畸变。

◇ **倾斜/平移**：手动设定数值，调整摄影机的角度。

◇ **猜测垂直倾斜/猜测水平倾斜**：单击相应的按钮后，会在垂直或水平方向校正摄影机的畸变。

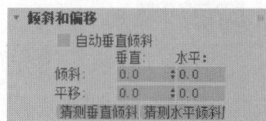

图4-39

任务4.2 场景构图与画面比例

场景构图是指在二维平面中体现三维的透视关系，控制元素之间所占比例的大小关系，具体包括场景给人总的视觉感受，主体与陪体、环境的处理，被摄对象之间相互关系的处理，空间关系处理，影像的虚实控制以及光线、影调、色调的配置，气氛的渲染，等等。

任务实践 **设置竖构图场景**

任务目标 学习并使用"VRayPhysicalCamera"工具 VRayPhysicalCamera 在场景中创建VRay物理摄影机，设置画面输出比例为竖构图。

任务要点 本任务需要在场景中使用"VRayPhysicalCamera"工具 VRayPhysicalCamera 创建VRay物理摄影机，同时调整画面输出比例为竖构图。最终效果参看学习资源中的"案例文件>项目4>任务实践：设置竖构图场景.max"文件，效果如图4-40所示。

图4-40

任务制作

01 打开学习资源"案例文件>项目4>任务实践：设置竖构图场景"文件夹中的"练习.max"文件，效果如图4-41所示。

02 在"创建"面板中单击"摄影机"按钮■，然后选择"VRay"选项，单击"VRayPhysicalCamera"按钮 VRayPhysicalCamera ，如图4-42所示。

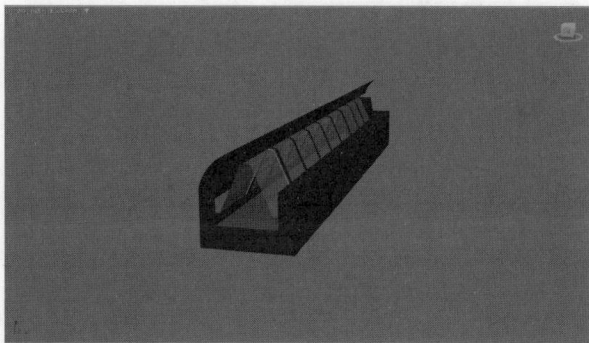

图4-41

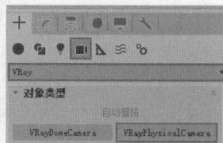

图4-42

03 在顶视图中从下往上拖曳光标，创建一台VRay物理摄影机，如图4-43所示。

04 切换到左视图，调整摄影机的高度，如图4-44所示。

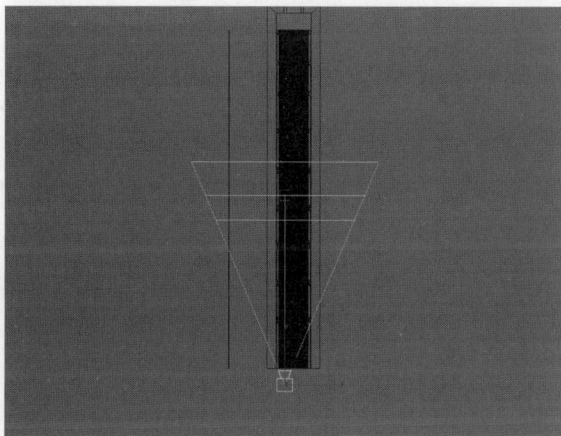

图4-43

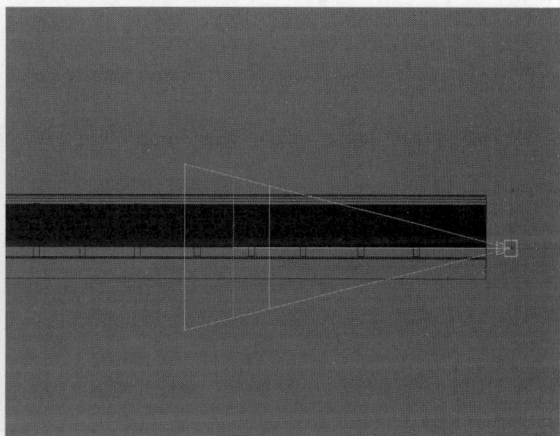

图4-44

05 按C键切换到摄影机视图，微调摄影机的位置，画面效果如图4-45所示。

06 画面要调整为竖构图，按F10键打开"渲染设置：V-Ray 6 Update1.1"对话框，设置"宽度"为750，"高度"为1000，如图4-46所示。

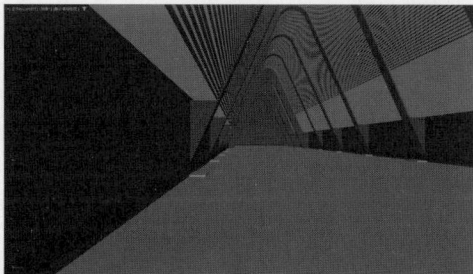

图4-45

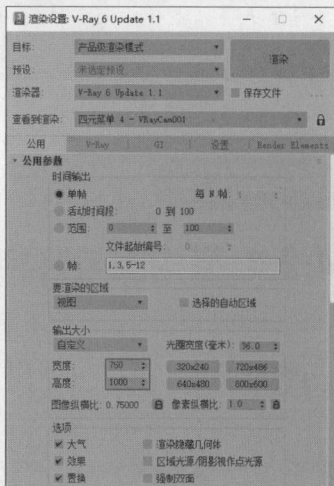

图4-46

提示 竖构图没有固定的比例，只要"宽度"数值小于"高度"数值即可。

07 按快捷键Shift+F打开渲染安全框，此时画面效果如图4-47所示。

08 选中摄影机，设置"焦距(mm)"为36.0，"胶片感光度(ISO)"为1000.0，如图4-48所示。

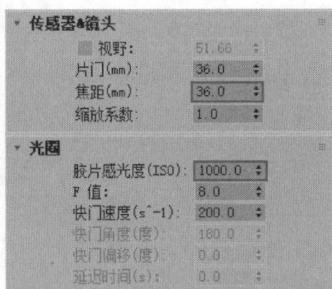

图4-47　　　　　　　　　　　　　　　　　　　　图4-48

09 使用"推拉摄影机"工具 向前推进摄影机，使画面更加好看，效果如图4-49所示。

10 按F9键渲染画面。竖构图场景最终效果如图4-50所示。

图4-49　　　　　　　　　　　　　　　　　　　　图4-50

任务知识

4.2.1 横构图与竖构图

　　横构图与竖构图是日常工作中比较常见的两种构图方式，下面将详细讲解两者。

1.横构图

　　横构图常用的画面比例包括4∶3、16∶9和16∶10等。横构图与人的本能视野有关，在宽阔的地平线上，事物依次展开，呈横向排列，各种水平、横向的联系向两边产生辐射的趋势，特别能满足双眼"左顾右盼"的开阔视野。横构图还有利于表现物体的运动趋势，包括使静止的景物产生流动的节奏美。横构图如图4-51所示。

图4-51

2.竖构图

　　竖构图也叫纵向构图，适用于表现高度较高或者纵深较大的空间，如别墅中庭、会议室、走廊等。竖构图一方面可以表现树木、建筑、高塔等垂直高大的物体，另一方面，在画面的上下方安排一些呈对角线排列的物体，会给人带来高亢、上升的感受，使人通过仰视产生一种崇高的情感。竖构图如图4-52所示。

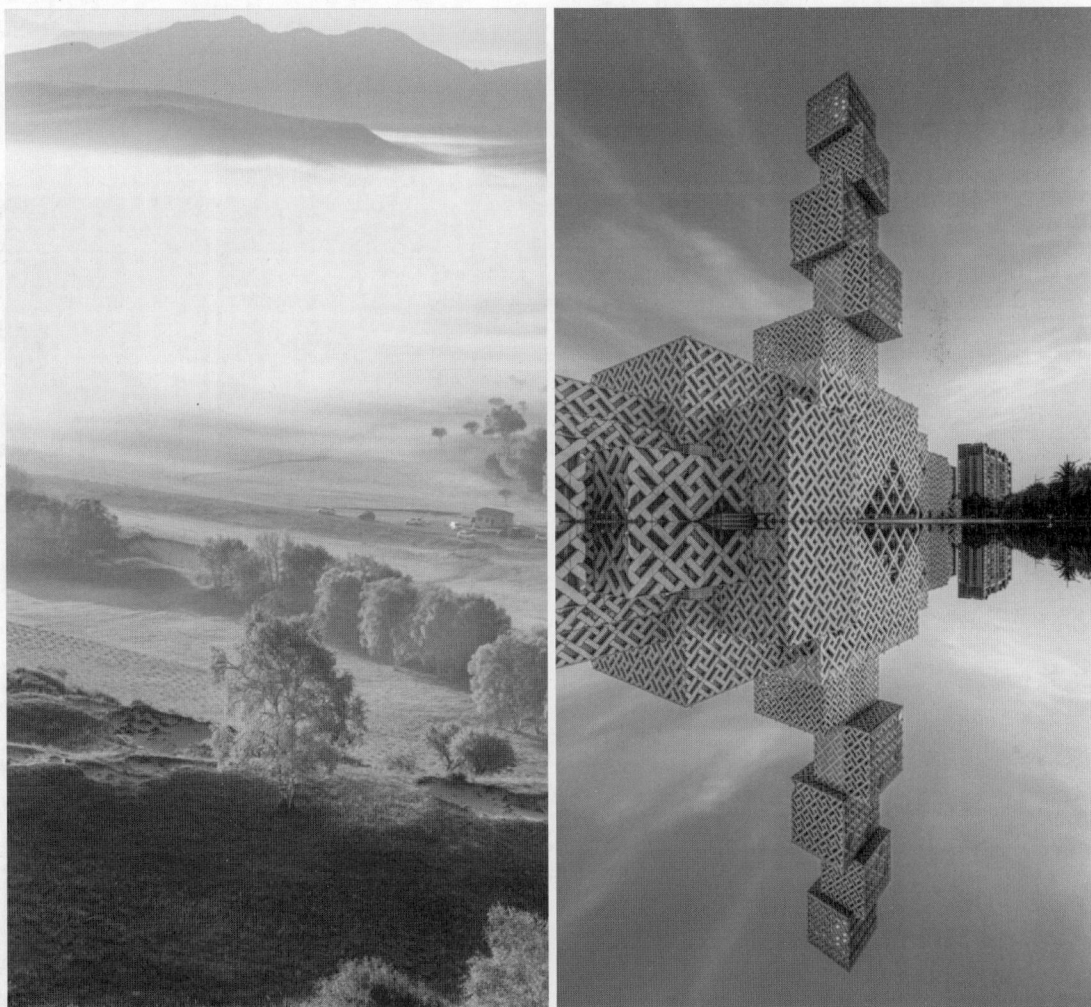

图4-52

4.2.2 近焦构图与远焦构图

近焦构图与远焦构图是两种带景深的构图方式，其通过景深的位置，突出需要表现的对象。

1.近焦构图

近焦构图是指画面的焦点在近处的主体对象上，超出主体对象前后一定范围的对象都会被虚化，如图4-53所示。近焦构图适用于特写类镜头，着重表现焦点物体。制作近焦构图的场景时一定要开启景深，且摄影机的目标点要放在近处的物体上，这样远处的物体才能在渲染时显示为模糊的景深效果。

图4-53

2.远焦构图

远焦构图与近焦构图相反，是指画面的焦点在远处的主体对象上，近处的对象会被虚化，如图4-54所示。远焦构图让场景看起来更加宽阔，让画面更有纵深感。制作远焦构图的场景时，摄影机距离目标点的距离较远，且必须开启景深。

图4-54

4.2.3 其他构图方式

除了以上4种常见的构图方式，还有如下一些其他构图方式。

1.全景构图

全景构图是指将场景的全视角内容完全展示在画面中。全景构图便于后期制作三维的VR（Virtual Reality，虚拟现实）视觉世界，如图4-55所示。

图4-55

2.黄金分割构图

黄金分割构图是指先在画面中画两条竖线，将画面纵向平均分割成3部分，再画两条横线，将画面横向平均分割成3部分，4条线为黄金分割线，4个交点就是黄金分割点。将视觉中心或主体放在黄金分割线上或附近，特别是黄金分割点上，会得到很好的构图效果，如图4-56所示。

图4-56

3.三角构图

三角构图是指画面主体放在三角形中或画面主体本身形成三角形的态势。三角构图能够产生稳定感，如图4-57所示。

图4-57

4.S形构图

S形构图是指物体以S形从前景向中景和后景延伸，画面构成纵深方向的视觉感，一般用于河流、道路、铁轨等，如图4-58所示。

图4-58

4.2.4 调整图像的长宽

调整图像的长宽是指设置画面最终输出的大小，具体设置方法如下。其参数如图4-59所示。

第1步： 按F10键打开"渲染设置"对话框。

第2步： 在"公用"选项卡中找到"输出大小"选项组。

第3步： 设置"宽度"和"高度"数值。

除了直接设置画面的"宽度"和"高度"数值，还可以在"输出大小"的下拉列表中选择预设的画面比例选项，如图4-60所示。这些预设的选项可用于快速设定固定的画面比例，方便用户确定画面构图。

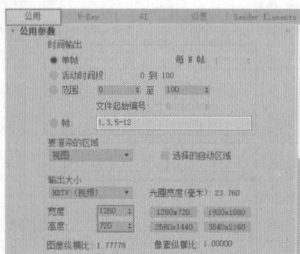
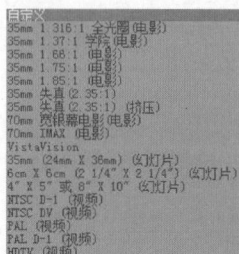

图4-59　　　　　　　图4-60

通过设置"图像纵横比"的数值就可以控制渲染图像是横构图还是竖构图。当"宽度"与"高度"数值相同时，"图像纵横比"为1；当"宽度"大于"高度"呈现横构图时，"图像纵横比"大于1；当"宽度"小于"高度"呈现竖构图时，"图像纵横比"小于1。单击右边的"锁定"按钮 🔒 后，修改"宽度"和"高度"中任意一个的数值，另一个的数值也会随着比例而改变。

4.2.5 渲染安全框

调整了图像的长宽之后，我们并不能在视图中直观地看到摄影机的显示效果，这就需要添加渲染安全框。渲染安全框类似于相框，开启后不仅框内所显示的对象最终都会在渲染的图像中呈现，我们还能直接在视图中看到图像的长宽比例。渲染安全框开启前后的效果如图4-61和图4-62所示。

图4-61

图4-62

渲染安全框的打开方法有以下两种。

第1种：在视图左上角的摄影机名称上单击鼠标右键，弹出快捷菜单，勾选"显示安全框"选项，如图4-63所示。

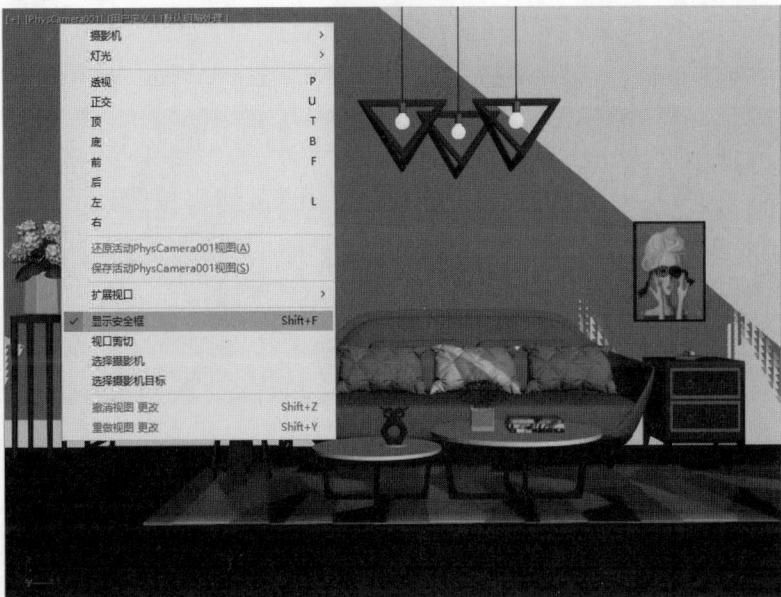

图4-63

第2种：按快捷键Shift+F直接打开。

任务4.3 摄影机的特殊镜头效果

摄影机除了简单地拍摄画面，还可以产生一些特殊的镜头效果，给画面带来不一样的感觉。

任务实践 制作画面景深效果

任务目标 学习并使用VRay物理摄影机制作画面的景深效果。

任务要点 本任务使用VRay物理摄影机的"景深"功能，为画面添加景深效果，使画面更具真实性。最终效果参看学习资源中的"案例文件>项目4>任务实践：画面景深效果.max"文件，有无景深效果的对比如图4-64所示。

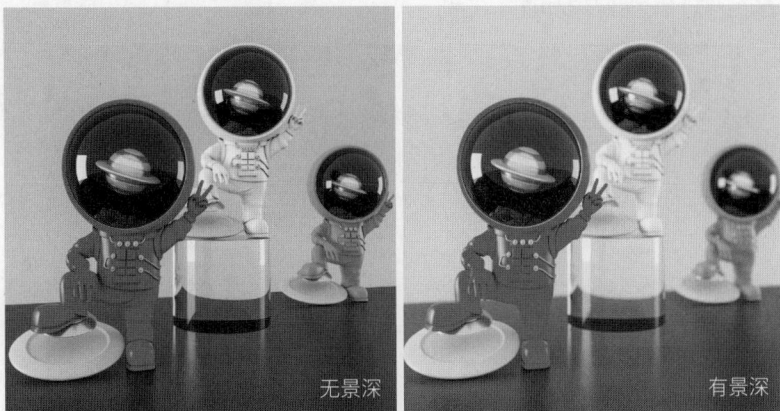

图4-64

任务制作

01 打开学习资源"案例文件>项目4>课堂案例：画面景深效果"文件夹中的"练习.max"文件，效果如图4-65所示。

02 使用"VRayPhysicalCamera"工具 `VRayPhysicalCamera` 在顶视图中创建一台VRay物理摄影机，如图4-66所示。

图4-65

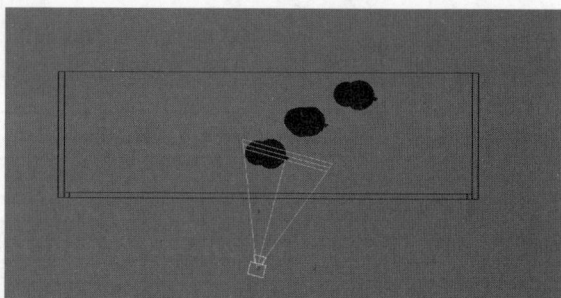

图4-66

> **提示** 在创建VRay物理摄影机时，需要将摄影机的目标点移动到最前端的摆件上。

03 按C键切换到摄影机视图，然后调整摄影机的高度，画面效果如图4-67所示。

04 按F10键打开"渲染设置"对话框，设置"宽度"和"高度"都为2000，如图4-68所示。

图4-67

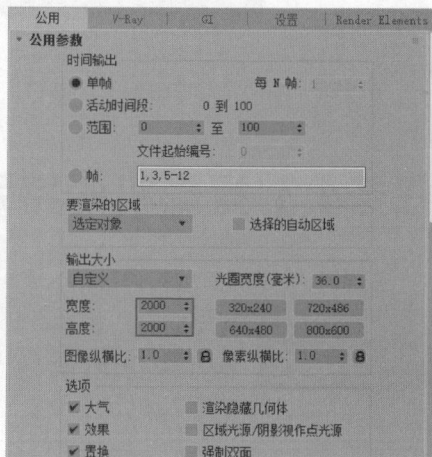

图4-68

05 使用"推拉摄影机"工具 和"环游摄影机"工具 继续调整摄影机的角度，然后按快捷键Shift+F打开渲染安全框，画面效果如图4-69所示。

图4-69

06 选中摄影机，在"修改"面板中设置"胶片感光度 (ISO)"为1000.0，如图4-70所示，然后按F9键渲染场景。没有添加景深前的画面效果如图4-71所示。

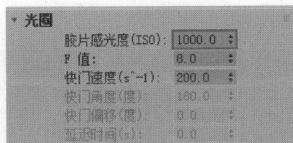

图4-70

图4-71

07 选中摄影机，在"景深DoF和运动模糊"卷展栏中勾选"景深"选项，如图4-72所示。按F9键渲染场景，可以看到远处的摆件存在轻微的模糊效果，如图4-73所示。

图4-72

图4-73

08 如果想让远处的摆件的模糊效果更加明显，可以在"光圈"卷展栏中设置"F值"为6.0，"胶片感光度(ISO)"为800.0，如图4-74所示。

09 按F9键渲染场景，可以明显地看到远处的摆件出现模糊的效果，只有近处的摆件仍然保持清晰，如图4-75所示。

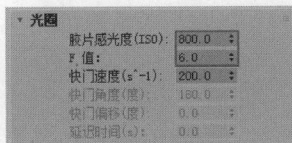

图4-74

图4-75

任务知识

4.3.1 景深

　　景深是指在摄影机镜头或其他成像器前沿能够取得清晰图像的成像所测定的被摄物体前后距离范围。摄影机镜头聚焦完成后，焦点前后的一定范围内会呈现清晰的图像，这一前一后的距离范围就是景深。

　　光圈、焦距、摄影机与物体的距离是影响景深的重要因素。光圈数值越大，景深越浅；光圈数值越小，景深越深。镜头焦距越长，景深越浅；镜头焦距越短，景深越深。物体离摄影机的距离越近，景深越浅；物体离摄影机的距离越远，景深越深，如图4-76所示。

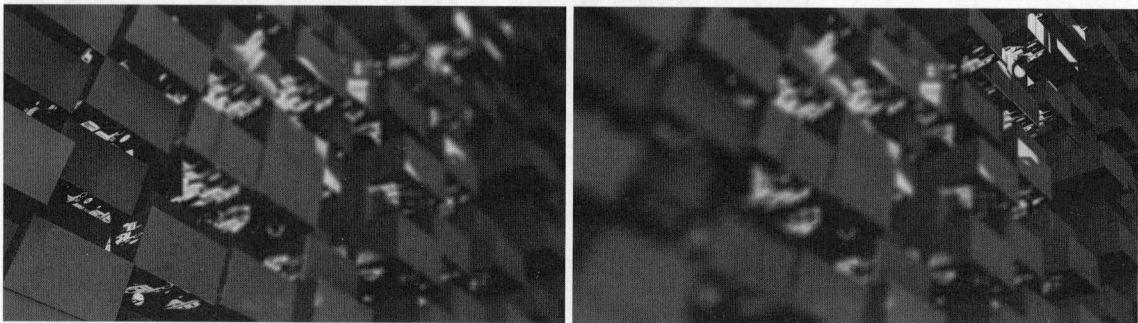

图4-76

　　在3ds Max 2024中，不同的摄影机设置景深的方法不同。

　　使用目标摄影机时，需要在"渲染设置"对话框的"摄影机"卷展栏中勾选"景深"选项，如图4-77所示。其下方的"光圈"选项用于控制景深效果的强弱，数值越大，景深效果越强。勾选"从摄影机获得焦点距离"选项，目标摄影机的目标点所在的位置将作为镜头的焦点，所渲染的对象是最清晰的。不勾选该选项，焦点的位置则由该选项下方的"焦点距离"数值决定。

　　使用物理摄影机则需要在"物理摄影机"卷展栏中勾选"启用景深"选项，如图4-78所示。镜头景深效果的强弱由"光圈"的数值决定，数值越小，景深效果越强，画面也越亮。镜头焦点的位置默认为目标点的位置。

　　VRay物理摄影机与物理摄影机的操作类似，需要在"修改"面板中勾选"景深"选项，如图4-79所示。

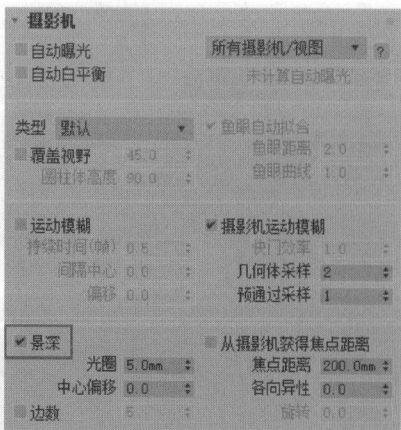
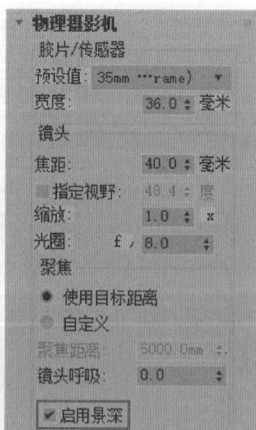

图4-77　　　　　　　　　　　图4-78　　　　　　　　　　　图4-79

提示 景深形成的原理有以下两点。

第1点：焦点。与光轴平行的光线射入凸透镜时，理想的镜头应该是所有的光线聚集在一点后，再以锥状的形式扩散开，这个聚集所有光线的点就称为"焦点"，如图4-80所示。

第2点：弥散圆。在焦点前后，光线开始聚集和扩散，点的影像会变得模糊，从而形成一个扩大的圆，这个圆就称为"弥散圆"，如图4-81所示。

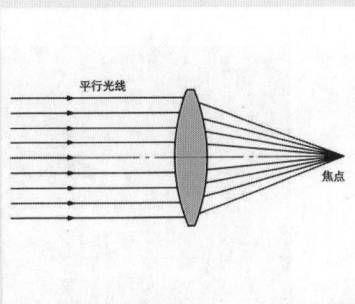

图4-80

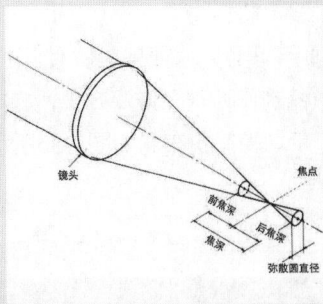

图4-81

每张照片都有主体和背景之分，景深和光圈、焦距、摄影机与物体的距离之间存在着以下3种关系（这3种关系可以用图4-82来表示）。

第1种：光圈数值越大，景深越浅；光圈数值越小，景深越深。

第2种：镜头焦距越长，景深越浅；镜头焦距越短，景深越深。

第3种：摄影机与物体的距离越远，景深越深；摄影机与物体的距离越近，景深越浅。

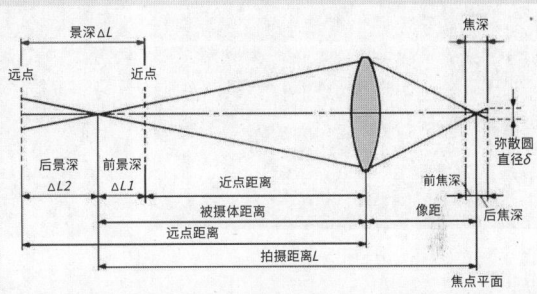

图4-82

4.3.2 散景

散景是指在景深较浅的摄影成像中，落在景深以外的画面会逐渐产生松散模糊的效果。散景效果会因为光圈孔形状的不同，而产生不同的效果，如图4-83所示。散景效果是在景深效果的基础上呈现的，因此需要按照设置景深的方法进行设置。散景效果需要在镜头中呈现灯光，且灯光需要在焦距以外。

图4-83

4.3.3 运动模糊

摄影机在拍摄高速运动的物体时，画面会模糊，这种现象被称为运动模糊，如图4-84所示。运动模糊与物体运动的速度和摄影机的快门有关。我们想拍出运动物体的静止状态，就需要将快门速度设置得比物体运动的速度快得多，这样就能拍出图中奔跑的小鹿呈清晰状态而周围呈模糊状态的效果。我们想要表现运动的物体产生的模糊效果，就要将快门速度设置得比物体运动的速度慢一些，这样就能拍出图中奔跑的小女孩呈现的模糊效果。

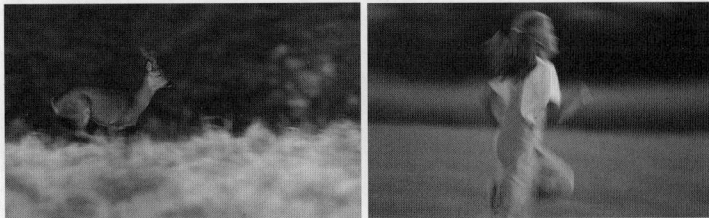

图4-84

项目实践 制作咖啡杯景深特效

项目要点 本项目实践使用目标摄影机制作咖啡杯景深效果，如图4-85所示。摄影机布局如图4-86所示。

图4-85

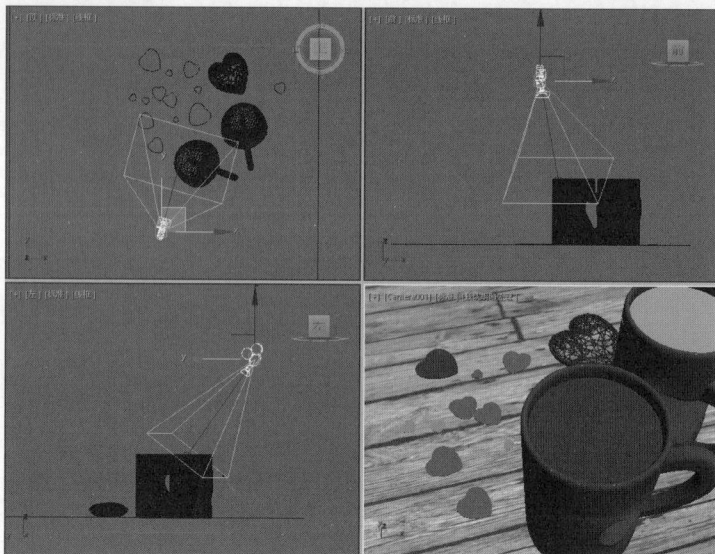

图4-86

课后习题 制作运动模糊特效

习题要点 本习题使用目标摄影机制作气球模型的运动模糊效果，如图4-87所示。摄影机布局如图4-88所示。

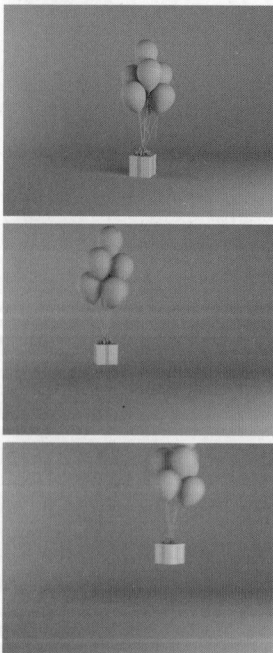

图4-87

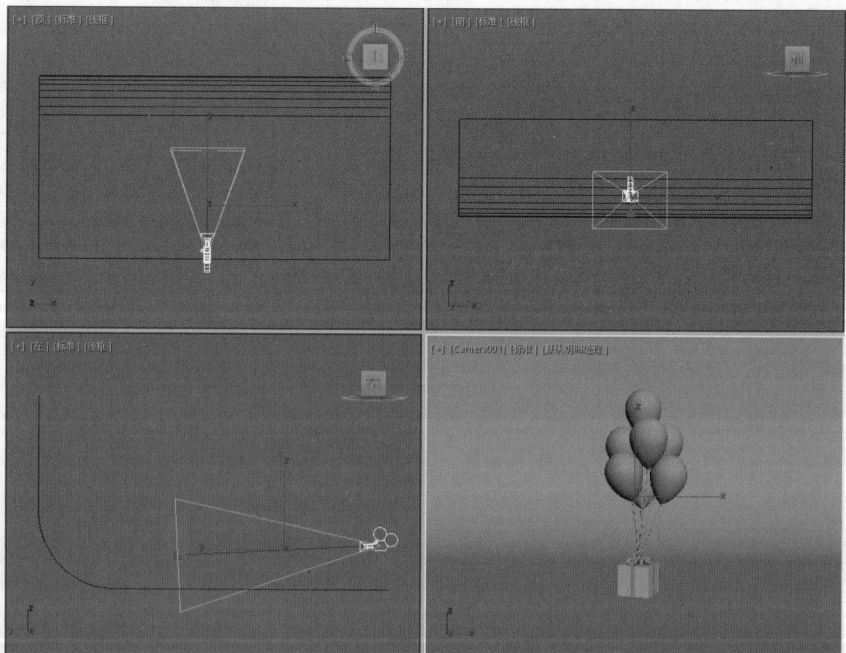

图4-88

项目5

灯光技术

本项目介绍3ds Max 2024的灯光技术，包括光度学灯光、标准灯光和VRay的灯光。本项目讲解的内容很重要，在实际工作中运用的灯光技术几乎都包含在本项目中，读者需要完全领会并掌握。

学习目标

- 掌握常用的光度学灯光的参数含义与使用方法
- 掌握常用的标准灯光的参数含义与使用方法
- 掌握常用的VRay灯光的参数含义与使用方法

技能目标

- 掌握"模拟筒灯灯光效果"的方法
- 掌握"模拟日光场景展示效果"的方法
- 掌握"模拟卡通场景灯光效果"的方法

素养目标

- 培养运用不同的灯光工具在场景中创建灯光的能力
- 培养通过不断实践积极探索的能力

任务5.1 光度学灯光

本任务介绍3ds Max 2024的光度学灯光工具。光度学灯光是系统默认的灯光，共有3种类型，分别是"目标灯光"、"自由灯光"和"太阳定位器"。

任务实践 模拟筒灯灯光效果

任务目标 学习并使用"目标灯光"工具模拟筒灯灯光的效果。

任务要点 使用"目标灯光"工具并加载IES文件，可以模拟筒灯灯光、射灯灯光等带有方向性的灯光效果。最终效果参看学习资源中的"案例文件>项目5>任务实践：筒灯灯光.max"文件，效果如图5-1所示。

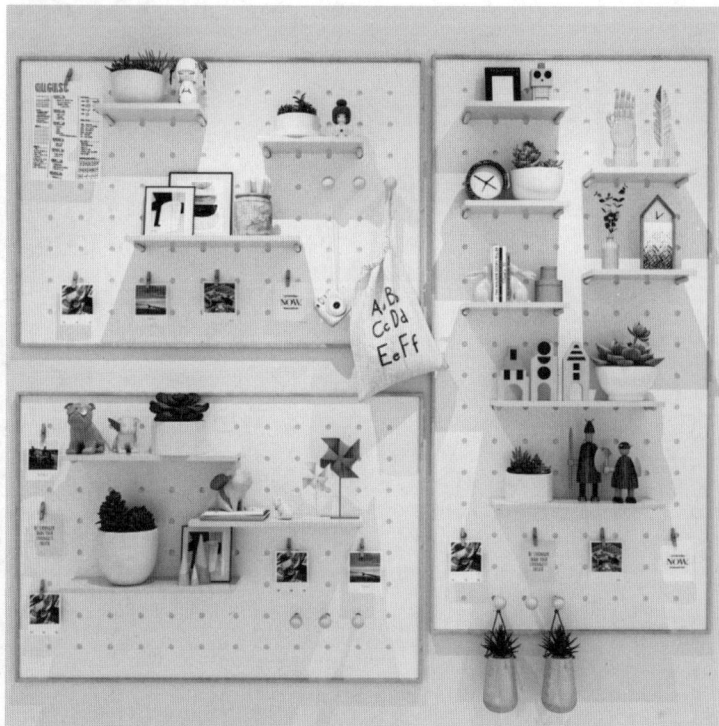

图5-1

任务制作

01 打开学习资源"案例文件> 项目5>任务实践：筒灯灯光"文件夹中的"练习.max"文件，效果如图5-2所示。

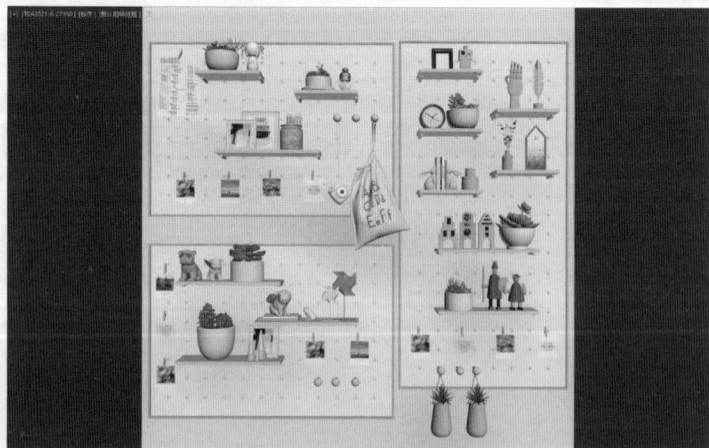

图5-2

02 在"创建"面板中单击"灯光"按钮 💡，然后单击"目标灯光"按钮 目标灯光 ，如图5-3所示。

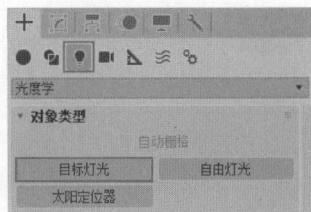

图5-3

03 在前视图中拖曳光标，创建一盏目标灯光，其位置如图5-4所示。

04 切换到顶视图，然后调整目标灯光的位置，如图5-5所示。

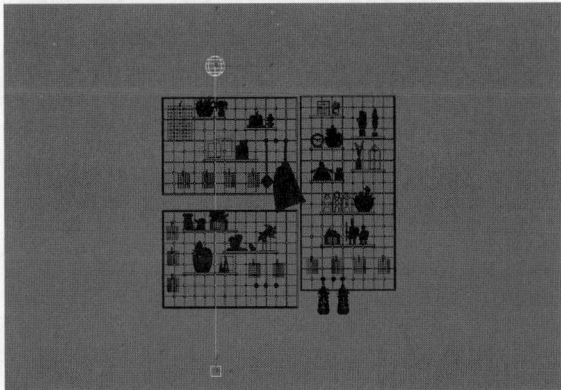

图5-4

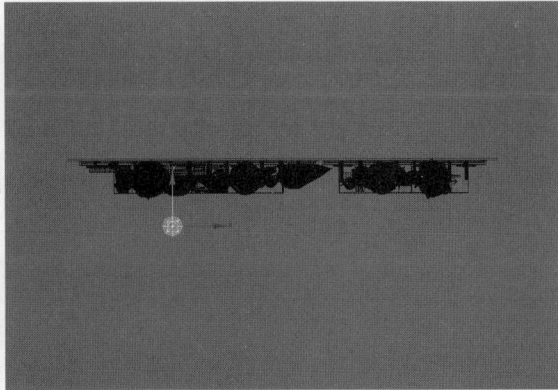

图5-5

提示 在移动目标灯光时，一定要将目标灯光和目标点同时选中。

05 选中创建的目标灯光，然后向右复制一盏，如图5-6所示。在选择复制模式时，要选择"实例"选项。

06 选中创建的目标灯光，然后进入"修改"面板，在"常规参数"卷展栏中设置"阴影"为VRayShadow，"灯光分布(类型)"为"光度学Web"，在"分布（光度学Web）"卷展栏中加载学习资源文件夹中的"01.ies"文件，如图5-7所示。

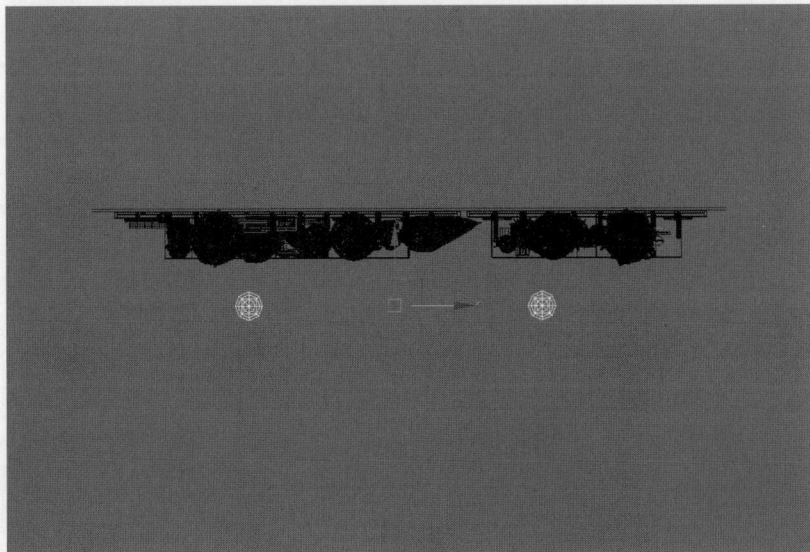

图5-6

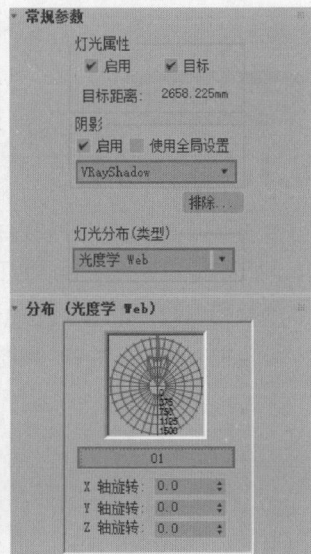

图5-7

提示 将"灯光分布(类型)"设置为"光度学Web"后,系统会自动增加一个"分布(光度学Web)"卷展栏,在"分布(光度学Web)"卷展栏的通道中可以加载光域网文件。

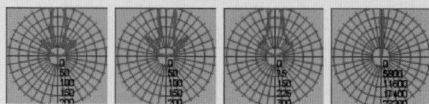

图5-8

光域网是灯光的一种物理性质,可用于确定光在空气中的发散方式。不同的灯光在空气中的发散方式也不相同,比如手电筒会发出一个光束,而壁灯或台灯发出的光又是另外一种形状,这些不同的形状是由灯光自身的特性决定的,也就是说,这些形状是由光域网造成的。灯光之所以会产生不同的图案,是因为每种灯在出厂时,厂家都要对其指定不同的光域网。

在3ds Max 2024中,如果为灯光指定一个特殊的文件,就可以产生与现实生活中相同的灯光的发散效果,这种特殊文件的标准格式为.ies。图5-8所示是一些不同光域网的显示形态,图5-9所示是这些光域网的渲染效果。

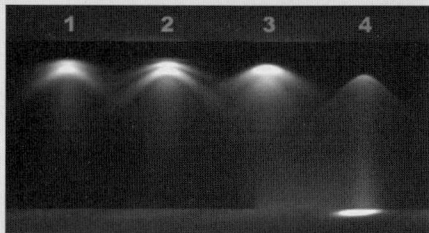

图5-9

07 在"强度/颜色/衰减"卷展栏中设置"开尔文"为4500.0,"强度"为2000.0,如图5-10所示。

08 按C键切换到摄影机视图,然后按F9键渲染当前场景。模拟筒灯灯光最终效果如图5-11所示。

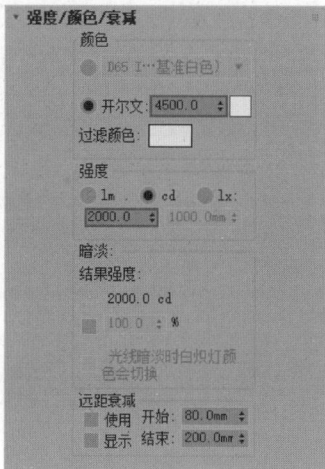

图5-10

图5-11

任务知识

5.1.1 目标灯光

目标灯光有一个目标点,用于指向被照明物体,如图5-12所示。目标灯光主要用来模拟现实中的筒灯、射灯和壁灯等发出的灯光,其默认参数包含在8个卷展栏中,如图5-13所示。

提示 下面主要针对目标灯光的一些常用卷展栏进行讲解。

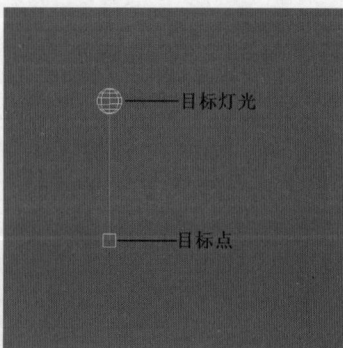

图5-12

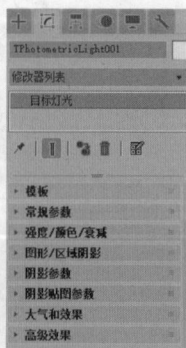

图5-13

1.常规参数

展开"常规参数"卷展栏，如图5-14所示。

◇ **启用（灯光属性中的）：** 控制是否开启灯光。

◇ **目标：** 勾选该选项后，目标灯光才有目标点；如果没有勾选该选项，目标灯光没有目标点，将变成自由灯光，如图5-15所示。

> **提示** 目标灯光的目标点并不是固定不可调节的，可以对它进行移动、旋转等操作。

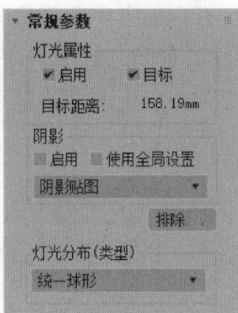

图5-14

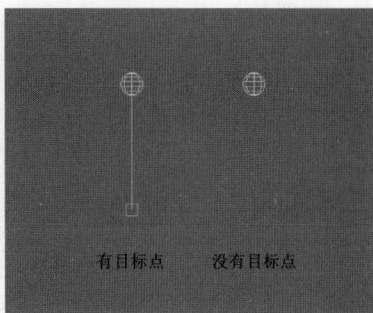

有目标点　　　没有目标点

图5-15

◇ **启用（阴影中的）：** 控制是否开启灯光的阴影效果。

◇ **使用全局设置：** 勾选该选项后，该灯光投射的阴影将影响整个场景的阴影效果；如果没有勾选该选项，则必须选择渲染器使用哪种方式来生成特定的灯光阴影。

◇ **阴影类型下拉列表：** 设置渲染器渲染场景时使用的阴影类型，包括"高级光线跟踪""区域阴影""阴影贴图""光线跟踪阴影"和"VRayShadow（VRay阴影）"5种类型，如图5-16所示。

图5-16

◇ **排除** ：将选定的对象排除于灯光效果之外。单击该按钮可以打开"排除/包含"对话框，如图5-17所示。

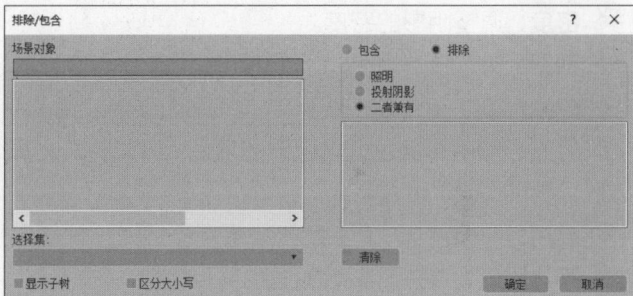

图5-17

◇ **灯光分布(类型)下拉列表：** 设置灯光分布类型，包含"光度学Web""聚光灯""统一漫反射"和"统一球形"4种类型，如图5-18所示。

图5-18

2.强度/颜色/衰减

展开"强度/颜色/衰减"卷展栏，如图5-19所示。

◇ **灯光：** 设置公用灯光，以近似灯光的光谱特征。

◇ **开尔文：** 通过调整色温微调器来设置灯光的颜色。

◇ **过滤颜色：** 使用颜色过滤器来模拟置于灯光上的过滤色效果。

◇ **lm（流明）：** 描述灯光光通量的物理单位。100W的通用灯泡约有1750lm的光通量。

◇ **cd（坎德拉）：** 用于衡量光源发光强度的基本单位，描述的是光源在特定方向上的亮度输出。100W通用灯泡的发光强度约为139cd。

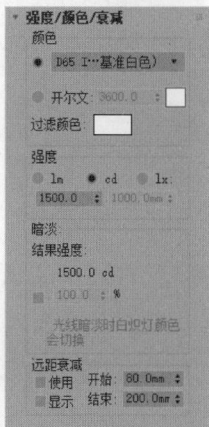

图5-19

◇ **lx（勒克斯）**：用于衡量照度的物理单位，表示单位面积上接收的光通量。

◇ **结果强度**：用于显示暗淡所产生的强度。

◇ **暗淡百分比**：勾选该选项后，该值会指定用于降低灯光强度的"倍增"。

◇ **使用**：勾选该选项后，启用灯光的远距衰减。

◇ **显示**：勾选该选项后，在视口中显示远距衰减的范围设置。

◇ **开始**：设置灯光开始淡出的距离。

◇ **结束**：设置灯光减为0时的距离。

3.图形/区域阴影

展开"图形/区域阴影"卷展栏，如图5-20所示。

◇ **从(图形)发射光线**：选择阴影生成的图形类型，包括"点光源""线""矩形""圆形""球体"和"圆柱体"6种类型。

◇ **灯光图形在渲染中可见**：勾选该选项后，如果灯光对象位于视野之内，那么灯光图形在渲染中会显示为自供照明（发光）的图形。

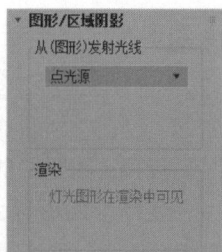

图5-20

4.阴影参数

展开"阴影参数"卷展栏，如图5-21所示。

◇ **颜色**：设置灯光阴影的颜色，默认为黑色。

◇ **密度**：调整阴影的密度。

◇ **贴图**：勾选该选项后，可以使用贴图来作为灯光的阴影。

◇ **无贴图**：单击该按钮可以选择贴图作为灯光的阴影。

◇ **灯光影响阴影颜色**：勾选该选项后，可以将灯光颜色与阴影颜色（如果阴影已设置贴图）混合起来。

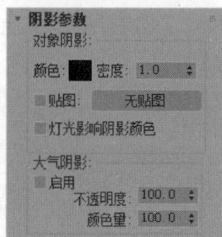

图5-21

◇ **启用**：勾选该选项后，大气效果会像灯光一样产生阴影。

◇ **不透明度**：调整阴影的不透明度百分比。

◇ **颜色量**：调整大气颜色与阴影颜色混合的量。

5.1.2 自由灯光

自由灯光没有目标点，常用来模拟发光球、台灯等发出的灯光。自由灯光的参数与目标灯光的参数完全一样，如图5-22所示。

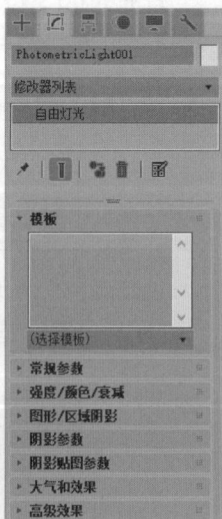

图5-22

任务5.2 标准灯光

本任务讲解3ds Max 2024的标准灯光。标准灯光包括6种类型，分别是"目标聚光灯""自由聚光灯""目标平行光""自由平行光""泛光""天光"，任务知识中主要讲解"目标聚光灯"和"目标平行光"。

任务实践 模拟日光场景展示效果

任务目标 学习"目标平行光"的创建和调整方法。

任务要点 本任务使用"目标平行光"模拟太阳光的照射效果。最终效果参看学习资源中的"案例文件>项目5>任务实践：日光场景展示.max"文件，效果如图5-23所示。

图5-23

任务制作

01 打开学习资源"案例文件>项目5>课堂案例：日光场景展示"文件夹中的"练习.max"文件，效果如图5-24所示。

图5-24

提示 在打开一个场景文件时,可能会因缺失贴图、光域网文件而弹出一个"缺少外部文件"对话框,如图5-25所示。造成这种情况的原因是更改了贴图文件原有的路径(资源下载后的路径与制作场景时的路径不同),造成3ds Max 2024无法自动识

别文件路径。遇到这种情况时,可以先单击"继续"按钮 继续 ,然后查找缺失的文件。

下面详细介绍链接贴图文件的方法。请读者注意,这种方法用于贴图和光域网等文件没有被删除的情况。

第1步: 在"实用程序"面板中单击"更多"按钮 更多 ,如图5-26所示。

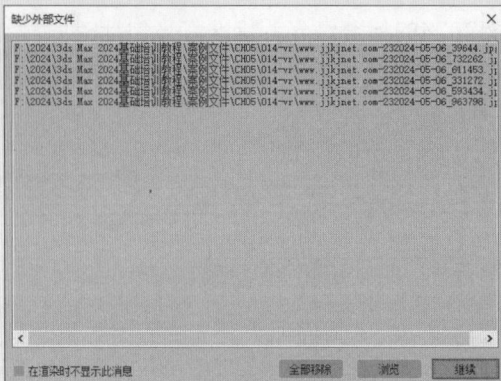

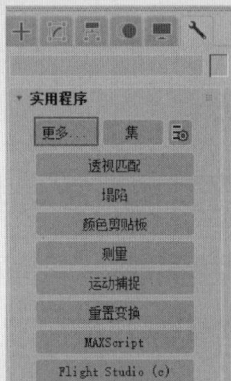

图5-25

图5-26

第2步: 在弹出的"实用程序"对话框中选择"位图/光度学路径"选项,然后单击"确定"按钮 确定 ,如图5-27所示。

第3步: 在"路径编辑器"卷展栏中单击"编辑资源"按钮 编辑资源 ,如图5-28所示。

第4步: 在弹出的"位图/光度学路径编辑器"对话框中全选所有的贴图,然后单击下方的"新建路径"按钮 ,如图5-29所示。

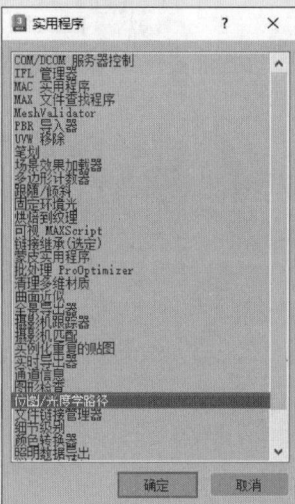

图5-27

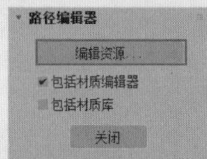

图5-28

图5-29

第5步: 在弹出的"选择新路径"对话框中选中贴图的路径文件夹,然后单击"使用路径"按钮 使用路径 ,如图5-30所示。

第6步: 添加路径后会在"新建路径"右侧输入框中显示选择的路径,然后单击"设置路径"按钮 设置路径 ,如图5-31所示。

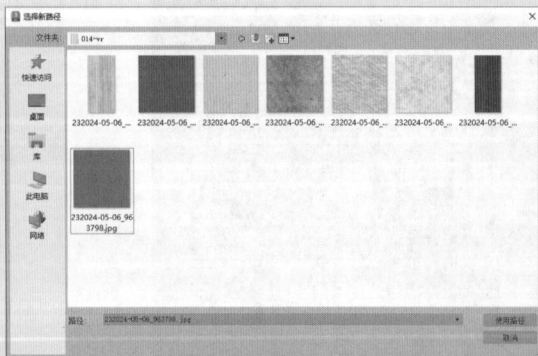

图5-30

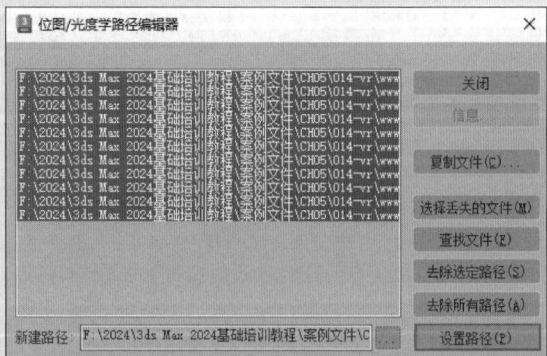

图5-31

如果通过以上步骤仍然显示缺失贴图资源,就需要考虑原有的资源文件夹中是不是已经删掉了该贴图文件。读者也可以使用各种快速链接贴图文件的插件完成这一操作。

02 在"灯光"面板中切换到"标准"选项，然后单击"目标平行光"按钮，如图5-32所示。

03 切换到顶视图，然后拖曳光标创建一盏目标平行光，并调整目标点的位置，如图5-33所示。

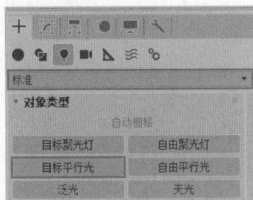

图5-32

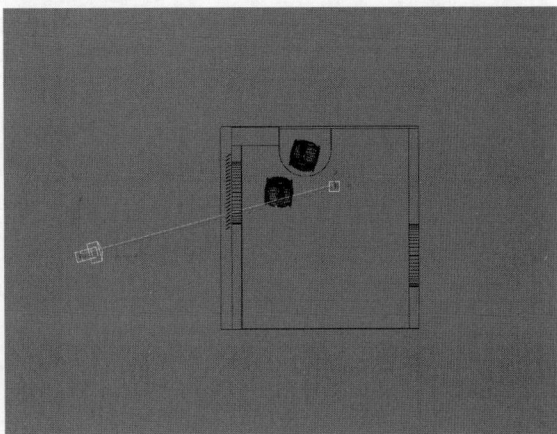

图5-33

04 切换到前视图，调整灯光的高度，如图5-34所示。

05 选中步骤03创建的目标平行光，进入"修改"面板，在"常规参数"卷展栏中，设置阴影类型为VRayShadow，如图5-35所示。

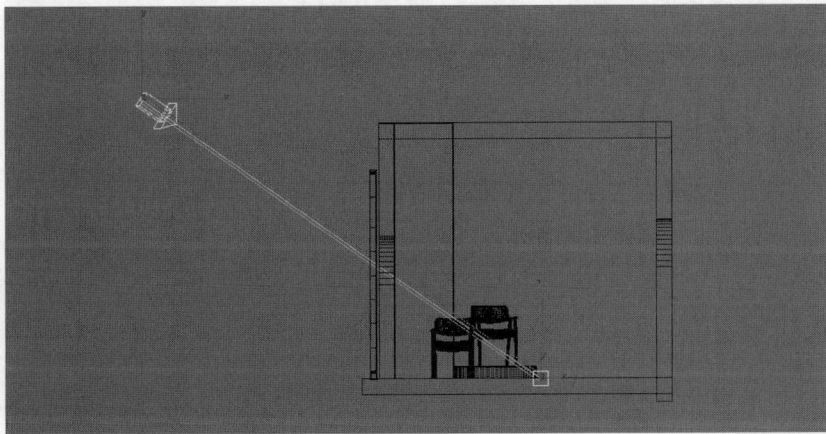

图5-34

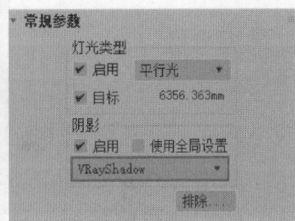

图5-35

06 在"强度/颜色/衰减"卷展栏中，设置"倍增"为3.0，"颜色"为浅黄色，如图5-36所示。

07 在"平行光参数"卷展栏中，设置"聚光区/光束"为3818.0mm，"衰减区/区域"为4065.0mm，如图5-37所示。

提示 在这一步设置两个参数时，只要保证"聚光区/光束"的范围能涵盖整个场景，"衰减区/区域"的范围比"聚光区/光束"的范围略大即可。

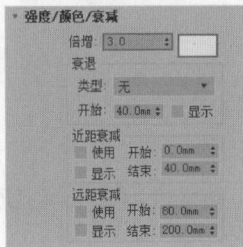

图5-36

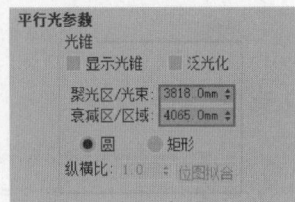

图5-37

08 在"VRayShadows参数"卷展栏中，勾选"区域阴影"选项，如图5-38所示。

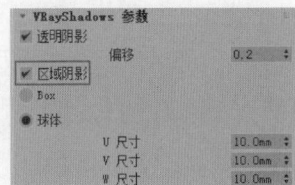

图5-38

09 按C键切换到摄影机视图，然后按F9键渲染当前场景。日光场景展示效果如图5-39所示。

图5-39

任务知识

5.2.1 目标聚光灯

目标聚光灯可以产生一个锥形的照射区域，区域以外的对象不会受到灯光的影响，它主要用来模拟吊灯、手电筒等发出的灯光。目标聚光灯由透射点和目标点组成，其方向性非常好，对阴影的塑造能力也很强，其参数如图5-40所示。

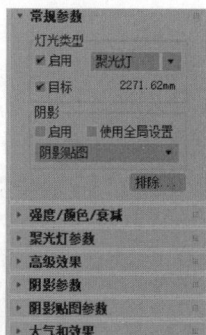

图5-40

> **提示** 下面主要针对目标聚光灯的一些常用卷展栏进行讲解。

1.常规参数

展开"常规参数"卷展栏，如图5-41所示。

◇ **启用（灯光类型中的）**：控制是否开启灯光。

◇ **启用（阴影中的）**：控制是否开启灯光阴影。

◇ **使用全局设置**：如果勾选该选项，该灯光投射的阴影将影响整个场景的阴影效果；如果取消勾选该选项，则必须选择渲染器使用哪种方式来生成特定的灯光阴影。

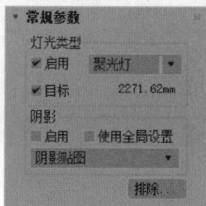

图5-41

◇ **阴影类型下拉列表**：通过切换阴影的类型来得到不同的阴影效果，阴影类型如图5-42所示。该下拉列表中的阴影类型与目标灯光中的阴影类型一致。

◇ **排除**：单击该按钮将选定的对象排除于灯光效果之外。

图5-42

2.强度/颜色/衰减

展开"强度/颜色/衰减"卷展栏，如图5-43所示。

◇ **倍增**：控制灯光的强弱程度。

◇ **颜色**：用来设置灯光的颜色，位于"倍增"右侧。

◇ **类型**：指定灯光的衰退方式。"无"为不衰退，"倒数"为反向衰退，"平方反比"是以平方反比的方式进行衰退。

图5-43

> **提示** 如果"平方反比"衰退方式使场景太暗，可以按8键打开"环境和效果"对话框，然后在"全局照明"选项组下适当增加"级别"值来提高场景亮度。

◇ **开始：**设置灯光开始衰退的距离。

◇ **显示：**在视口中显示灯光衰退的效果。

◇ **近距衰减：**该选项组用来设置灯光近距衰退的参数。

　» 使用：勾选该选项后，启用灯光近距衰退。

　» 显示：勾选该选项后，在视口中显示近距衰退的范围。

　» 开始：设置灯光开始淡出的距离。

　» 结束：设置灯光达到衰退最远处的距离。

◇ **远距衰减：**该选项组用来设置灯光远距衰退的参数。

　» 使用：勾选该选项后，启用灯光的远距衰退。

　» 显示：勾选该选项后，在视口中显示远距衰退的范围。

　» 开始：设置灯光开始淡出的距离。

　» 结束：设置灯光衰退为0的距离。

3.聚光灯参数

展开"聚光灯参数"卷展栏，如图5-44所示。

◇ **显示光锥：**控制是否在视图中开启聚光灯的光锥效果，如图5-45所示。

◇ **泛光化：**勾选该选项后，灯光将在各个方向投射光线。

◇ **聚光区/光束：**用来调整灯光聚光区的角度。

◇ **衰减区/区域：**设置灯光衰减区的角度。图5-46所示是不同"聚光区/光束"和"衰减区/区域"设置的光锥对比。

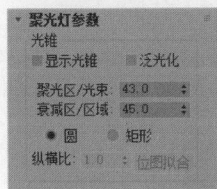

图5-44

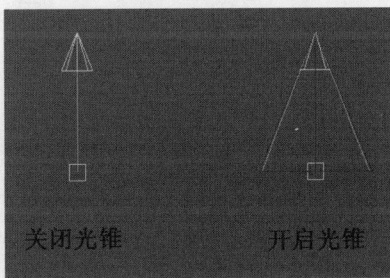

图5-45

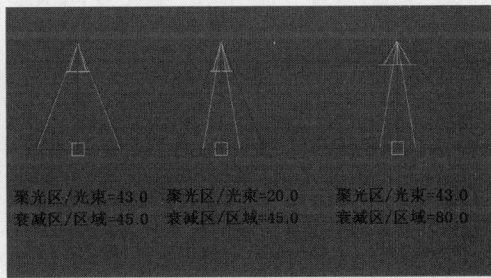

图5-46

◇ **圆/矩形：**选择聚光区和衰减区的形状。

◇ **纵横比：**设置矩形光束的纵横比。

◇ **位图拟合：**如果灯光的投影纵横比为矩形，应设置"纵横比"以匹配特定的位图。

4.高级效果

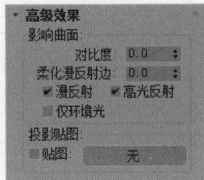

图5-47

展开"高级效果"卷展栏，如图5-47所示。

◇ **对比度：**调整漫反射区域和环境光区域的对比度。

◇ **柔化漫反射边：**增加该选项的数值可以柔化曲面的漫反射区域和环境光区域的边缘。

◇ **漫反射：**勾选该选项后，灯光将影响曲面的漫反射属性。

◇ **高光反射：**勾选该选项后，灯光将影响曲面的高光属性。

◇ **仅环境光：**勾选该选项后，灯光仅影响照明的环境光。

◇ **贴图：**勾选该选项后，为投影加载贴图。

◇ 　无　：单击该按钮可以为投影加载贴图。

5.2.2 目标平行光

目标平行光可以产生一个照射区域，主要用来模拟自然光线的照射效果，其参数如图5-48所示。如果将目标平行光作为体积光来使用，可以用它模拟出激光束等效果。

> **提示** 目标平行光与目标聚光灯的参数一致，这里不赘述。

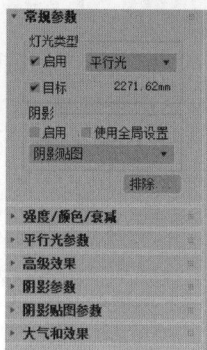

图5-48

任务5.3 VRay灯光

安装好VRay渲染器后，在"灯光"面板中就可以选择VRay灯光。VRay灯光包含4种类型，分别是"VRay灯光""VRay光域网""VRay环境灯光""VRay太阳"。本任务讲解常用VRay灯光的使用方法。

任务实践 模拟卡通场景灯光效果

任务目标 学习并使用VRay灯光和HDRI（High Dynamic Range Image，高动态范围图像）贴图的使用方法。

任务要点 使用VRay位图加载HDRI贴图可以为场景添加自然的环境光，使用VRay灯光则能为场景添加带方向的灯光，增加场景中的反射和高光效果。最终效果参看学习资源中的"案例文件>项目5>任务实践：卡通场景灯光.max"文件，效果如图5-49所示。

图5-49

任务制作

01 打开学习资源"案例文件>项目5>任务实践：卡通场景灯光"文件夹中的"练习.max"文件，效果如图5-50所示。

02 按8键打开"环境和效果"对话框，单击"环境贴图"下方的通道按钮，在弹出的对话框中选择"VRayBitmap（VRay位图）"选项，如图5-51所示。

图5-50

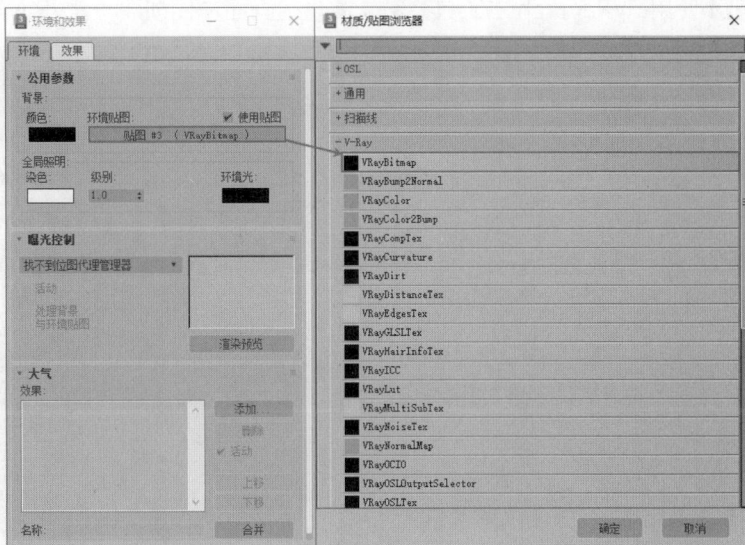

图5-51

03 在弹出的对话框中选择学习资源文件夹中的"8.hdr"文件，然后按M键打开"材质编辑器"对话框，将"环境和效果"对话框中加载的贴图拖曳到一个空白材质球上，选择"实例"选项，如图5-52所示。

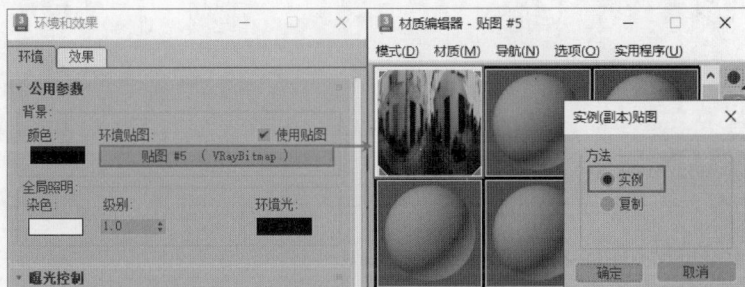

图5-52

04 在"参数"卷展栏中，设置"映射类型"为"球形"，"整体倍增值"为2.0，如图5-53所示。按F9键渲染场景，效果如图5-54所示。添加HDRI贴图后，场景被整体照亮，且画面亮度也很均匀，但缺少高光和反射效果。

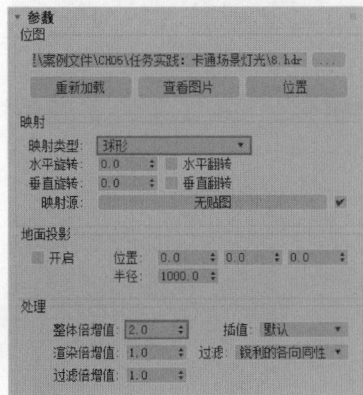

图5-53

图5-54

05 使用"VRayLight"工具 VRayLight 在画面左侧创建一盏VRay灯光，位置如图5-55所示。

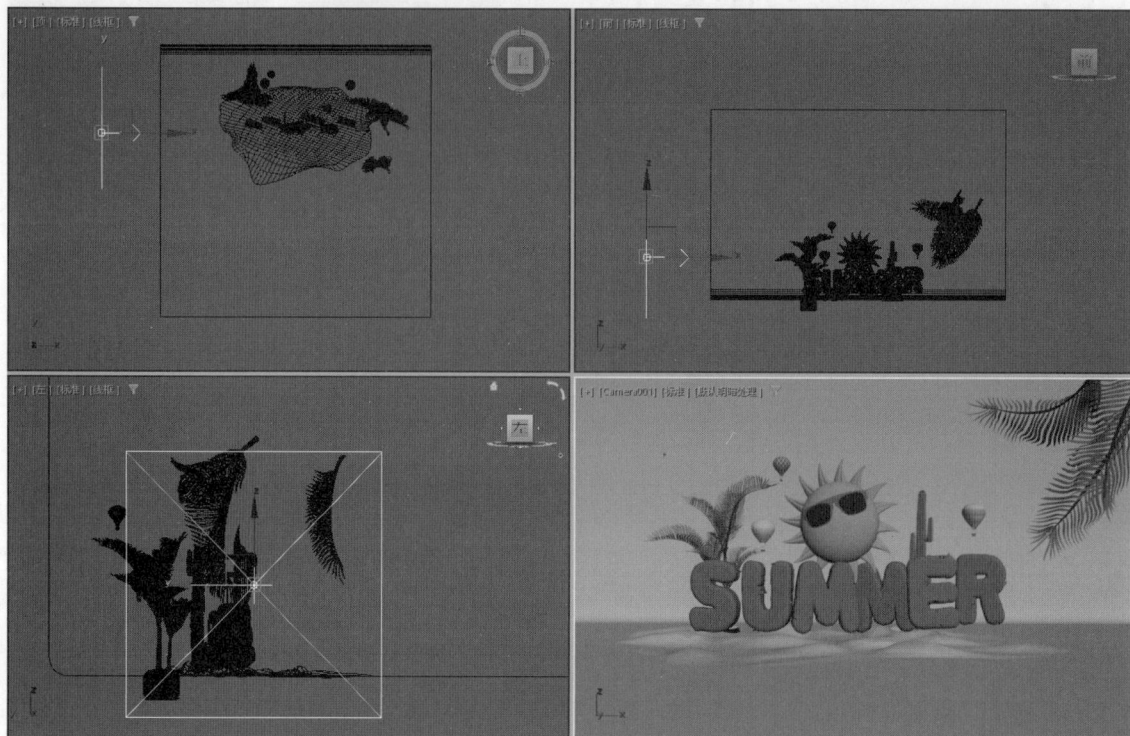

图5-55

06 选中创建的VRay灯光，在"修改"面板中设置"倍增值"为10.0，"颜色"为白色，勾选"不可见"选项，如图5-56所示。按F9键渲染场景，效果如图5-57所示。

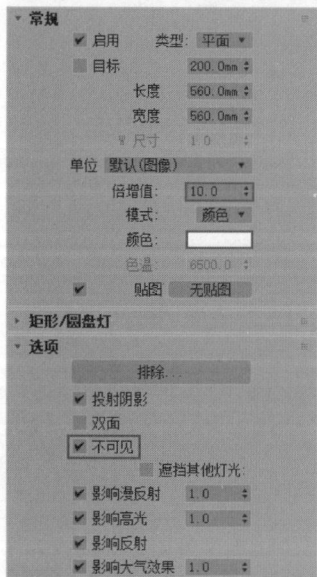

图5-56

图5-57

07 选择创建的VRay灯光，然后向右侧复制一盏，位置如图5-58所示。

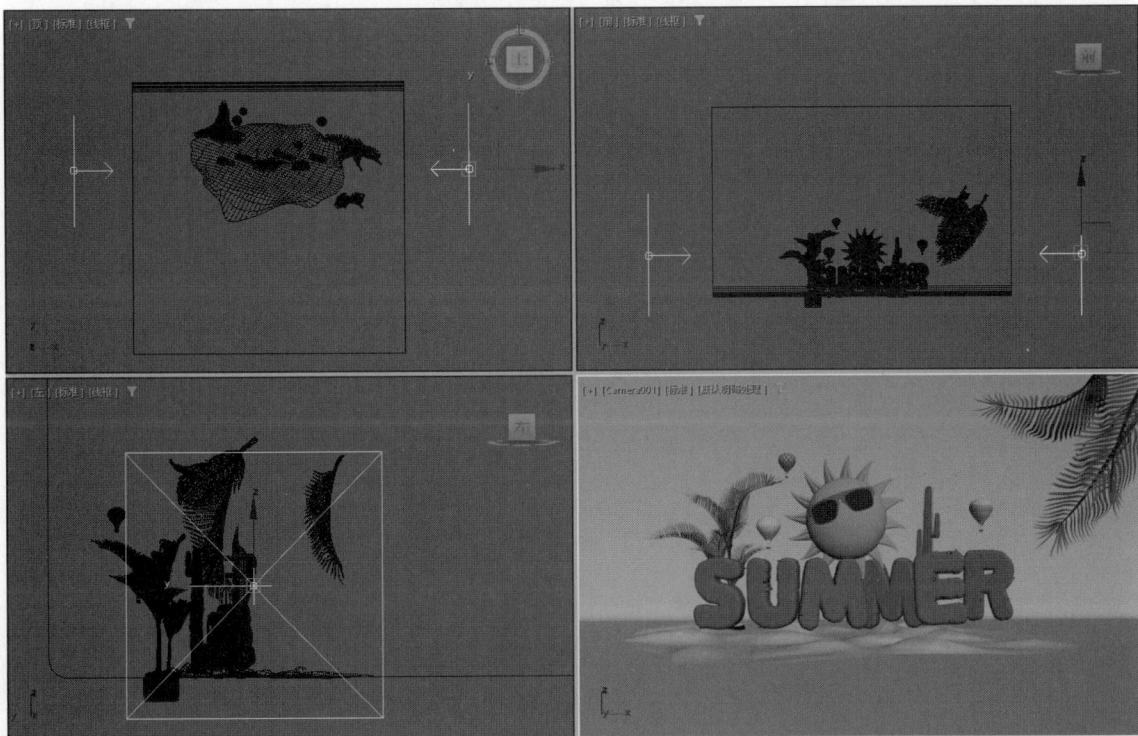

图5-58

提示 这一步复制灯光时要选择"复制"选项，不要选择"实例"选项。

08 选中复制的灯光，设置"倍增值"为5.0，取消勾选"影响高光"和"影响反射"选项，如图5-59所示，渲染效果如图5-60所示。

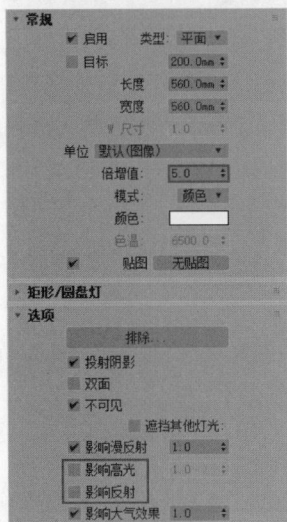

图5-59

图5-60

提示 取消勾选"影响高光"和"影响反射"两个选项后，灯光只会照亮场景中的物体，不会产生反射带来的变色和高光点。

09 将右侧的灯光复制一盏，放在摄影机前方，如图5-61所示。

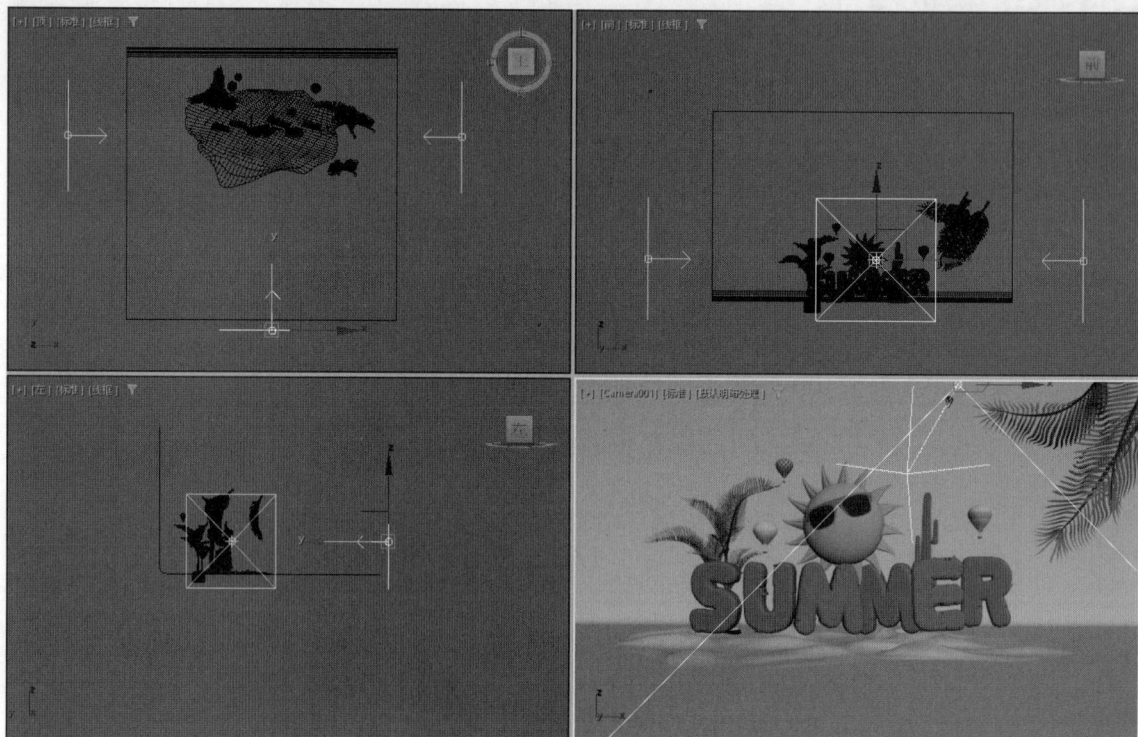

图5-61

10 修改复制灯光的"倍增值"为2.0，然后渲染场景，卡通场景灯光最终效果如图5-62所示。

图5-62

任务知识

5.3.1 VRay灯光

VRay灯光是日常工作中使用频率较高的一种灯光，可以模拟多种状态的灯光效果，其参数如图5-63所示。

图5-63

提示 下面主要针对VRay灯光的一些常用卷展栏进行讲解。

1. "常规"卷展栏

◇ **开**：控制是否开启VRay灯光。

◇ **类型**：设置VRay灯光的类型，共有"平面""穹顶""球体""网格""圆盘"5种类型，如图5-64所示。

> 平面：将VRay灯光设置成方形平面形状。

> 穹顶：将VRay灯光设置成穹顶状，类似于3ds Max 2024的"天光"，光线来自位于灯光z轴的半球体状圆顶。

> 球体：将VRay灯光设置成球体形状。

> 网格：这种类型的灯光以网格为基础。

> 圆盘：将VRay灯光设置成圆形平面形状。

图5-64

提示 "平面""穹顶""球体""网格""圆盘"灯光的形状各不相同，因此它们可以运用在不同的场景中，如图5-65所示。

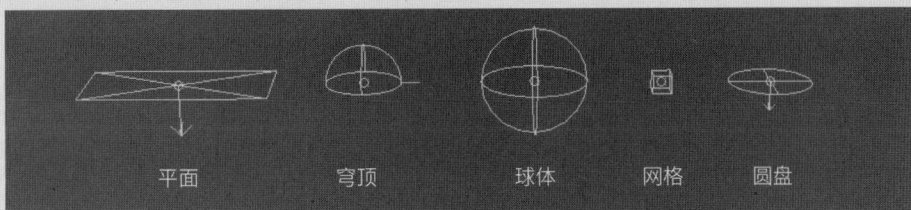

| 平面 | 穹顶 | 球体 | 网格 | 圆盘 |

图5-65

◇ **目标**：勾选该选项后，会在灯光下方生成目标点，类似于"目标灯光"。

◇ **长度/宽度**：设置平面灯光的长度和宽度。

◇ **半径**：设置球体灯光和圆盘灯光的半径。

◇ **单位**：指定VRay灯光的发光单位，共有"默认(图像)""光通量(lm)""发光强度(lm/m^2/sr)""辐射量(W)""辐射强度(W/m^2/sr)"5种。

> 默认(图像)：VRay灯光默认单位，依靠灯光的颜色和亮度来控制灯光的强弱，如果忽略曝光类型因素，灯光色彩将是物体表面受光的最终色彩。

> 光通量(lm)：当选择这个单位时，灯光的亮度将和灯光的大小无关（100W的亮度大约等于1500lm）。

> 发光强度(lm/m^2/sr)：当选择这个单位时，灯光的亮度和灯光的大小有关。

> 辐射量(W)：当选择这个单位时，灯光的亮度和灯光的大小无关。注意，这里的W和物理学上的W不一样，例如这里的100W大约等于物理学上的2~3W。

> 辐射强度(W/m^2/sr)：当选择这个单位时，灯光的亮度和灯光的大小有关。

◇ **倍增**：设置灯光的强度。

◇ **模式**：设置VRay灯光的颜色模式，共有"颜色"和"色温"两种。

◇ **颜色**：指定灯光的颜色。

◇ **温度**：通过色温数值控制颜色。

2. "矩形/圆形灯光"卷展栏

展开"矩形/圆形灯光"卷展栏，如图5-66所示。需要注意的是，只有"平面"和"圆盘"两种类型的灯光才有该卷展栏。

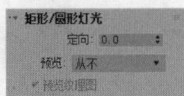

图5-66

◇ **定向**：控制灯光的照射范围。当设置"定向"为0.0时，灯光是180°照射效果；当设置"定向"为1.0时，灯光以本身大小进行照射，如图5-67所示。

◇ **预览**：控制是否显示定向效果，可以在其下拉列表中选择状态选项，如图5-68所示。

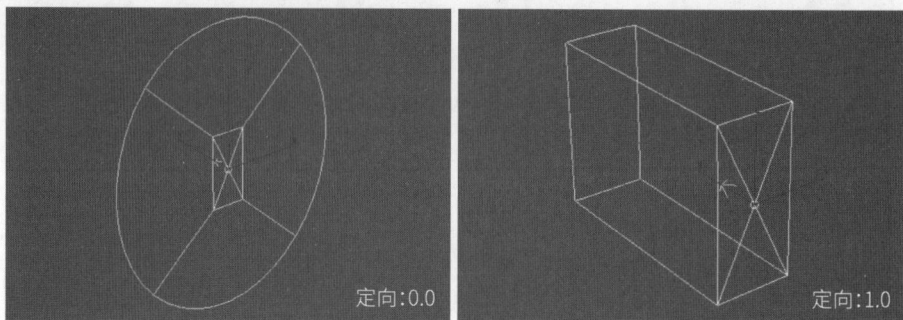

图5-67

图5-68

3. "选项"卷展栏

展开"选项"卷展栏，如图5-69所示。

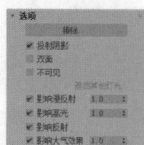

图5-69

◇ **排除**：单击此按钮，可以设置不接受灯光照射的对象。

◇ **双面**：用来控制是否让灯光的双面都产生照明效果（当灯光类型设置为"平面"和"圆盘"时有效，其他灯光类型无效）。是否勾选该选项的对比效果如图5-70所示。

图5-70

◇ **不可见**：控制最终渲染时是否显示VRay灯光的形状。是否勾选该选项的对比效果如图5-71所示。

图5-71

◇ **影响漫反射：** 决定灯光是否影响物体材质属性的漫反射。是否勾选该选项的对比效果如图5-72所示。

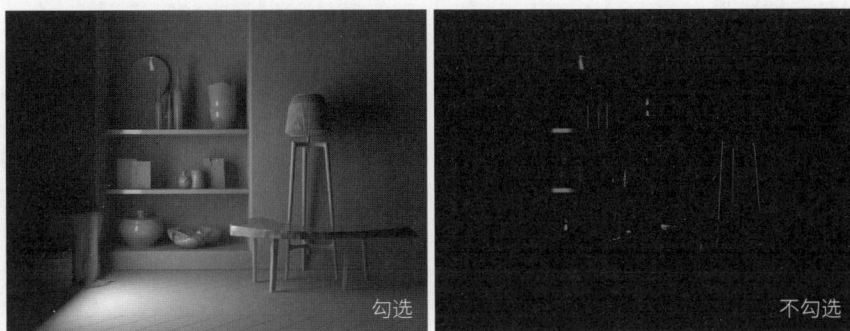

图5-72

◇ **影响高光：** 决定灯光是否影响物体材质属性的高光。是否勾选该选项的对比效果如图5-73所示。

图5-73

◇ **影响反射：** 决定灯光是否影响物体材质显示反射效果。是否勾选该选项的对比效果如图5-74所示。

图5-74

提示 V-Ray 5.0以后的版本中已经取消了"细分"这个参数。如果读者使用较早的V-Ray版本，会出现该参数，它用来控制灯光的细腻程度，从而减少画面中的噪点。

5.3.2 VRay太阳

VRay太阳主要用来模拟真实的室外太阳光。VRay太阳的参数比较简单，包含5个卷展栏，如图5-75所示。

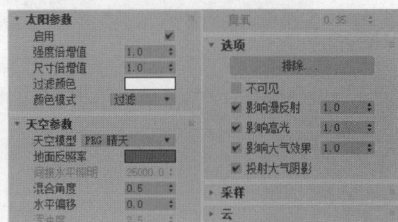

图5-75

◇ **启用**：控制是否开启VRay太阳。
◇ **强度倍增值**：控制灯光的强弱。不同强度倍增值设置效果如图5-76所示。

强度倍增值:0.03　　　强度倍增值:0.1

图5-76

◇ **尺寸倍增值**：控制灯光范围的大小，灯光范围越大，投影的边缘会越模糊。不同尺寸倍增值设置效果如图5-77所示。

尺寸倍增值:1.0　　　尺寸倍增值:5.0

图5-77

◇ **过滤颜色**：设置阳光的颜色。默认的颜色会根据灯光与地面的不同角度而产生变化，如图5-78所示。

与地面夹角小　　　与地面夹角大

图5-78

◇ **天空模型**：提供了5种天空模型，如图5-79所示。每种天空模型渲染的画面颜色会有些差异，如图5-80所示。

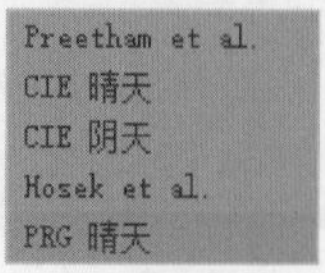

```
Preetham et al.
CIE 晴天
CIE 阴天
Hosek et al.
PRG 晴天
```

图5-79

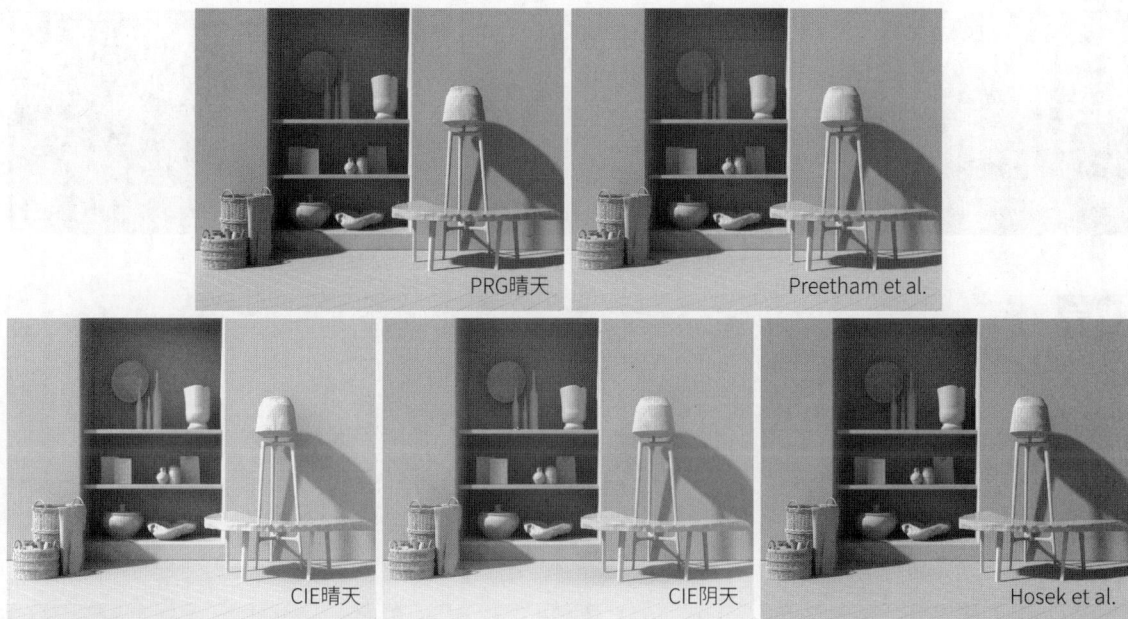

图5-80

> **提示** 选择"CIE晴天"和"CIE阴天"两种天空模型时，会激活"间接水平照明"参数，该参数用于控制画面的亮度。

◇ **排除**：单击此按钮，可以在弹出的对话框中选择不需要被VRay太阳照射的对象。

5.3.3 VRay位图

VRay位图（VRayBitmap）在旧版本的VRay中叫作VRayHDRI，用来加载.hdr格式的图片，具体参数如图5-81所示。准确来说，VRay位图并不是一个灯光工具，它依靠加载的.hdr格式的图片进行发光。.hdr格式的图片会携带光照信息，生成丰富且柔和的光照效果，非常适合作为环境光使用。图片上的内容会映射到场景中高反射的材质上，形成真实的反射效果，进一步增加渲染图片的真实性。

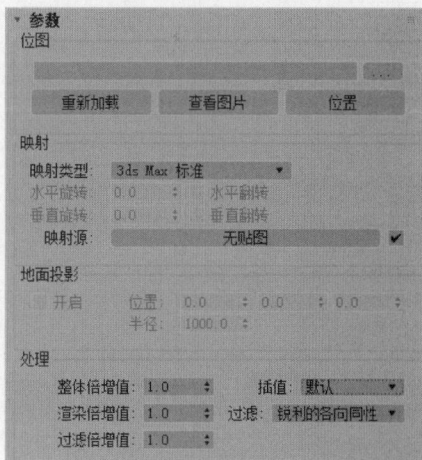

图5-81

◇ **位图**：加载.hdr贴图的通道。

◇ **重新加载**：单击此按钮后，会将已经加载的贴图重新加载一次，适合对贴图进行二次处理后使用。

◇ **查看图片**：单击此按钮后，可以在弹出的窗口中查看加载贴图的效果。

◇ **位置**：单击此按钮后，可以打开贴图的路径文件夹。

◇ **映射类型**：选择不同的贴图呈现角度，效果如图5-82所示。

| 3ds Max标准 | Angular | 球形 | 镜面球 | 立方体 |

图5-82

> **提示** 有些.hdr格式的文件本身就有球形效果，如图5-83所示。遇到这种类型的文件，我们选用"3ds Max标准"映射类型。

图5-83

◇ **水平旋转/垂直旋转：** 调整贴图的显示角度。

◇ **整体倍增值：** 控制贴图的亮度，默认值为1.0。

项目实践 模拟日光房间效果

项目要点 本项目实践需要使用VRay渲染器的灯光模拟房间的日光效果，如图5-84所示。

图5-84

课后习题 模拟几何场景展示灯光效果

习题要点 本习题使用"VRayLight"工具 [VRayLight] 模拟几何场景展示灯光效果，如图5-85所示。

图5-85

项目6

材质与贴图技术

本项目将讲解3ds Max 2024的材质和贴图技术。材质和贴图用来表现场景模型的颜色和特性。当白模添加了材质后，就能表现出颜色、质感、凹凸纹理和透明等效果，从而真实地模拟出现实世界中相应对象的材质。

学习目标

- 掌握"材质编辑器"对话框的使用方法
- 掌握常用材质的使用方法
- 掌握常用贴图的使用方法

技能目标

- 掌握"模拟卡通场景材质"的方法
- 掌握"休闲室家具的材质"的制作方法

素养目标

- 培养运用VRay材质模拟常见类型材质的能力
- 培养通过添加贴图丰富材质细节的能力
- 培养通过不断实践积极探索的能力

任务6.1 常用VRay材质

安装好VRay渲染器后，就可以使用VRay类型的材质了。在实际工作中，3ds Max 2024自带的材质类型很少被用到，大多数时候都运用VRay材质。本任务讲解如何使用VRay渲染器的常用材质。

任务实践 模拟卡通场景材质

任务目标 学习并使用VRay材质模拟卡通场景中的材质效果。

任务要点 使用VRay材质可以模拟卡通场景中经常出现的塑料、玻璃、金属等材质。最终效果参看学习资源中的"案例文件>项目6>任务实践：卡通场景材质.max"文件，效果如图6-1所示。

图6-1

任务制作

01 打开学习资源"案例文件>项目6>任务实践：卡通场景材质"文件夹中的"练习.max"文件，效果如图6-2所示。

02 打开"材质编辑器"对话框，选择一个空白材质球，单击下方的"物理材质"按钮 物理材质 ，如图6-3所示。

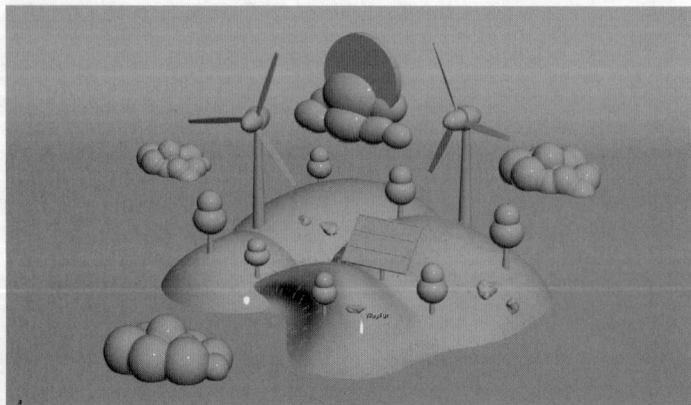

图6-2

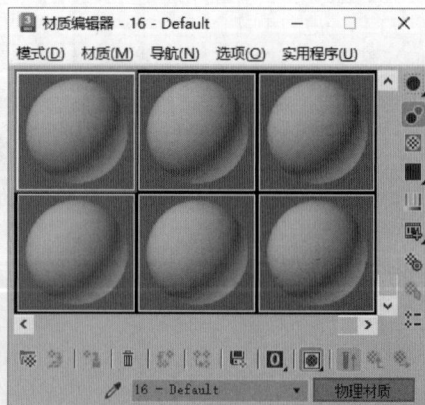

图6-3

03 在弹出的对话框中双击
"VRayMtl"选项，如图6-4所
示，就可以将默认材质转换
为VRay材质，如图6-5所示。

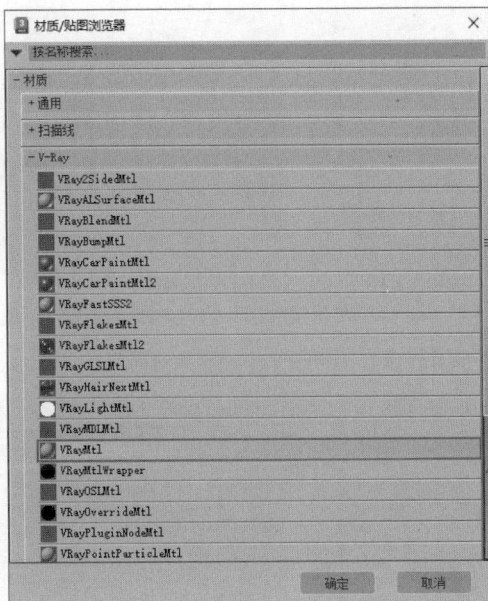

图6-4

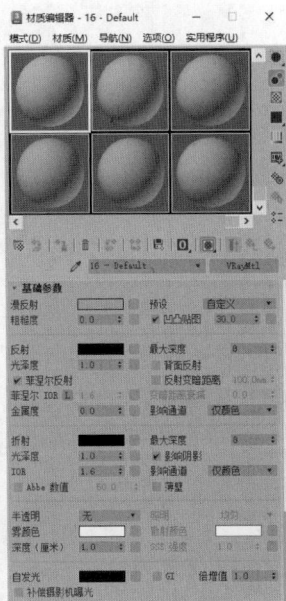

图6-5

04 选择转换的VRay材质，设置"漫反
射"为浅灰色，"反射"为白色，"光泽
度"为0.8，BRDF的类型为Ward，如
图6-6所示。制作好的材质球效果如图
6-7所示。

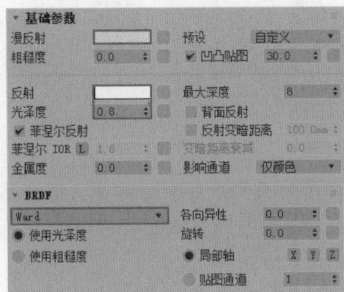

图6-6

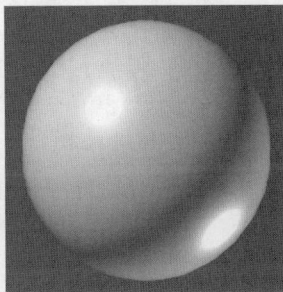

图6-7

05 将制作好的材质指定给场景中的云朵模型，效果如图6-8所示。

06 选中一个默认材质，将其转换为VRay材质，设置"漫反射"为蓝灰色，"反射"为白色，"光泽
度"为0.9，如图6-9所示。材质球效果如图6-10所示。

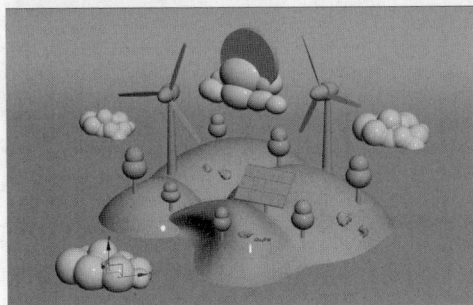

图6-8

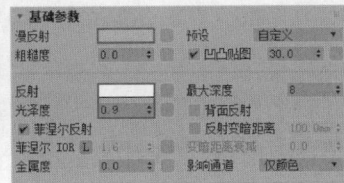

图6-9

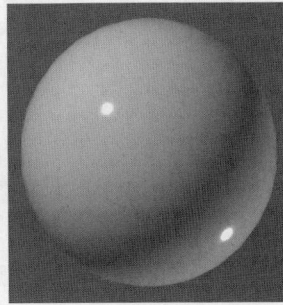

图6-10

提示 默认情况下，BRDF的类型为Microfacet GTR（GGX），不做特殊说明的情况下，该类型保持不变。

07 将步骤06制作的材质赋予场景中的风扇模型，效果如图6-11所示。

08 选择一个空白材质球，将其转换为VRay材质，设置"漫反射"为褐色，"反射"为白色，"光泽
度"为0.6，BRDF的类型为Ward，如图6-12所示。材质球效果如图6-13所示。

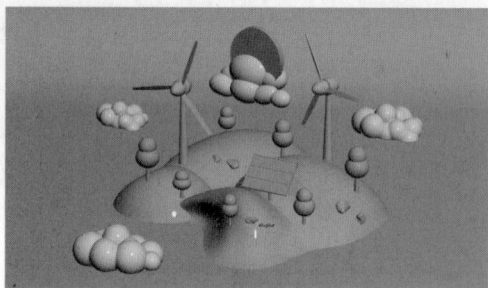

图6-11

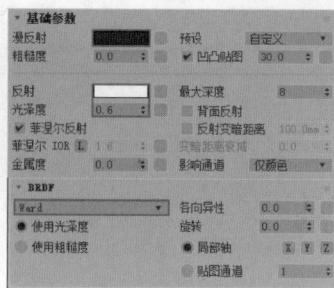

图6-12

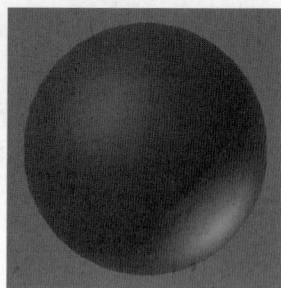

图6-13

09 将步骤08制作的材质赋予场景中的树干模型，效果如图6-14所示。

10 选择一个空白材质球，将其转换为VRay材质，设置"漫反射"为浅绿色，"反射"为白色，"光泽度"为0.6，BRDF的类型为Ward，如图6-15所示。材质球效果如图6-16所示。

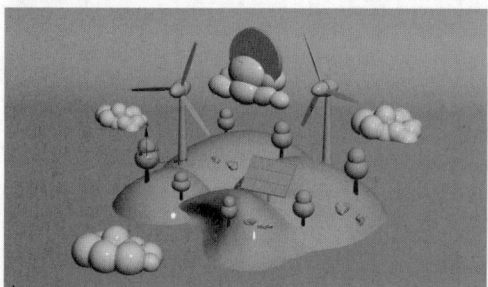

图6-14

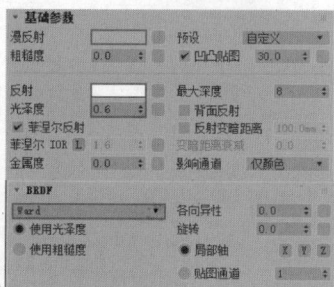

图6-15

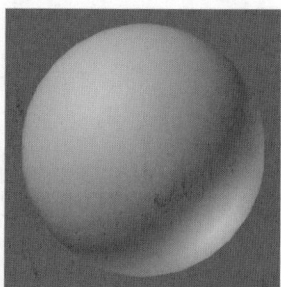

图6-16

提示 树干模型的材质与树冠模型的材质的参数基本相似，只是在"漫反射"上有所区别。读者可以将树干模型的材质复制后，修改"漫反射"颜色，再赋予树冠模型，制作的效率会更高。

11 将步骤10制作的材质赋予树冠模型，效果如图6-17所示。

12 选择一个空白材质球，将其转换为VRay材质，设置"漫反射"为橘色，"反射"为白色，"光泽度"为0.6，BRDF的类型为Ward，如图6-18所示。材质球效果如图6-19所示。

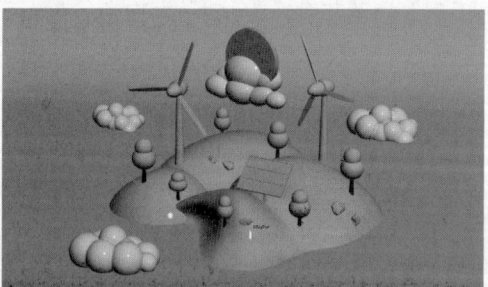

图6-17

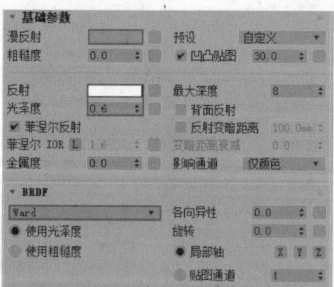

图6-18

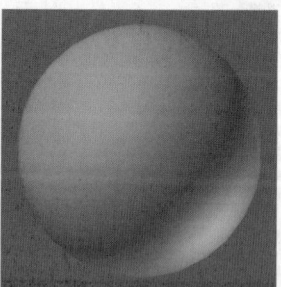

图6-19

13 将步骤12制作的材质赋予太阳模型，效果如图6-20所示。

图6-20

14 选择一个空白材质球,将其转换为
VRay材质,设置"漫反射"为绿色,"反
射"为白色,"光泽度"为0.6,BRDF的类
型为Ward,如图6-21所示。材质球效果如
图6-22所示。

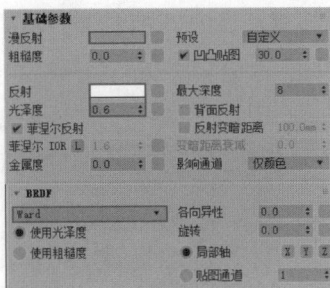
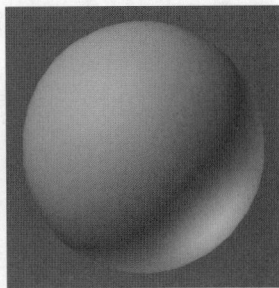

图6-21   图6-22

15 将步骤14制作的材质赋予地面和草地模型,效果如图6-23所示。

16 选择一个空白材质球,将其转换为VRay材质,设置"漫反射"为土黄色,"反射"为浅灰色,
"光泽度"为0.75,如图6-24所示。材质球效果如图6-25所示。

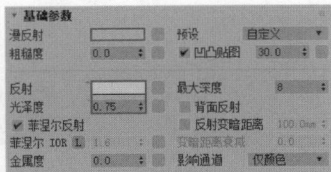
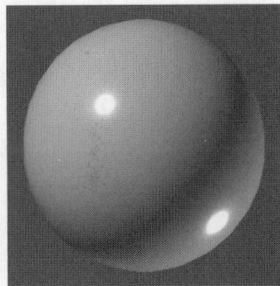

图6-23   图6-24   图6-25

17 将步骤16制作的材质赋予地面上的石头模型,效果如图6-26所示。

18 选择一个空白材质球,将其转换为VRay材质,设置"漫反射"为深蓝色,"反射"为白色,"光
泽度"为0.98,如图6-27所示。材质球效果如图6-28所示。

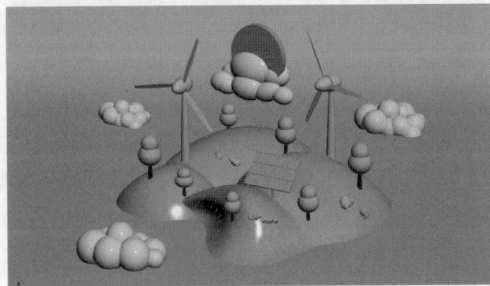
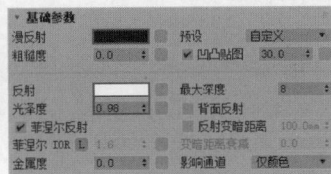

图6-26   图6-27   图6-28

19 将步骤18制作的材质赋予太阳能板模型的玻璃部分,效果如图6-29所示。

图6-29

提示 太阳能板模
型是一个整体,需要
在模型的"多边形"层
级中选中玻璃部分的
多边形后再赋予材质,
如图6-30所示。

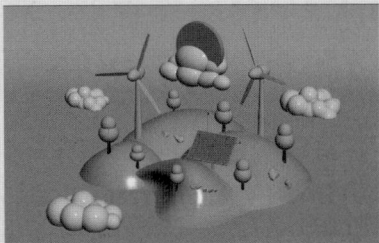

图6-30

20 选择一个空白材质球，将其转换为VRay材质，设置"漫反射"为灰色，"反射"为白色，"光泽度"为0.9，"金属度"为1.0，如图6-31所示。材质球效果如图6-32所示。

21 将步骤20制作的材质赋予太阳能板模型的剩余部分，效果如图6-33所示。

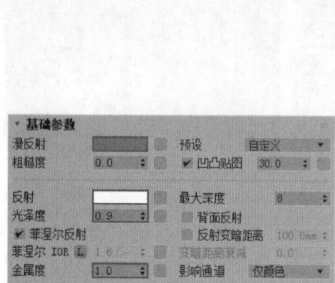
图6-31

图6-32

图6-33

22 选择一个空白材质球，将其转换为VRay材质，设置"漫反射"为浅灰绿色，如图6-34所示。材质球效果如图6-35所示。

图6-34

图6-35

23 将步骤22制作的材质赋予背景模型，效果如图6-36所示。按F9键渲染场景，卡通场景材质最终效果如图6-37所示。

图6-36

图6-37

任务知识

6.1.1 "材质编辑器"对话框

"材质编辑器"对话框非常重要，因为所有材质的制作都在这里完成。打开"材质编辑器"对话框的方法主要有以下两种。

第1种： 执行"渲染>材质编辑器>精简材质编辑器"菜单命令或"渲染>材质编辑器>Slate材质编辑器"菜单命令，如图6-38所示。

第2种： 直接按M键打开"材质编辑器"对话框，这是最常用的方法。

"材质编辑器"对话框分为4大部分，顶部为菜单栏，显示材质球的窗口为材质示例窗，材质示例窗右侧和下方的按钮所在区域为工具栏，其余部分是参数控制区，如图6-39所示。

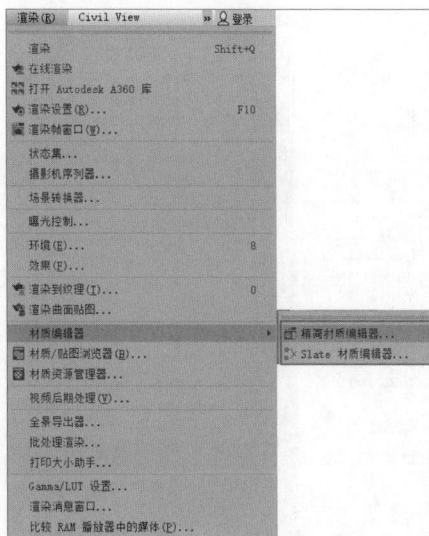

图6-38

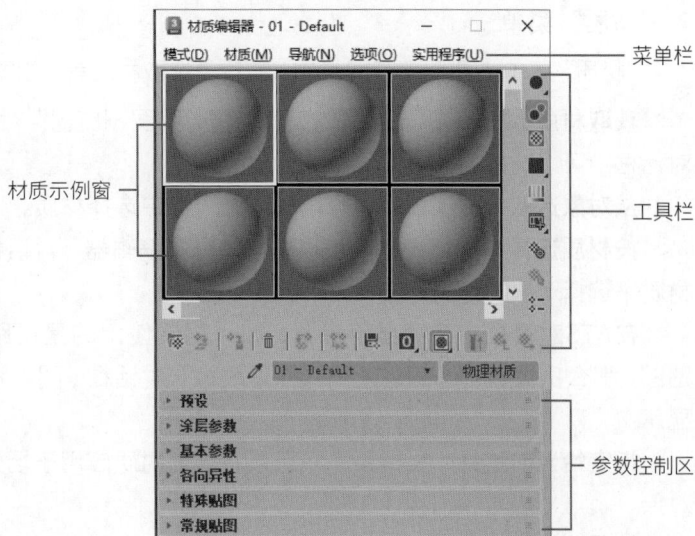

图6-39

1. "模式"菜单

"模式"菜单主要用来切换"精简材质编辑器"和"Slate材质编辑器"，如图6-40所示。

◇ **精简材质编辑器：**这是一个简化了的材质编辑界面，它使用的对话框比"Slate材质编辑器"小，也是在3ds Max 2011版本之前唯一的材质编辑器，如图6-41所示。

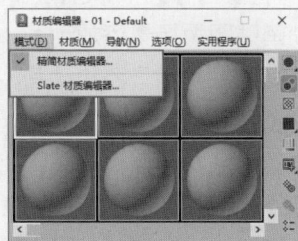

图6-40

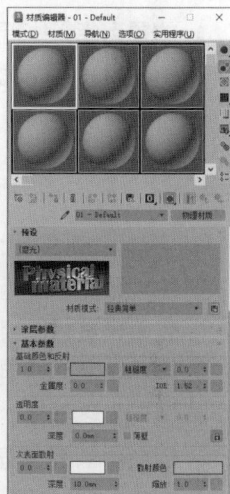

图6-41

◇ **Slate材质编辑器：**这是一个完整的材质编辑界面，如图6-42所示，在设计和编辑材质时使用节点和关联以图形方式显示材质的结构。

> **提示** "Slate材质编辑器"在制作复杂的材质时十分方便，但其复杂的界面让初学者很难上手。另外，印刷时也容易看不清面板上的文字内容。

图6-42

2. "材质"菜单

"材质"菜单主要用来获取材质、从对象选取材质等,如图6-43所示。

◇ **获取材质:** 执行该命令可以打开"材质/贴图浏览器"对话框,在该对话框中可以选择材质或贴图。

◇ **从对象选取:** 执行该命令可以从场景对象中选择材质。

◇ **按材质选择:** 执行该命令可以基于"材质编辑器"对话框中的活动材质来选择对象。

◇ **在ATS对话框中高亮显示资源:** 如果材质使用的是已跟踪资源的贴图,那么执行该命令可以打开"资源跟踪"对话框,同时资源会高亮显示。

◇ **指定给当前选择:** 执行该命令可以将当前材质应用于场景中选定的对象。

◇ **放置到场景:** 在材质编辑完成后,执行该命令可以更新场景中的材质效果。

◇ **放置到库:** 执行该命令可以将选定的材质添加到材质库中。

◇ **更改材质/贴图类型:** 执行该命令可以更改材质或贴图的类型。

◇ **生成材质副本:** 通过复制自身的材质,生成一个材质副本。

◇ **启动放大窗口:** 将材质示例窗放大,并在一个单独的窗口中进行显示(双击材质球也可以放大窗口)。

◇ **另存为.FX文件:** 将材质另存为.FX文件。

◇ **生成预览:** 使用动画贴图为场景添加动画,并生成预览。

◇ **查看预览:** 使用动画贴图为场景添加动画,并查看预览。

◇ **保存预览:** 使用动画贴图为场景添加动画,并保存预览。

◇ **显示最终结果:** 查看多层材质混合的最终材质效果。

◇ **视口中的材质显示为:** 选择在视图中显示材质的方式,有"没有贴图的明暗处理材质""有贴图的明暗处理材质""没有贴图的真实材质""有贴图的真实材质"4种方式。

◇ **重置示例槽旋转:** 使活动的示例窗对象恢复到默认方向。

◇ **更新活动材质:** 更新示例窗中的活动材质。

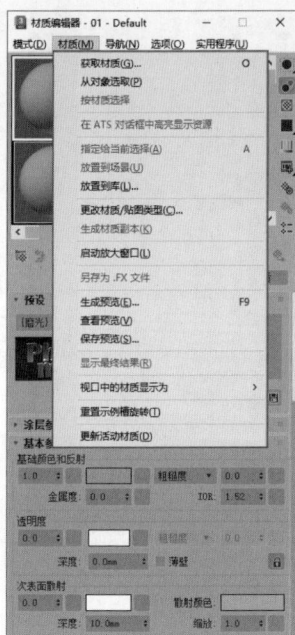

图6-43

3. "导航"菜单

"导航"菜单主要用来切换材质或贴图的层级,如图6-44所示。

◇ **转到父对象:** 在当前材质中向上移动一个层级。

◇ **前进到同级:** 移动到当前材质中相同层级的下一个贴图或材质。

◇ **后退到同级:** 与"前进到同级"命令类似,只是导航到上一个同级贴图,而不是导航到下一个同级贴图。

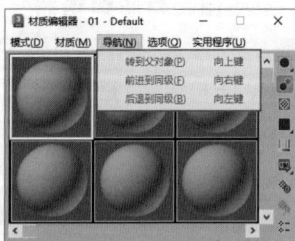

图6-44

4. "选项"菜单

"选项"菜单主要用来更换材质球的显示背景等,如图6-45所示。

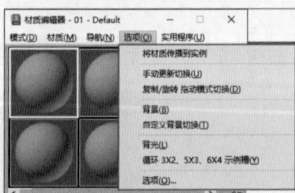

图6-45

◇ **将材质传播到实例**：将指定的任何材质传播到场景中对象的所有实例。

◇ **手动更新切换**：使用手动的方式进行更新切换。

◇ **复制/旋转 拖动模式切换**：切换复制/旋转拖动的模式。

◇ **背景**：将多颜色的方格背景添加到活动示例窗中。

◇ **自定义背景切换**：如果已指定了自定义背景，执行该命令可以切换自定义背景的显示效果。

◇ **背光**：将背光添加到活动示例窗中。

◇ **循环3×2、5×3、6×4示例槽**：用来切换材质球的显示方式。

◇ **选项**：打开"材质编辑器选项"对话框，如图6-46所示。在该对话框中可以启用材质动画、加载自定义背景、定义灯光亮度或颜色，以及设置示例窗数目等。

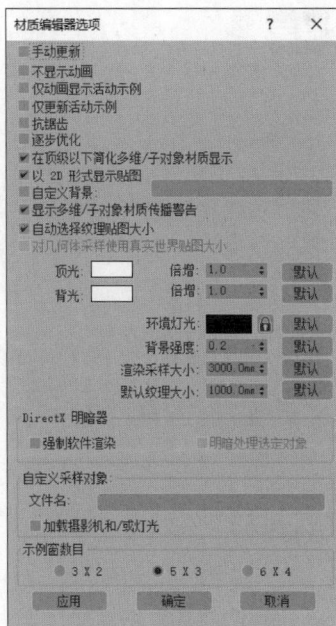

图6-46

5."实用程序"菜单

"实用程序"菜单主要用来清理多维材质、重置"材质编辑器"对话框等，如图6-47所示。

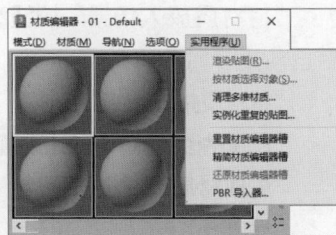

图6-47

◇ **渲染贴图**：对贴图进行渲染。

◇ **按材质选择对象**：可以基于"材质编辑器"对话框中的活动材质来选择对象。

◇ **清理多维材质**：对"多维/子对象"材质进行分析，然后在场景中显示所有包含未分配任何材质ID的材质。

◇ **实例化重复的贴图**：在整个场景中查找具有重复位图贴图的材质，并将它们实例化。

◇ **重置材质编辑器槽**：用默认的材质类型替换"材质编辑器"对话框中的所有材质。

◇ **精简材质编辑器槽**：将"材质编辑器"对话框中所有未使用的材质设置为默认类型。

◇ **还原材质编辑器槽**：利用缓冲区的内容还原编辑器的状态。

6.材质球示例窗

材质球示例窗主要用来显示材质效果，通过它可以很直观地观察材质的基本属性，如反光、纹理和凹凸等，如图6-48所示。

双击材质球会弹出一个独立的材质球显示窗口，可以将该窗口放大或缩小来观察当前设置的材质效果，如图6-49所示。

图6-48

图6-49

> **提示** 在默认情况下，材质球示例窗按照5×3的形式显示15个材质球。可以将一个材质球拖曳到另一个材质球上，这样当前材质就会覆盖掉原有的材质，如图6-50所示。

可以将材质球中的材质拖曳到场景中的物体上（即将材质指定给对象），如图6-51所示。将材质指定给物体后，材质球上会显示4个缺角的符号，如图6-52所示。

| 图6-50 | 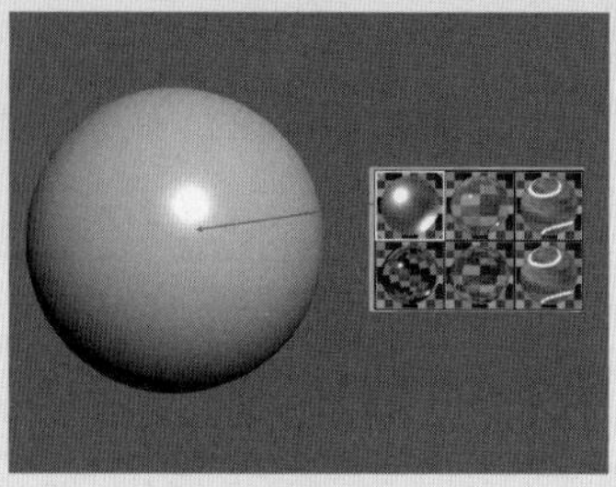 图6-51 |  图6-52 |

7.工具栏

下面讲解"材质编辑器"对话框中的两个工具栏中的按钮，如图6-53所示。

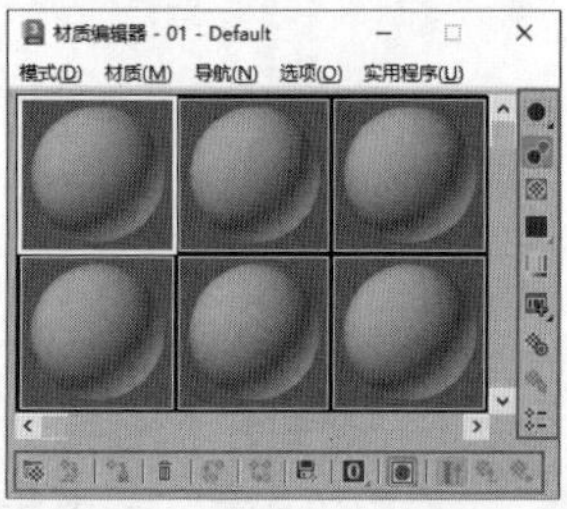

图6-53

◇ **"获取材质"按钮**：单击该按钮，为选定的材质打开"材质/贴图浏览器"对话框。

◇ **"将材质放入场景"按钮**：在编辑好材质后，单击该按钮，可以更新已应用于对象的材质。

◇ **"将材质指定给选定对象"按钮**：单击该按钮，将材质指定给选定的对象。

◇ **"重置贴图/材质为默认设置"按钮**：单击该按钮，删除修改的所有属性，将材质属性恢复到默认值。

◇ **"生成材质副本"按钮**：单击该按钮，在选定的示例图中创建当前材质的副本。

◇ **"使唯一"按钮**：单击该按钮，将实例化的材质设置为独立的材质。

◇ **"放入库"按钮**：单击该按钮，重新命名材质并将其保存到当前打开的库中。

◇ **"材质ID通道"按钮**：单击该按钮，为应用后期制作效果设置唯一的ID通道。

◇ **"在视口中显示明暗处理材质"按钮**：单击该按钮，在视口对象上显示2D材质贴图。

◇ **"显示最终结果"按钮**：单击该按钮，在实例图中显示材质及应用的所有层次。

◇ **"转到父对象"按钮**：单击该按钮，将当前材质转到父层级。

◇ **"转到下一个同级项"按钮**：单击该按钮，可选定同一层级的下一个贴图或材质。

◇ **"采样类型"按钮**：单击该按钮，控制示例窗显示的对象类型，默认为球体类型，还有圆柱体和立方体类型。

◇ **"背光"按钮**：单击该按钮，打开或关闭选定示例窗中的背景灯光。

◇ **"背景"按钮**：单击该按钮，在材质后面显示方格背景图像，这在观察透明材质时非常有用。

◇ **"采样UV平铺"按钮**：单击该按钮，为示例窗中的贴图设置UV平铺显示。

◇ **"视频颜色检查"按钮**：单击该按钮，检查当前材质中NTSC和PAL制式不支持的颜色。

◇ **"生成预览"按钮**：单击该按钮，产生、浏览和保存材质预览渲染。

◇ **"选项"按钮**：单击该按钮，打开"材质编辑器选项"对话框，在该对话框中可以启用材质动画、加载自定义背景、定义灯光亮度或颜色，以及设置示例窗数目等。

◇ **"按材质选择"按钮**：单击该按钮，选定使用当前材质的所有对象。

◇ **"材质/贴图导航器"按钮**：单击该按钮，可以打开"材质/贴图导航器"对话框，该对话框中会显示当前材质的所有层级。

8.参数控制区

参数控制区用于调节材质的参数，基本上所有的材质参数都在这里调节。注意，不同的材质拥有不同的参数控制区，下面将对各种重要材质的参数控制区进行详细讲解。

6.1.2 VRay材质

VRay材质是使用频率较高的材质之一，其使用范围也比较广泛，基本可以模拟日常生活中见到的各种材质。VRay材质除了能完成一些反射和折射效果，还能出色地表现出SSS及BRDF等效果，其参数如图6-54所示。

> **提示** 下面主要针对VRay材质的一些常用卷展栏进行讲解。

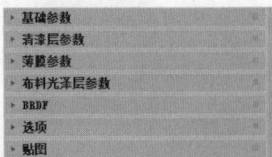

图6-54

1."基本参数"卷展栏

展开"基本参数"卷展栏，如图6-55所示。

◇ **漫反射**：物体的漫反射决定物体表面的颜色。通过单击其右侧的色块，可以调整物体自身的颜色。单击右侧的按钮■可以选择不同的贴图类型。

◇ **粗糙度**：数值越大，粗糙效果越明显，可以用该选项来模拟绒布的效果。

◇ **预设**：在其下拉列表中可以快速选择设置好参数的材质选项，从而减少制作难度，其选项如图6-56所示。

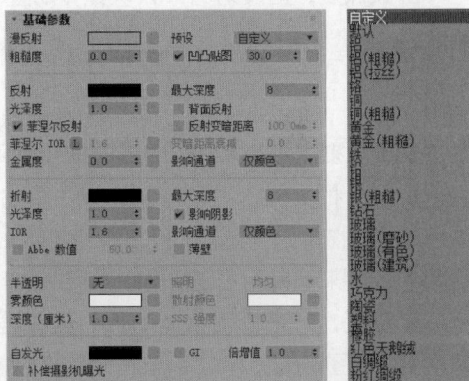

图6-55 图6-56

◇ **凹凸贴图**：勾选该选项后可以设置凹凸贴图的强度，单击右侧的按钮■中可以添加凹凸贴图。

◇ **反射**：依靠灰度控制材质表面的反射强弱，颜色越白反射越强，越黑反射越弱，如图6-57所示。而这里选择的颜色则是反射出来的颜色，和反射的强度是分开来计算的。单击右侧的按钮■，可以使用贴图的灰度来控制反射的强弱。

◇ **光泽度**：控制材质表面的光滑程度，数值越小，表面越粗糙，如图6-58所示。

反射：黑色 反射：白色 光泽度:1.0 光泽度:0.8

图6-57 图6-58

◇ **菲涅尔反射**：勾选该选项后，反射强度将与入射角度有关系，入射角度越小，反射越强。当垂直入射的时候，反射强度最弱。同时，菲涅尔反射的效果也和其下面的"菲涅尔IOR"有关。当"菲涅尔IOR"为0.0或100.0时，将产生完全反射；而当"菲涅尔IOR"从1.0变化到0.0时，反射越来越强；同样，当"菲涅尔IOR"从1.0变化到100.0时，反射也越来越强。

> **提示** "菲涅尔反射"是模拟真实世界中的一种反射现象，反射的强度与摄影机的视点和具有反射功能的物体的角度有关。角度接近0时，反射最强；当光线垂直于表面时，反射功能最弱，这也是物理世界中的现象。

◇ **菲涅尔IOR：** 在"菲涅尔反射"中，菲涅尔现象的强弱衰减率可以用该选项来调节，如图6-59所示。

◇ **金属度：** 控制材质的金属质感。当数值为0.0时没有金属质感，当数值为1.0时呈现金属质感，如图6-60所示。

图6-59

图6-60

◇ **最大深度：** 指反射的最大次数，数值越高，反射效果越真实，但渲染时间也更长。

> **提示** 渲染室内的玻璃或金属物体时，反射次数需要设置大一些，渲染地面和墙面时，反射次数可以设置小一些，这样可以提高渲染速度。

◇ **背面反射：** 当材质为透明类型时，勾选该选项，可以形成更为真实的反射效果。

◇ **折射：** 和反射的原理一样，颜色越白，物体越透明，进入物体内部产生折射的光线也就越多；颜色越黑，物体越不透明，产生折射的光线也就越少，如图6-61所示。单击右侧的按钮■，可以通过贴图的灰度来控制折射的强弱。

◇ **光泽度：** 用来控制物体的折射模糊程度。其数值越小，模糊程度越明显；默认值1.0不产生折射模糊，如图6-62所示。单击右侧的按钮■，可以通过贴图的灰度来控制折射模糊的强弱。

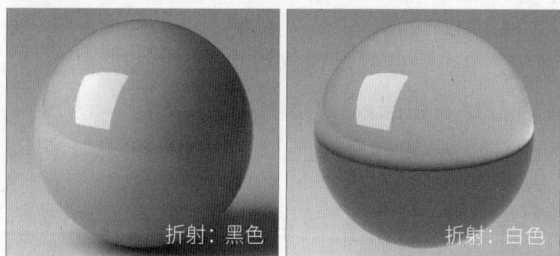

图6-61

图6-62

◇ **IOR：** 设置透明物体的折射率。

> **提示** 真空的折射率是1，水的折射率是1.33，玻璃的折射率是1.5，水晶的折射率是2，钻石的折射率是 2.4，这些都是制作效果图常用的折射率。

◇ **最大深度：** 和反射中的最大深度原理一样，用来控制折射的最大次数。

◇ **影响阴影：** 控制透明物体产生的阴影。勾选该选项时，透明物体将产生真实的阴影。注意，这个选项仅对"VRay灯光"和"VRay阴影"有效。

◇ **半透明：** 设置半透明的类型，类型如图6-63所示。

◇ **雾颜色：** 可以让光线通过透明物体后变少，就好像和物理世界中的半透明物体一样。其颜色和物体的尺寸有关，厚的物体颜色需要设置淡一点才有效果。

◇ **深度（厘米）：** 可以理解为烟雾的浓度。其数值越大，雾的颜色越淡。

图6-63

> **提示** 默认情况下的"雾颜色"为白色，是不起任何作用的，也就是说白色的雾对不同厚度的透明物体的效果是一样的。

◇ **自发光：** 设置材质的自发光颜色，效果如图6-64所示。
◇ **倍增值：** 设置自发光的强度。

图6-64

2. "清漆层参数"卷展栏

展开"清漆层参数"卷展栏，如图6-65所示。

◇ **清漆层强度：** 设置清漆层的强度，默认值0.0代表没有清漆效果。
◇ **清漆层光泽度：** 设置清漆层的光泽度，不同光泽度效果如图6-66所示。
◇ **清漆层IOR：** 设置清漆层的IOR，不同IOR效果如图6-67所示。

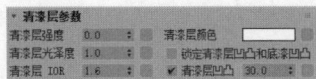

图6-65

图6-66

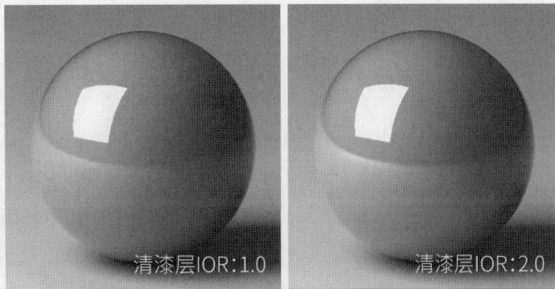

图6-67

◇ **清漆层颜色：** 设置清漆层的颜色，效果如图6-68所示。
◇ **锁定清漆层凹凸和底漆凹凸：** 勾选该选项后，可确保底漆层的凹凸纹理能正确地影响清漆层的视觉效果，从而获得更真实的渲染效果。
◇ **清漆层凹凸：** 设置清漆层的凹凸效果和强度。

图6-68

3. "薄膜参数"卷展栏

展开"薄膜参数"卷展栏，如图6-69所示。

◇ **开启薄膜：** 勾选该选项后，材质的表面会出现薄膜效果。
◇ **IOR：** 设置薄膜的IOR。
◇ **最小厚度（nm）/最大厚度（nm）：** 设置薄膜层的最小/最大厚度。

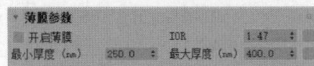

图6-69

4. "BRDF"卷展栏

展开"BRDF"卷展栏，如图6-70所示。

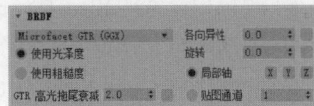

图6-70

◇ **明暗器下拉列表：** 包含4种明暗器类型，分别是Phong（多面）、Blinn（反射）、Ward（沃德）和Microfacet GTR（GGX），如图6-71所示。Phong适合硬度很高的物体，高光区很小；Blinn适合大多数物体，高光区适中；Ward适合表面柔软或粗糙的物体，高光区最大；Microfacet GTR（GGX）适合大多数物体，尤其是金属类材质的物体，高光区适中。

图6-71

◇ **各向异性：** 控制高光区的形状，可以用该参数来设置拉丝效果。

◇ **旋转：** 控制高光区的旋转方向。

> **提示** 关于BRDF现象，在物理世界中随处可见。我们可以看到不锈钢锅底的高光形状是由两个锥形构成的，这就是BRDF现象，如图6-72所示。这是因为不锈钢表面是一个有规律的、均匀的凹槽（例如常见的拉丝不锈钢效果），当光反射到这样的表面上就会产生该现象。

图6-72

5."贴图"卷展栏

展开"贴图"卷展栏，如图6-73所示。

◇ **不透明度：** 主要用于制作透明物体，例如窗帘、灯罩等。

◇ **凸凹：** 主要用于制作物体的凹凸效果，在后面的通道中可以加载一张凸凹贴图。

◇ **置换：** 主要用于制作物体的置换效果，在后面的通道中可以加载一张置换贴图。

◇ **环境：** 主要是针对该选项上方设置的一些贴图而设定的，比如反射、折射等，只是在其贴图的效果上加入了环境贴图效果。

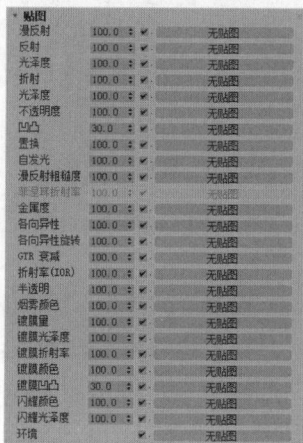

图6-73

6.1.3 VRay灯光材质

VRay灯光材质（VRayLightMtl）主要用来模拟自发光效果。当设置渲染器为VRay渲染器后，在"材质/贴图浏览器"对话框中可以找到VRayLightMtl，其参数如图6-74所示。

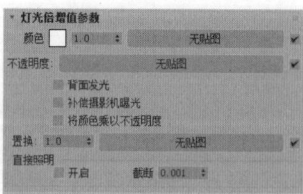

图6-74

> **提示** 为了与以前版本的书统一，后文全部采用"VRay灯光材质"进行描述。

◇ **颜色：** 设置对象自发光的颜色，后面的微调数值框用于设置自发光的"强度"。

◇ **不透明度：** 用贴图来指定发光体的透明度。

◇ **背面发光：** 当勾选该选项时，可以让材质光源双面发光。

◇ **直接照明：** 勾选其下的"开启"选项后，VRay灯光材质可以作为光源照亮周围的对象。

6.1.4 VRay覆盖材质

VRay覆盖材质（VRayOverrideMtl）可以让用户更广泛地去控制场景中的色彩融合、反射、折射等。VRay覆盖材质主要包括5种材质，分别为基础材质、GI材质、反射材质、折射材质和阴影材质，其参数如图6-75所示。

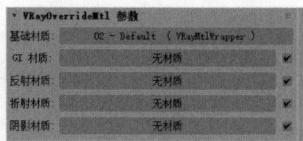

图6-75

◇ **基础材质：** 物体的基础材质。

◇ **GI材质：** 物体的全局光材质，当使用这个参数的时候，灯光的反射将依照这个材质的灰度来控制，而不是基础材质。

◇ **反射材质：** 物体的反射材质，在反射里看到的物体的材质。

◇ **折射材质：** 物体的折射材质，在折射里看到的物体的材质。

◇ **阴影材质：** 启用阴影材质后，其参数将控制对象的阴影效果，而基础材质原有的阴影将被忽略。

6.1.5 VRay混合材质

VRay混合材质（VRayBlendeMtl）可以让多个材质以层的方式混合来模拟物理世界中的复杂材质，其参数如图6-76所示。

◇ **基础材质：** 可以理解为基层材质。通常在创建VRay混合材质的时候会提示"丢弃旧材质？"或"将旧材质保存为子材质？"，如图6-77所示，若保存，则该处材质为原材质；若丢弃，该处就为"无"。

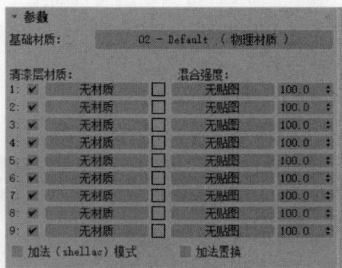

图6-76

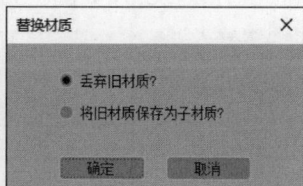

图6-77

◇ **清漆层材质：** 表面材质，可以理解为基础材质上面的附着材质。

◇ **混合强度：** 其数值表示"清漆层材质"混合多少到"基础材质"上。混合数值也可以由后面的贴图通道来表示，如果贴图颜色为白色，那么"清漆层材质"将全部混合上去，而下面的"基础材质"将不起作用；如果贴图颜色为黑色，那么"清漆层材质"自身就没什么效果。

任务6.2 常用贴图

贴图主要用于表现物体材质表面的纹理，利用贴图可以不用增加模型的复杂程度就能表现对象的细节，并且可以创建反射、折射、凹凸和镂空等多种效果。通过贴图可以增强模型的质感，完善模型的造型，使三维场景更加接近真实的环境。本任务为读者讲解3ds Max 2024中常用的贴图。

任务实践 制作休闲室家具的材质

任务目标 学习并使用"位图"贴图和"衰减"贴图制作休闲室家具的材质。

任务要点 本任务使用"位图"贴图为地毯和边桌的材质添加贴图，使用"衰减"贴图模拟沙发的绒布材质。最终效果参看学习资源中的"案例文件>项目6>任务实践：休闲室材质.max"文件，效果如图6-78所示。

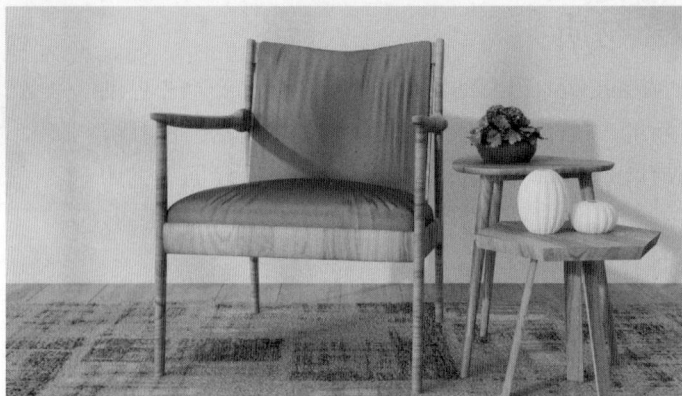

图6-78

任务制作

01 打开学习资源"案例文件>项目6>任务实践：休闲室材质"文件夹中的"练习.max"文件，效果如图6-79所示。

02 选择一个空白材质球，设置材质类型为VRay材质，在"漫反射"通道中加载"衰减"贴图，然后在"前"和"侧"的通道中加载学习资源中的"004.jpg"贴图，设置"衰减类型"为"垂直/平行"，然后调节"混合曲线"的形状，接着在"凹凸贴图"的通道中加载学习资源中的"a.jpg"贴图，设置通道量为28.0，如图6-80所示。

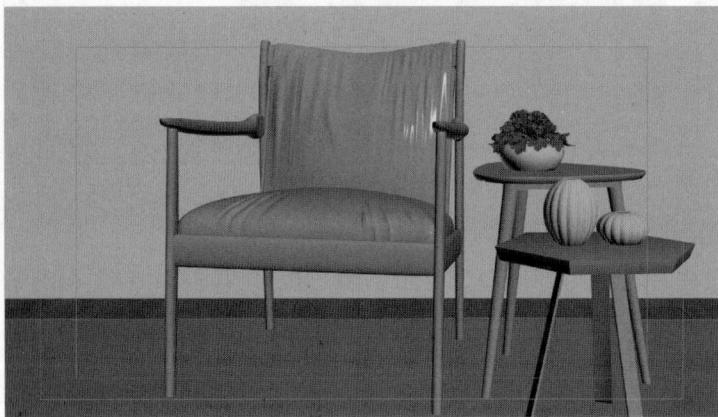

图6-79

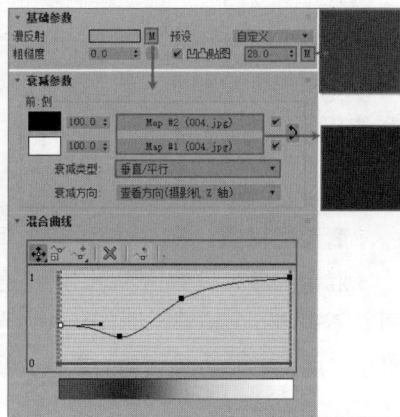

图6-80

03 继续设置"反射"为浅灰色，"光泽度"为0.6，然后设置BRDF的类型为Ward，如图6-81所示。材质球效果如图6-82所示。

04 将步骤02制作的材质赋予椅子坐垫和靠背部分，效果如图6-83所示。

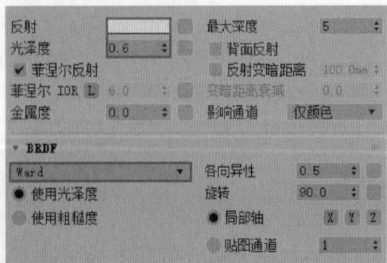

图6-81

图6-82

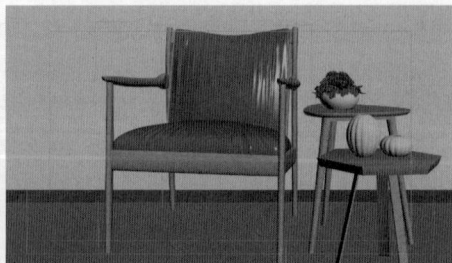

图6-83

05 选中靠背和坐垫部分，在"修改器堆栈"中选择"UVW贴图"修改器，设置"贴图"为"长方体"，"长度""宽度""高度"都为450.0mm，如图6-84所示。

06 选择一个空白材质球，设置材质类型为VRay材质，在"漫反射"通道中加载学习资源中的"e.jpg"文件，然后在"反射""光泽度""凹凸贴图"通道中加载学习资源中的"fans2.jpg"文件，设置"反射"为白色，"光泽度"为0.74，"凹凸贴图"通道量为18.0，"反射"通道量为50.0，"光泽度"通道量为50.0，如图6-85所示。材质球效果如图6-86所示。

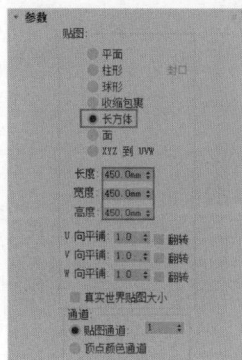

图6-84

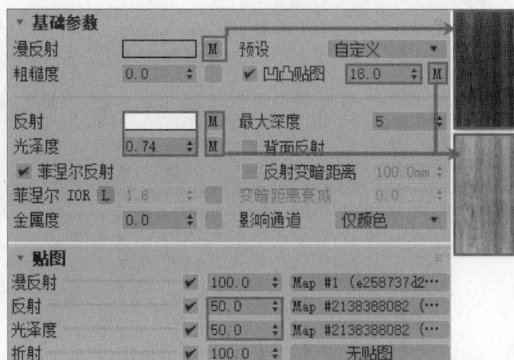

图6-85

图6-86

07 将步骤06制作的材质赋予椅子模型剩余的部分和旁边的边桌模型，如图6-87所示。

提示 添加完材质后，需要添加"UVW贴图"坐标器调整贴图的显示效果。

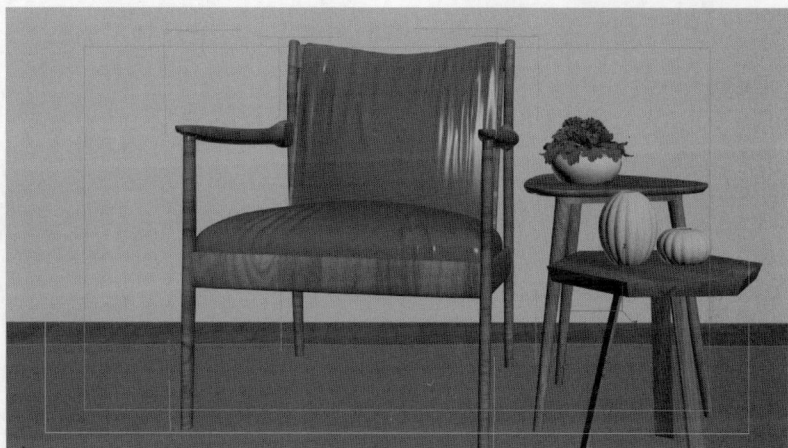

图6-87

08 选择一个空白材质球，设置材质类型为VRay材质，在"漫反射"通道中加载学习资源中的"9.1602077.jpg"文件，在"凹凸"通道中加载学习资源中的"9.1602078.jpg"文件，设置通道量为55.0，如图6-88所示。材质球效果如图6-89所示。

09 将步骤08制作的材质赋予地毯模型，效果如图6-90所示。

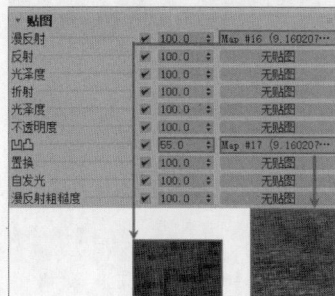

图6-88

图6-89

图6-90

10 按F9键渲染场景，休闲室家具的材质最终效果如图6-91所示。

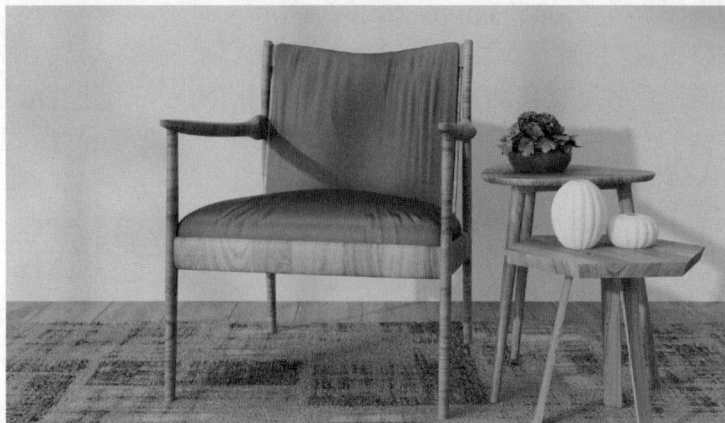

图6-91

任务知识

6.2.1 "位图"贴图

"位图"贴图是一种最基本的贴图类型，也是最常用的贴图类型。"位图"贴图支持很多种格式，包括FLC、AVI、BMP、GIF、JPEG、PNG、PSD和TIFF等主流图像格式，如图6-92所示。

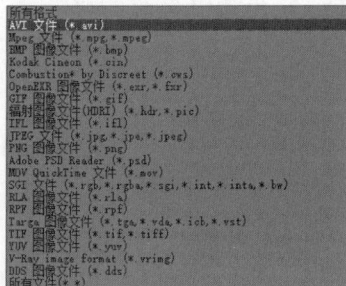

图6-92

在所有的贴图通道中都可以加载"位图"贴图。在"漫反射"贴图通道中加载一张"位图"贴图，如图6-93所示，然后将材质指定给一个球体模型，效果如图6-94所示。

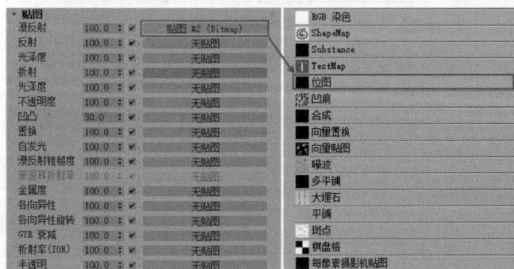

图6-93

图6-94

加载位图后，系统会自动弹出位图的参数设置面板，这里的参数主要用来设置位图的"偏移"值、"瓷砖"值和"角度"值，如图6-95所示。

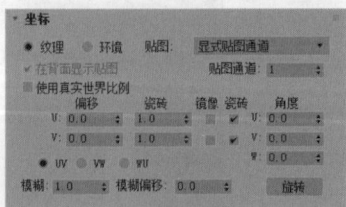

图6-95

在"位图参数"卷展栏下勾选"应用"选项，然后单击右侧的"查看图像"按钮 查看图像，在弹出的对话框中可以对位图的应用区域进行调整，如图6-96所示。

在"坐标"卷展栏下设置"模糊"为0.01，可以在渲染时得到最精细的贴图效果，如果设置为1.0，则可以得到最模糊的贴图效果，如图6-97所示。

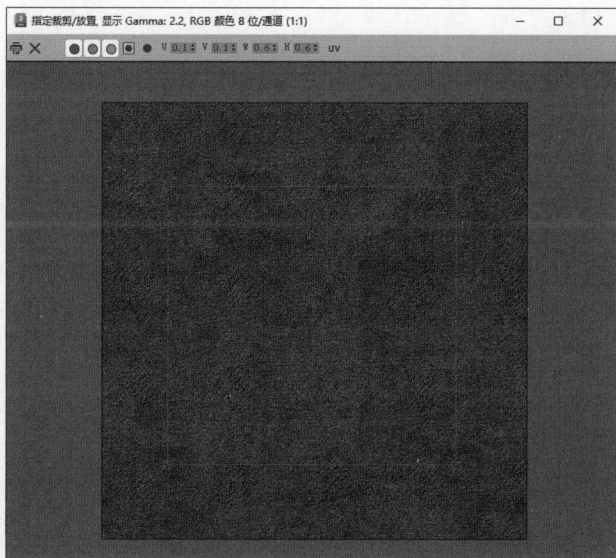

图6-96

模糊:0.01

模糊:1.0

图6-97

6.2.2 "渐变"贴图

使用"渐变"贴图可以设置3种颜色的渐变效果。"渐变"贴图的参数如图6-98所示。

◇ **颜色#1/颜色#2/颜色#3：** 设置渐变的颜色。

◇ **颜色2位置：** 设置颜色2在渐变中的位置，默认值0.5代表中心位置。

◇ **渐变类型：** 包含"线性"和"径向"两种渐变类型。

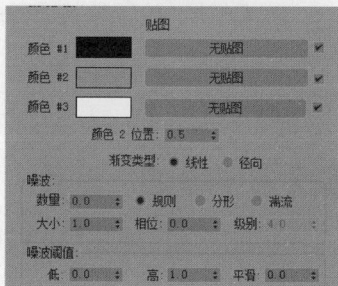

图6-98

6.2.3 "平铺"贴图

使用"平铺"贴图可以创建类似于瓷砖的贴图，通常在制作建筑砖块图案时使用。"平铺"贴图的参数如图6-99所示。

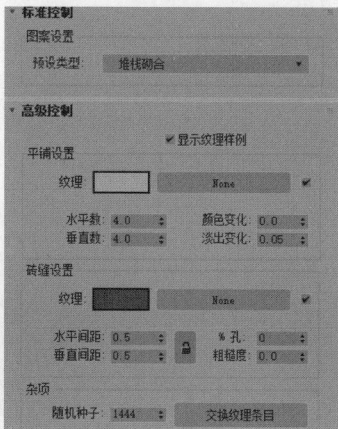

图6-99

◇ **预设类型：** 设置平铺的不同类型，如图6-100所示。

◇ **纹理：** 设置平铺面的颜色或加载贴图。

◇ **水平数/垂直数：** 设置平铺面的水平与垂直数量。

◇ **颜色变化：** 设置平铺面在颜色上的随机性。

◇ **纹理：** 设置砖缝的颜色或加载贴图。

◇ **水平间距/垂直间距：** 设置砖缝的宽度。

图6-100

6.2.4 "衰减" 贴图

"衰减"贴图可以用来控制材质从强烈到柔和的过渡效果，使用频率比较高，其参数如图6-101所示。

◇ **衰减类型：** 设置衰减的类型，共有以下5种。

» 垂直/平行：在与衰减方向相垂直的面法线和与衰减方向相平行的法线之间设置角度衰减范围。

» 朝向/背离：在面向衰减方向的面法线和背离衰减方向的法线之间设置角度衰减范围。

» Fresnel：基于IOR在面向视图的曲面上产生暗淡反射，而在有角的面上产生较明亮的反射。

» 阴影/灯光：基于落在对象上的灯光，在两个子纹理之间进行调节。

» 距离混合：基于"近端距离"值和"远端距离"值，在两个子纹理之间进行调节。

◇ **衰减方向：** 设置衰减的方向。

◇ **混合曲线：** 设置曲线的形状，可以精确地控制由任何衰减类型所产生的渐变效果。

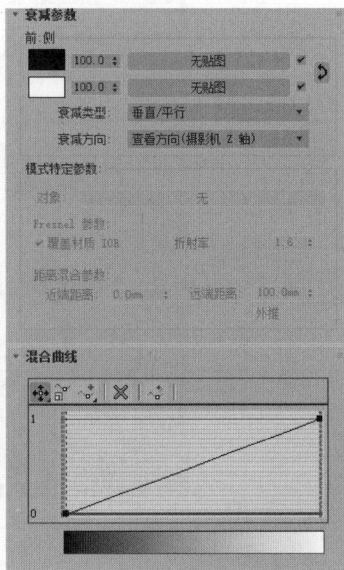

图6-101

6.2.5 "噪波" 贴图

使用"噪波"贴图可以将噪波效果添加到物体的表面，以突出材质的质感。"噪波"程序贴图通过应用分形噪波函数来扰动像素的UV贴图，从而表现出非常复杂的物体材质，其参数如图6-102所示。

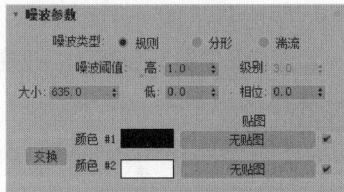

图6-102

◇ **噪波类型：** 共有3种噪波类型，分别是"规则""分形""湍流"。

» 规则：生成普通噪波，效果如图6-103所示。

» 分形：使用分形算法生成噪波，效果如图6-104所示。

» 湍流：生成应用绝对值函数来制作故障线条的分形噪波，效果如图6-105所示。

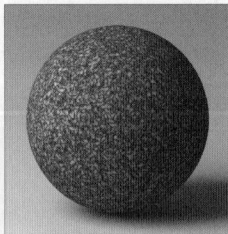

图6-103   图6-104   图6-105

- ◇ **大小：** 以3ds Max当前场景单位设置噪波函数的比例。
- ◇ **噪波阈值：** 控制噪波的效果，取值范围从0.0～1.0。
- ◇ **级别：** 决定有多少分形能量用于分形和湍流噪波函数。
- ◇ **相位：** 控制噪波动画的运动速度。
- ◇ 交换 ：单击该按钮可以交换两个颜色或贴图的位置。
- ◇ **颜色#1/颜色#2：** 可以从两个主要噪波颜色中进行选择，将通过所选的两种颜色来生成中间颜色值。

6.2.6 "混合"贴图

"混合"贴图是将两种颜色或贴图进行混合，从而形成一张新的贴图，其参数如图6-106所示。

- ◇ **颜色#1/颜色#2：** 通过颜色或贴图进行混合。
- ◇ **混合量：** 通过调整数值或灰度贴图控制"颜色#1"和"颜色#2"两个通道的混合量。

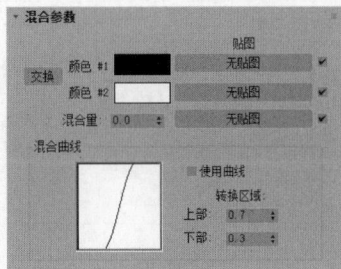

图6-106

6.2.7 "VRay污垢"贴图

"VRay污垢"贴图常用于渲染AO通道，以增强暗角效果，其参数如图6-107所示。

- ◇ **半径：** 阴影部分的宽度。
- ◇ **阻光颜色：** 阴影部分的颜色。
- ◇ **非阻光颜色：** 类似于漫反射的颜色，代表模型的颜色。

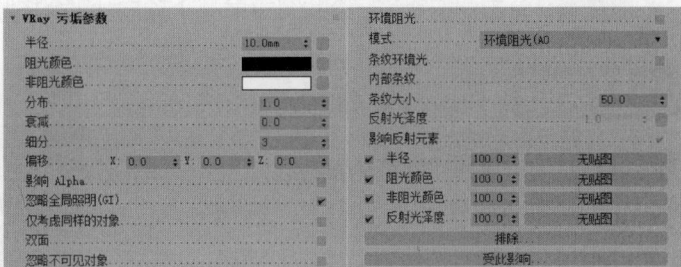

图6-107

6.2.8 "VRay边纹理"贴图

"VRay边纹理"贴图用于生成线框和面的复合效果，常用于渲染线框效果图，其参数如图6-108所示。

- ◇ **颜色：** 设置边框的颜色。
- ◇ **隐藏边：** 勾选该选项后会显示三角形的线框。
- ◇ **世界宽度/像素宽度：** 两种方式控制线框的宽度。

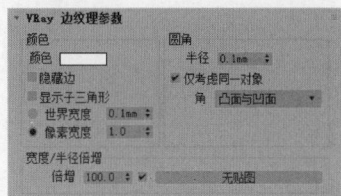

图6-108

6.2.9 "UVW贴图"修改器

"UVW贴图"修改器是将贴图按照预设的投射方式投射到模型的每个面上，其参数如图6-109所示。

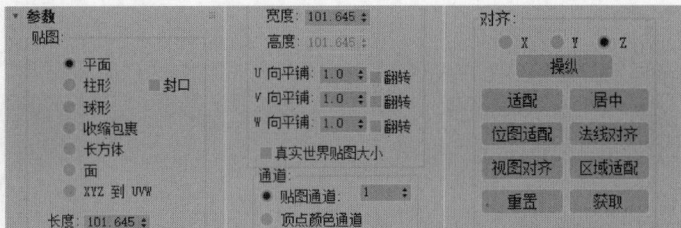

图6-109

◇ **平面/柱形/球形/收缩包裹/长方体/面/XYZ到UVW:** 系统提供的7种贴图的坐标方式,如图6-110所示。

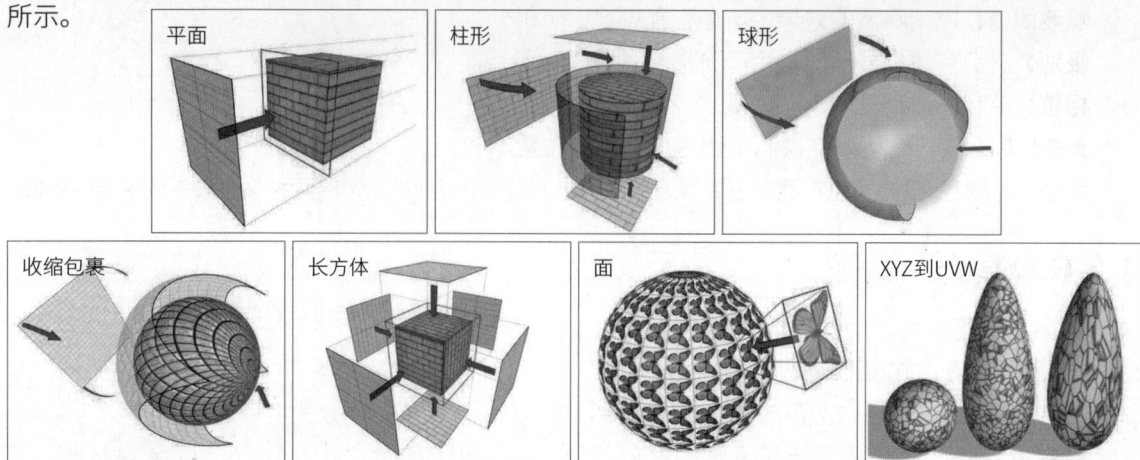

图6-110

◇ **长度/宽度/高度:** 设置贴图坐标的长度、宽度和高度。

◇ **对齐:** 设置贴图投射的轴向。

◇ 适配 :单击此按钮,贴图会自动匹配模型。

◇ 视图对齐 :单击此按钮,无论贴图投射哪个轴向,都会按照视图的方向显示。

项目实践 模拟黄金材质

项目要点 本项目实践使用VRay材质模拟黄金材质,效果如图6-111所示。

图6-111

课后习题 制作水材质

习题要点 本习题使用VRay材质制作水材质,效果如图6-112所示。

图6-112

项目7

渲染技术

本项目将讲解渲染技术。渲染可以将创建好的场景生成单帧或是序列帧图片。场景中的灯光、材质和各种效果等都会直观地展现在渲染的图片上。设置合适的渲染参数不仅可以得到质量较高的渲染效果，还可以减少渲染时间，这在实际工作中非常重要。

学习目标

- 掌握VRay渲染器的使用方法
- 掌握测试渲染的方法
- 掌握最终渲染的方法
- 掌握序列帧渲染的方法

技能目标

- 掌握"渲染引擎"的测试方法
- 掌握"七夕主题背景"的渲染方法

素养目标

- 培养能够清晰分析渲染引擎组合差异并合理选择的能力
- 培养运用IPR进行实时渲染的能力
- 培养运用VRay渲染器渲染单帧和序列帧图像的能力
- 培养通过不断实践积极探索的能力

任务7.1 VRay渲染器

　　本任务将讲解VRay渲染器的各项主要功能。VRay渲染器是Chaos Group公司开发的一款高质量渲染引擎，主要以插件的形式应用在3ds Max、Maya、SketchUp和Cinema 4D等软件中。由于VRay渲染器可以真实地模拟现实光照效果，并且操作简单，可控性也很强，因此被广泛应用于建筑表现、工业设计和动画制作等领域。

任务实践　测试渲染引擎组合

任务目标　学习并使用VRay渲染器中的不同渲染引擎组合。

任务要点　本任务使用VRay渲染器中的不同渲染引擎组合，对比它们之间的效果差异和速度差异。最终效果参看学习资源中的"案例文件>项目7>任务实践：测试渲染引擎组合.max"文件，效果如图7-1所示。

图7-1

任务制作

01 打开学习资源"案例文件>项目7>任务实践：测试渲染引擎组合"文件夹中的"练习.max"文件，效果如图7-2所示。

02 按F10键打开"渲染设置"对话框，在"渐进式图像采样器"卷展栏中设置"最大渲染时间（分钟）"为1.0，如图7-3所示。通过规定的时长，测试不同渲染引擎组合之间的质量情况和速度情况。

图7-2

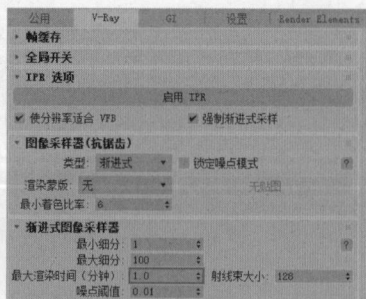

图7-3

03 在"GI"选项卡中，保持图7-4所示的默认的渲染引擎组合，然后按F9键渲染场景，效果如图7-5所示。画面的光感很好，但存在一些轻微的噪点。

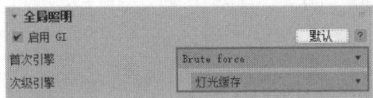

图7-4

图7-5

04 保持"首次引擎"设置不变，将"次级引擎"设置为"无"，如图7-6所示。按F9键渲染场景，效果如图7-7所示。没有开启次级引擎，渲染时画面的阴影部位颜色会更深一些，且画面中的噪点要更多一点。

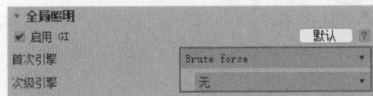

图7-6

图7-7

05 设置"次级引擎"为Brute force，如图7-8所示。按F9键渲染场景，效果如图7-9所示。可以发现这组引擎所渲染的图片的光感和步骤03中的一样，但噪点要明显多于步骤03中的噪点。综合对比下来，在相同的时间内，默认引擎组合所渲染的图片的光感较好，噪点也是最少的。

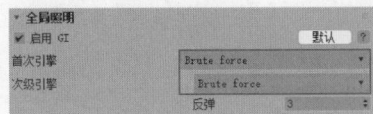

图7-8

图7-9

任务知识

7.1.1 渲染器的类型

渲染器按照渲染引擎可以分为CPU（Central Processing Unit，中央处理器）渲染器和GPU（Graphics Processing Unit，图形处理单元）渲染器两大类。3ds Max 2024中常用的是CPU渲染器，代表有VRay、Corona和Arnold渲染器。而GPU渲染器则在其他三维软件中应用得较多，虽然VRay渲染器也附带GPU渲染插件，但对显卡的要求比较高。

VRay渲染器因其渲染速度快、效果好和使用稳定而受到广大三维制作者的喜爱，是3ds Max 2024主流的渲染器之一。Corona渲染器在VRay渲染器的基础上进行优化，且参数更为简单，在一段时间内受到广大渲染师的追捧。Arnold渲染器的开发公司则被3ds Max的开发公司所收购，在2021版本中取代了"扫描线渲染器"成为默认渲染器，因其渲染效果逼真也被广泛应用。

7.1.2 渲染工具

长按主工具栏中的"渲染产品"按钮，会弹出多个渲染工具，如图7-10所示。

图7-10

◇ **"渲染设置"按钮** ：单击该按钮或按F10键可以打开"渲染设置"对话框，基本上所有的渲染参数都在该对话框中，如图7-11所示。

◇ **"渲染帧窗口"按钮** ：单击该按钮可以打开3ds Max 2024自带的"渲染帧窗口"对话框，如图7-12所示。在该对话框中可以选择渲染区域、切换通道和存储渲染图像等。

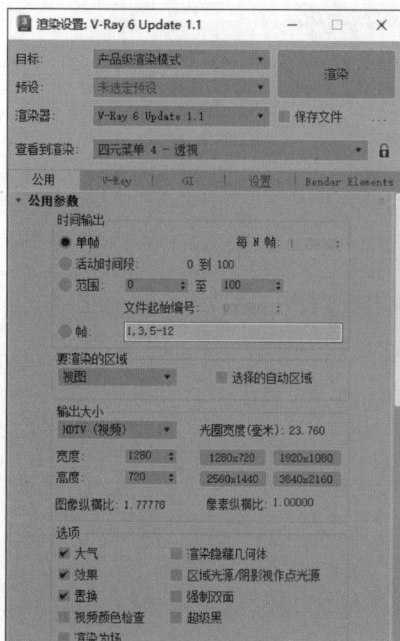

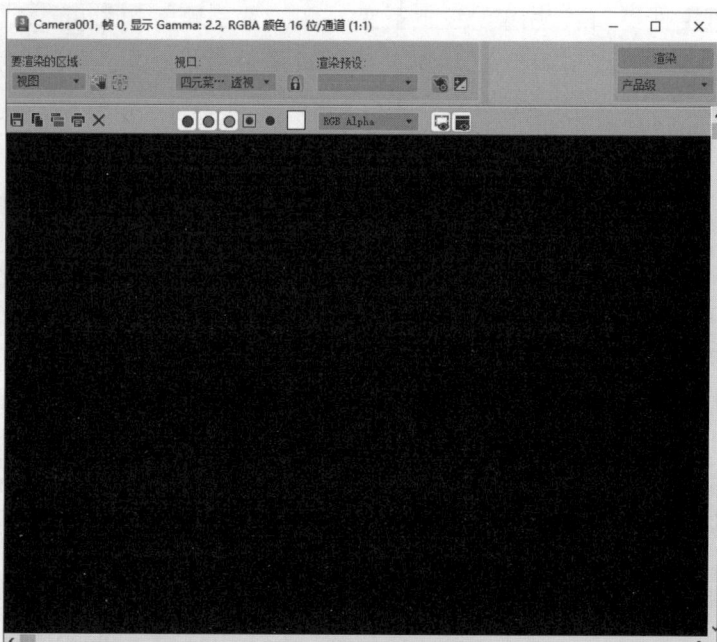

图7-11   图7-12

◇ **"渲染产品"按钮** ：单击该按钮可以使用当前的产品级渲染设置来渲染场景。

◇ **"渲染迭代"按钮** ：单击该按钮可以在迭代模式下渲染场景。

◇ **"ActiveShade（动态着色）"按钮** ：单击该按钮可以在浮动的窗口中执行"动态着色"渲染。

◇ **"A360在线渲染"按钮** ：单击该按钮可以切换到在线渲染设置面板进行渲染。

7.1.3 帧缓存

按F10键打开"渲染设置"对话框，然后切换到"V-Ray"选项卡，就可以看到"帧缓存"卷展栏，如图7-13所示。

◇ **启用内置帧缓存**：默认勾选此选项，在渲染时会使用VRay渲染器自身的渲染窗口。

◇ **内存帧缓冲区**：当勾选该选项时，可以将图像渲染到内存中，然后由帧缓存窗口显示出来，这样可以方便用户观察渲染的过程；当取消勾选该选项时，不会出现渲染框，而直接保存到指定的硬盘文件夹中，这样的好处是可以节约内存资源。

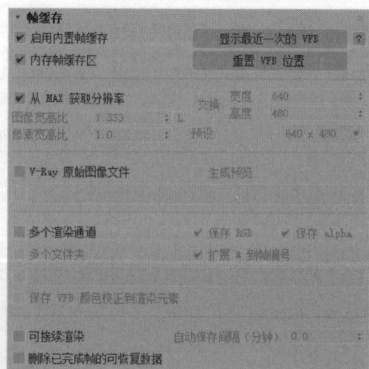

图7-13

◇ 显示最近一次的 VFB：单击此按钮后，会打开"V-Ray Frame Buffer"（VRay帧缓存）对话框，如图7-14所示。

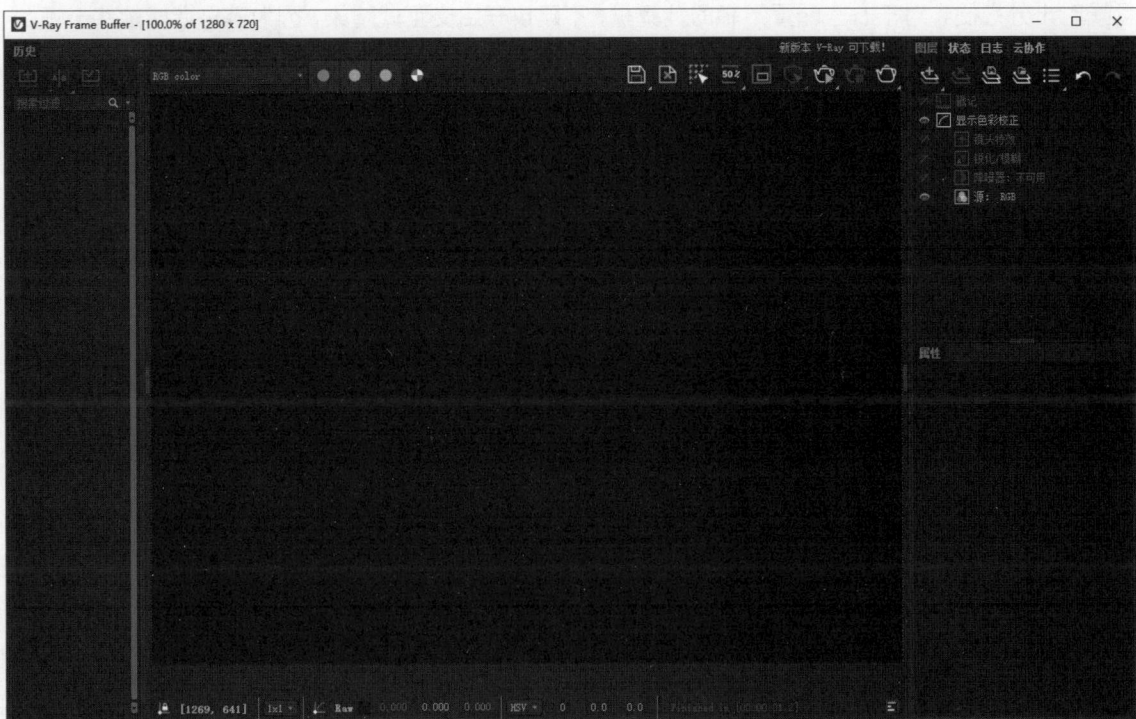

图7-14

该对话框介绍如下。

◇ **历史**：显示之前渲染的图像。

◇ RGB color：在该下拉列表中可以选择不同的通道效果。

◇ **"切换到Alpha通道"按钮**：单击该按钮，会显示当前渲染图片的Alpha通道，效果如图7-15所示。如果没有Alpha通道，则显示为白色。

◇ **"保存当前通道"按钮**：单击该按钮，保存当前显示的图像。

◇ **"跟踪鼠标"按钮**：单击此按钮，会在渲染时对鼠标所在的位置优先渲染。

◇ **"区域渲染"按钮**：单击此按钮后，在想要观察的区域绘制一个矩形框，就可以只渲染矩形框内的部分图像，如图7-16所示。

图7-15

图7-16

◇ **"开始交互式渲染"按钮**：单击此按钮后，可以一边修改参数，一边低质量渲染场景，在测试场景时十分方便。对于一些配置不高的计算机，不建议开启交互式渲染，因为容易造成软件卡顿。

◇ **"停止渲染"按钮**：单击此按钮，会停止渲染图像。

◇ **"渲染"按钮**：单击此按钮，渲染最终高质量图像。

◇ **图层**：控制渲染图像的一些效果。

◇ **状态**：显示当前渲染图片的状态和计算机性能。

◇ **从Max获取分辨率**：当勾选该选项时，将从"公用"选项卡的"输出大小"选项组中获取渲染尺寸；当取消勾选该选项时，将在右侧手动输入渲染的尺寸。

◇ **多个渲染通道**：控制是否单独保存渲染通道。

7.1.4 图像采样器（抗锯齿）

VRay渲染器中的"图像采样器（抗锯齿）"有两种类型，一种是"渐进式"，另一种是"小块式"，如图7-17所示。

图7-17

1.小块式图像采样器

"小块式"是将以往版本中的"固定""自适应""自适应细分"3种"跑格子"形式的采样器进行整合，以每个小格子为单元进行计算。系统在渲染时，我们可以很明显地看到画面上有一个个小格子在计算渲染，如图7-18所示。

> **提示** 在一些版本的VRay渲染器中，"小块式"也被翻译为"渲染块"。

图7-18

当图像采样器的"类型"选择"小块式"后，就会自动生成"小块式图像采样器"卷展栏，如图7-19所示。

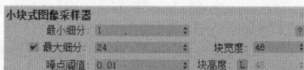
图7-19

◇ **最小细分**：控制每个像素最小采样量，该参数保持默认设置即可。

◇ **最大细分**：控制每个像素最大采样量，其数值越大，采样越多，画面越不会出现锯齿，渲染速度也越慢。

◇ **噪点阈值**：控制画面的噪点，其数值越小，画面噪点越少，渲染速度越慢。

◇ **块宽度/块高度**：控制渲染时小格子的像素大小。

2.渐进式图像采样器

渐进式图像采样器是V-Ray 3.0之后添加的图像采样器。和小块式图像采样器不同，渐进式图像采样器的采样过程不再是按照小格子进行计算，而是整体画面由粗糙到精细，直到满足阈值或最大样本数为止，效果如图7-20所示。

当图像采样器的"类型"选择"渐进式"后，就会自动生成"渐进式图像采样器"卷展栏，如图7-21所示。

◇ **最小细分：** 控制每个像素最小采样量，该参数保持默认设置即可。

◇ **最大细分：** 控制每个像素最大采样量，一般保持默认设置即可。

◇ **最大渲染时间（分钟）：** 设置渲染总体的渲染时长。默认值为0.0，表示不限制渲染时间。

◇ **噪点阈值：** 控制画面中的噪点数量。

图7-20

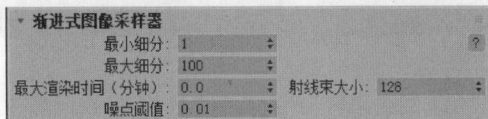

图7-21

7.1.5 图像过滤器

图像过滤器是配合抗锯齿过滤器一起使用的工具，不同的图像过滤器会呈现不同的效果。图像过滤器参数如图7-22所示。

◇ **图像过滤器：** 当勾选该选项以后，可以从下方的下拉列表中选择一个抗锯齿过滤器来对场景进行抗锯齿处理；如果不勾选该选项，那么渲染时将使用纹理抗锯齿过滤器。

◇ **过滤器类型：** 该下拉列表中会显示系统自带的过滤器类型，如图7-23所示。每种图像过滤器所采用的算法不同，从而导致效果也不同。

◇ **尺寸：** 设置过滤器的大小。

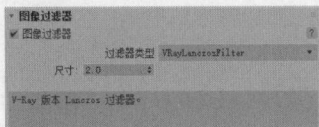

图7-22

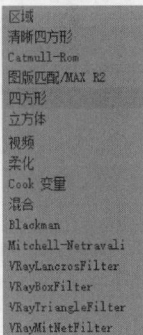

图7-23

7.1.6 颜色映射

"颜色映射"卷展栏下的参数主要用来控制整个场景的颜色和曝光方式，如图7-24所示。

◇ **类型：** 提供不同的曝光模式，包括"线性倍增""指数""HSV指数""强度指数""Gamma校正""Gamma值强度""Reinhard"（莱因哈德）这7种模式，如图7-25所示。

图7-24

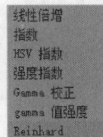

图7-25

159

» 线性倍增：基于最终色彩亮度来进行线性倍增，可能会导致靠近光源的点过分明亮，如图7-26所示。"线性倍增"曝光模式包括两个局部参数，"暗部倍增值"用于对暗部的亮度进行控制，增大该值可以提高暗部的亮度；"亮部倍增值"用于对亮部的亮度进行控制，增大该值可以提高亮部的亮度。

» 指数：可以降低靠近光源处物体表面的曝光效果，同时场景颜色的饱和度会降低，如图7-27所示。"指数"模式的局部参数与"线性倍增"一样。

图7-26 图7-27

» HSV指数：与"指数"曝光模式比较相似，不同点在于可以保持场景物体的颜色饱和度，但是这种模式会取消高光的计算，效果如图7-28所示。"HSV指数"曝光模式的局部参数与"线性倍增"曝光模式一样。

» Reinhard：可以把"线性倍增"和"指数"曝光模式混合起来，效果如图7-29所示。它包括一个"混合值"局部参数，主要用来控制"线性倍增"和"指数"曝光模式的混合效果，0表示"线性倍增"曝光模式不参与混合；1表示"指数"曝光模式不参加混合；0.5表示"线性倍增"曝光模式和"指数"曝光模式的曝光效果各占一半。

图7-28 图7-29

7.1.7 渲染引擎

使用VRay渲染器渲染场景时，如果没有开启全局照明，得到的效果就是直接照明效果，开启后得到的是间接照明效果。开启全局照明后，光线会在物体与物体之间互相反弹，因此光线计算会更加准确，图像也更加真实。全局照明参数如图7-30所示。

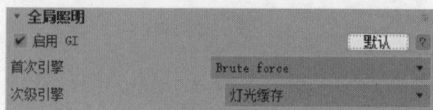

图7-30

"全局照明"卷展栏中必须调整的参数是"首次引擎"和"次级引擎"。"首次引擎"中包含"（已停用）发光贴图（辐照度图）"、"Brute force"（BF算法）和"灯光缓存"3个引擎，如图7-31所示。"次级引擎"中包含"无"、"Brute force"和"灯光缓存"3个引擎，如图7-32所示。

> **提示** 默认情况下，"首次引擎"为Brute force，"次级引擎"为灯光缓存。

图7-31   图7-32

1. Brute force

Brute force是VRay渲染器中渲染效果最好的一种引擎，它会单独计算每一个点的全局照明，但计算速度较慢。Brute force引擎既可以作为"首次引擎"，也可以作为"次级引擎"。在作为"次级引擎"时，有"反弹"参数，如图7-33所示。在制作一些灯光较少的场景时，我们会使用Brute force作为"次级引擎"。

◇ **反弹：** 控制漫反射光线的反弹次数，其数值越大，渲染的效果越好，且不会明显降低渲染速度。

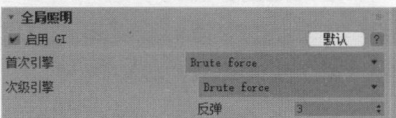

图7-33

> **提示** 当"首次引擎"为Brute force时，无法调整"反弹"数值。只有设置"次级引擎"为Brute force后，才可以调整这个数值。

2.灯光缓存

"灯光缓存"一般用在"次级引擎"中，用于计算灯光的光照效果，其参数如图7-34所示。

◇ **预设：** 设置灯光缓存的计算模式，有"静态"和"动画"两种。"静态"计算模式在渲染单帧时使用，而"动画"计算模式在渲染序列帧时使用。

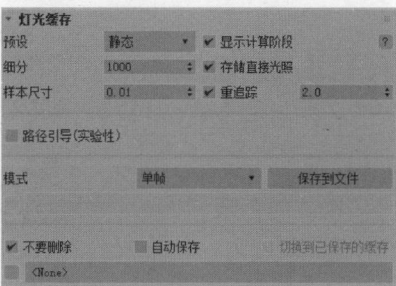

图7-34

◇ **细分：** 设置灯光缓存的质量，其数值越大，图像的质量越好，但渲染速度也会相应变慢，不同细分设置效果如图7-35所示。

细分:200   细分:2000

图7-35

◇ **样本尺寸：** 控制灯光缓存的空间细节，保持默认设置即可。

◇ **显示计算阶段：** 默认勾选该选项，可以观察灯光缓存计算的效果。

> **提示** 在V-Ray 6.0系列的渲染器中，"发光贴图"这个以前很常用的引擎已经停用，因此这里不再讲解，但读者打开旧版本V-Ray制作的场景时，仍然可以使用该引擎进行渲染。比起复杂的"发光贴图"引擎，Brute force和灯光缓存使用起来更加简单。经过优化，V-Ray 6.0系列渲染器的渲染速度也进一步提升。

7.1.8 焦散

"焦散"是一种特殊的物理现象，在VRay渲染器里有专门的焦散功能，其参数如图7-36所示。

◇ **焦散**：勾选该选项后，就可以渲染焦散效果。

◇ **计算方法**：设置焦散的计算方法，有"光子贴图"和"渐进式（WIP）"两种模式。

◇ **搜索距离单位**：焦散光子查找半径的单位，有"世界"和"像素"两种单位。

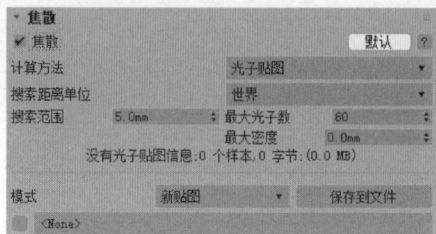
图7-36

◇ **搜索范围**：当光子追踪撞击在物体表面的时候，会自动搜寻位于周围区域同一平面的其他光子，实际上这个搜寻区域是一个以撞击光子为中心的圆形区域，其半径就是由这个搜寻距离确定的。较小的值容易产生斑点，较大的值会产生模糊焦散效果。

◇ **最大光子数**：定义单位区域内的最大光子数量，然后根据单位区域内的光子数量来均分照明。该选项较小的值不容易得到焦散效果，而较大的值会使焦散效果产生模糊现象。

◇ **最大密度**：控制光子的最大密度，默认值0.0mm表示使用VRay渲染器内部确定的密度，较小的值会让焦散效果比较锐利。

7.1.9 其他设置

在"渲染设置"对话框的"设置"选项卡中，需要设置的是"系统"卷展栏中的一些参数，如图7-37所示。

◇ **动态内存限制，mb**：设置渲染时所使用的物理内存大小。默认值为0，表示软件将根据实际情况动态调整最大使用内存的量。该数值最大不要超过本机物理内存的总量，例如，8G的内存最大量为8000。

◇ **分布式渲染**：勾选此选项后，会将内网中的计算机联系在一起，同时渲染一个场景。

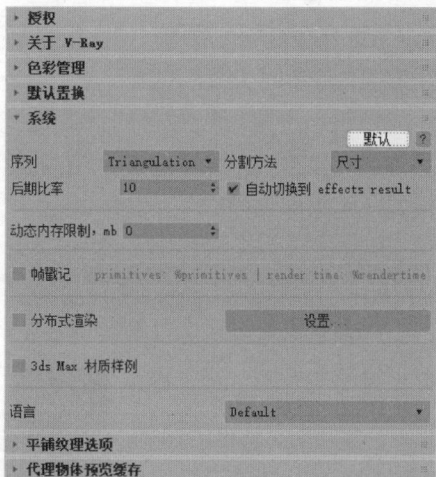
图7-37

7.1.10 渲染元素

在"渲染设置"对话框的"Render Elements"选项卡中可以添加许多种类的渲染通道，以便进行后期处理，如图7-38所示。

◇ **激活元素**：勾选该选项后，表示所添加的通道均会被渲染。

◇ **显示元素**：勾选此选项后，表示所添加的通道会在帧缓冲区中显示。

◇ 添加...：单击该按钮，会弹出"渲染元素"对话框，如图7-39所示。

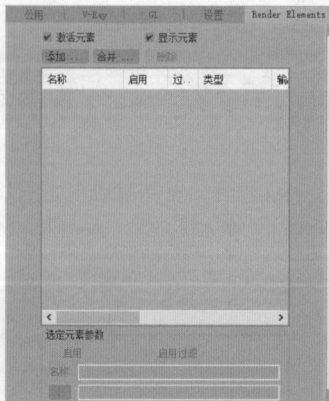
图7-38

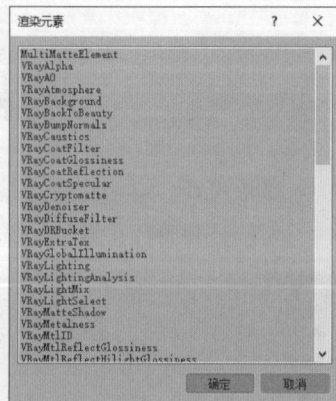
图7-39

提示 日常工作中常用的通道有"VRay反射""VRay折射""VRay渲染ID""VRay Z深度"等，如图7-40所示，当这些加载的通道渲染完成后，单击RGB通道就可以切换并保存。

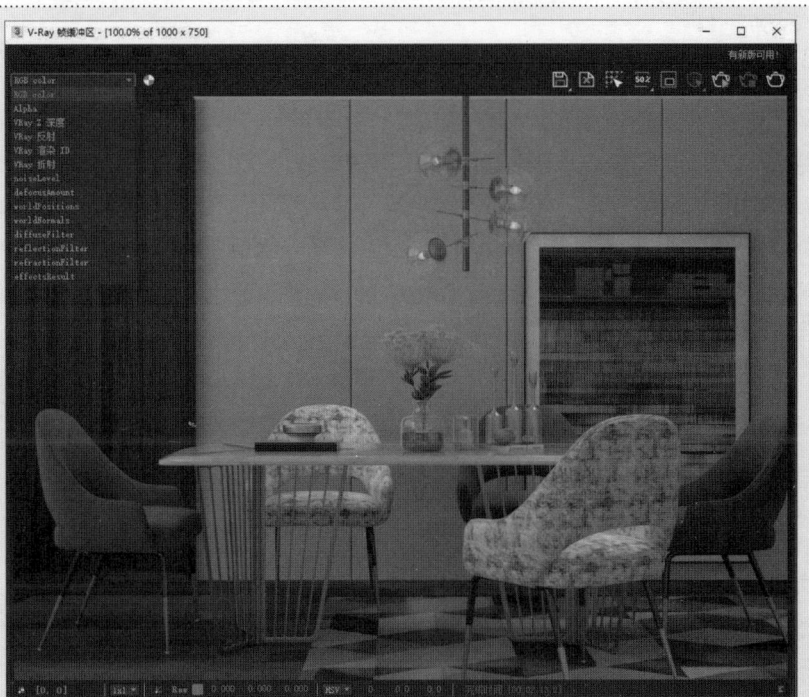

图7-40

任务7.2 渲染技巧

本任务为读者讲解一些渲染技巧。掌握测试渲染和最终渲染的方法可以提高制作效率，减少无谓的工作量。

任务实践 渲染七夕主题背景

任务目标 学习并使用VRay渲染器以熟悉测试渲染和最终渲染的方法。

任务要点 本任务讲解测试渲染与最终渲染的方法。最终效果参看学习资源中的"案例文件>项目7>任务实践：渲染七夕主题背景.max"文件，效果如图7-41所示。

图7-41

163

任务制作

01 打开学习资源"案例文件>项目7>课堂案例：渲染七夕主题背景"文件夹中的"练习.max"文件，效果如图7-42所示。

02 先实时渲染整体场景，查看是否有需要修改的地方。按F10键打开"渲染设置"对话框，在"输出大小"选项组下设置"宽度"为1280，"高度"为720，如图7-43所示。

03 切换到"V-Ray"选项卡，单击"启用IPR"按钮 启用 IPR ，实时渲染整个场景，如图7-44所示。

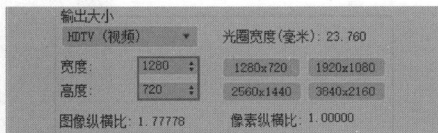

图7-43

图7-42

图7-44

04 在弹出的"V-Ray Frame Buffer"对话框中就会显示实时渲染的效果，如图7-45所示。

图7-45

> **提示** 实时渲染会根据"V-Ray Frame Buffer"对话框的大小灵活确定渲染图片的大小，而设置"输出大小"的数值是为了确定渲染画面的比例。

05 如果渲染画面中没有其他需要修改的问题，就可以进行最终渲染。在"渐进式图像采样器"卷展栏中设置"最大渲染时间（分钟）"为10.0，"噪点阈值"为0.001，如图7-46所示。

06 在"GI"选项卡中保持默认的渲染引擎组合，然后设置"灯光缓存"卷展栏中的"细分"为2000，如图7-47所示。

07 按F9键渲染场景，七夕主题背景渲染最终效果如图7-48所示。

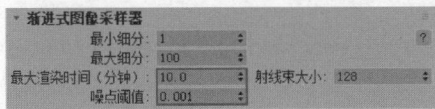

图7-46

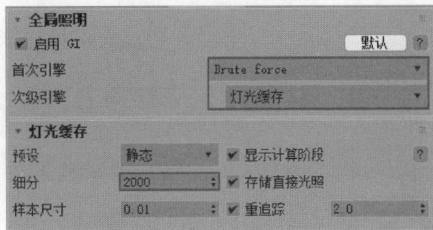

图7-47

图7-48

任务知识

7.2.1 测试渲染

　　测试渲染是为制作场景时快速且较为准确地观察效果而使用的，最终渲染则是渲染出大尺寸的高质量效果图。两者的区别在于，测试渲染的渲染图尺寸小、质量差，但渲染速度快；最终渲染的渲染图尺寸大、质量好，但渲染速度会比较慢。

　　在V-Ray 6.0系列渲染器中，已经不需要单独设置测试渲染的复杂参数，通过渲染器自带的即时渲染功能，就能快速观看渲染的实时效果。在实时渲染的同时，也可以同步修改场景中的模型、灯光和材质等参数，极大地提高了制作效率。

　　在进行测试渲染时，只需要进行两步操作。

第1步：在"输出大小"选项组中设置"宽度"和"高度"的数值，确定画面的比例，如图7-49所示。

第2步：在"V-Ray"选项卡的"IPR选项"卷展栏中单击"启用IPR"按钮 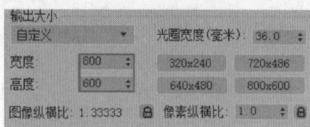，如图7-50所示，即可在"V-Ray Frame Buffer"对话框中观察效果。

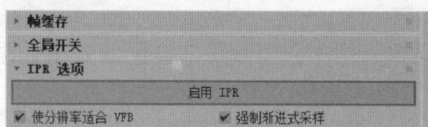

图7-49　　　　　　　　　　图7-50

7.2.2 最终渲染

最终渲染的操作比起以前的V-Ray版本来说简单了很多，下面讲解基础操作步骤。

第1步：在"输出大小"选项组中设置"宽度"和"高度"的数值，如图7-51所示。

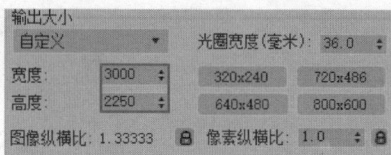

图7-51

第2步：切换到"V-Ray"选项卡，如果继续使用渐进式图像采样器，就在"渐进式图像采样器"卷展栏中设置"最大渲染时间（分钟）"为30.0，"噪点阈值"为0.001，如图7-52所示。如果使用小块式图像采样器，就在"小块式图像采样器"卷展栏中设置"最大细分"为8，"噪点阈值"为0.001，如图7-53所示。

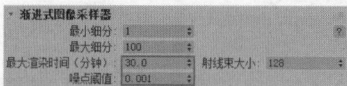 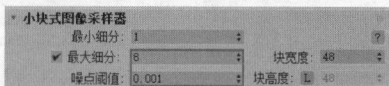

图7-52　　　　　　　　　　图7-53

> **提示** 图像采样器的类型选择按照个人喜好即可，笔者更喜欢使用渐进式图像采样器。渐进式图像采样器的"最大渲染时间（分钟）"设置为30分钟时，大多数情况下就可以达到比较精细的效果。如果不放心，可以设置该值为0.0，让软件持续渲染，直到觉得画面质量合适后再停止。小块式图像采样器兼容旧版本V-Ray制作的场景，其"最大细分"设置范围为8～24，这时在效果和速度上的平衡会比较好。

第3步：切换到"GI"选项卡，"首次引擎"选择Brute force，"次级引擎"选择灯光缓存，"灯光缓存"的"细分"设置范围为1500～2500，如图7-54所示。

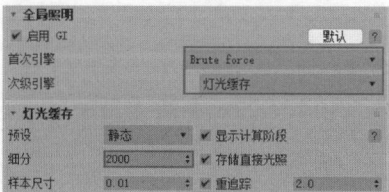

图7-54

第4步：按F9键渲染场景，渲染完成后保存图片。

> **提示** 不使用"发光贴图"引擎后，就不需要光子渲染、保存和调用这一系列操作。如果读者想了解这方面的知识，可以查阅《中文版3ds Max 2020基础培训教程》等介绍较早3ds Max软件版本的图书。

7.2.3 序列帧渲染

默认情况下一次只能渲染一张图片，也就是单帧渲染。如果我们要渲染动画，就需要使用序列帧渲染。序列帧渲染需要设置时间输出的模式。下面为读者详细讲解。

在"公用"选项卡中可以设置渲染图片的模式。默认情况下为"单帧"，也就是每次渲染一帧图片。而选择"活动时间段"或"范围"选项，就可以渲染一段时间内的连续帧，如图7-55所示。

◇ **活动时间段：** 对应下方时间线的起始和结束位置。

◇ **范围：** 选择时间线一段范围内的连续帧。

◇ **每N帧：** 默认值为1，代表连续不间隔地渲染每一帧。如果设置为10，代表每10帧渲染一次。

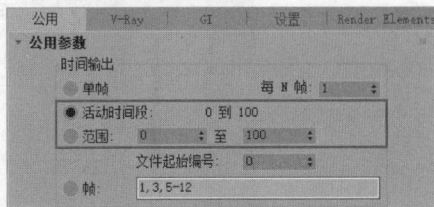

图7-55

> **提示** 需要特别注意的是，在渲染序列帧之前，需要在下方"渲染输出"中设置输出序列帧的路径，如图7-56所示。

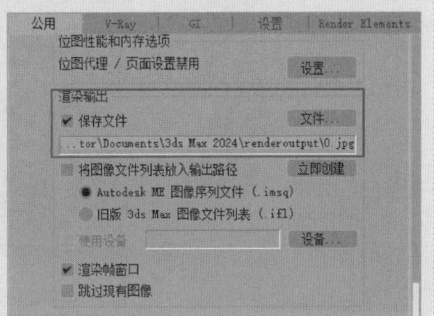

图7-56

项目实践 渲染卧室场景

项目要点 本项目实践使用一个制作完成的卧室场景来进行渲染，最终效果如图7-57所示。

图7-57

课后习题 渲染浴室场景

习题要点 本习题使用一个制作完成的浴室场景来进行渲染，最终效果如图7-58所示。

图7-58

项目8

粒子系统与空间扭曲

本项目为读者讲解粒子系统与空间扭曲。粒子系统与空间扭曲用于制作特效动画，相比之前学习的内容会更抽象，也更难。依靠不同的发射器生成的粒子与各种力场相配合就能生成丰富的动画效果。

学习目标

● 掌握粒子系统中常用工具的用法
● 掌握力的用法
● 掌握导向器的用法

技能目标

● 掌握"飘落的雪花"的制作方法
● 掌握"弹跳的粒子"的制作方法

素养目标

● 培养运用粒子流源模拟粒子效果的能力
● 培养运用超级喷射模拟粒子效果的能力
● 培养运用力和导向器改变粒子运动轨迹的能力
● 培养通过不断实践积极探索的能力

任务8.1 粒子系统

本任务为读者讲解3ds Max 2024的粒子系统。粒子是一种很强大的动画制作工具，设置粒子系统可以控制密集对象群的运动效果。3ds Max 2024中包含7种粒子，分别是"粒子流源""喷射""雪""超级喷射""暴风雪""粒子阵列""粒子云"。

任务实践 模拟飘落的雪花

任务目标 学习并使用"粒子流源"工具模拟飘落的雪花。

任务要点 使用"粒子流源"工具可以模拟多种粒子效果，在这个任务中需要模拟飘落的雪花。最终效果参看学习资源中的"案例文件>项目8>任务实践：飘落的雪花.max"文件，效果如图8-1所示。

图8-1

任务制作

01 打开学习资源"案例文件>项目8>任务实践：飘落的雪花"文件夹中的"练习.max"文件，效果如图8-2所示。

图8-2

02 在"创建"面板中单击"几何体"按钮 ▣，设置几何体类型为"粒子系统"，然后单击"粒子流源"按钮 [粒子流源]，如图8-3所示，接着在顶视图中拖曳光标创建一个粒子流源，如图8-4所示。

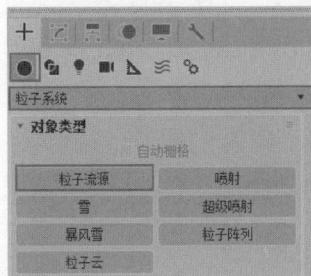

图8-4

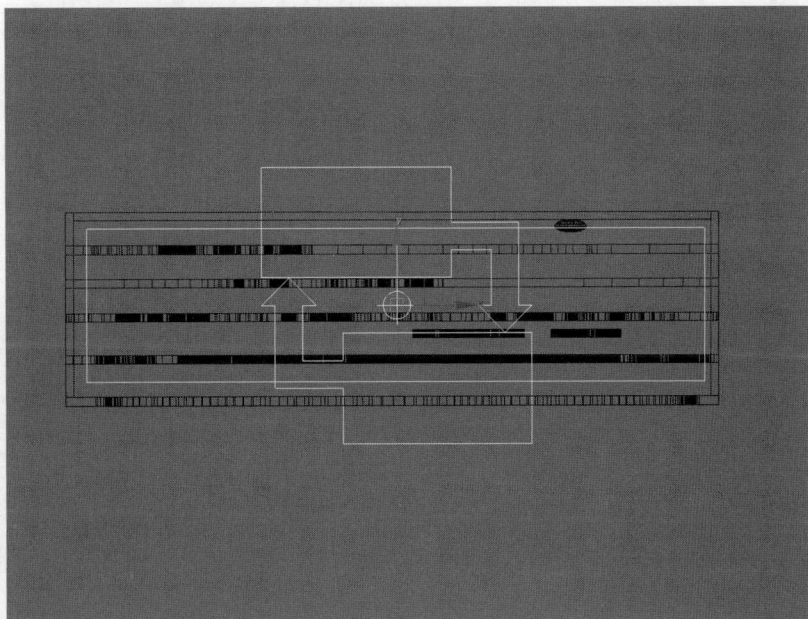

图8-3

03 进入"修改"面板，在"设置"卷展栏下单击"粒子视图"按钮 [粒子视图]，打开"粒子视图"窗口，然后单击"出生001"，在右侧设置"发射开始"为-50，"发射停止"为100，"数量"为500，如图8-5所示。

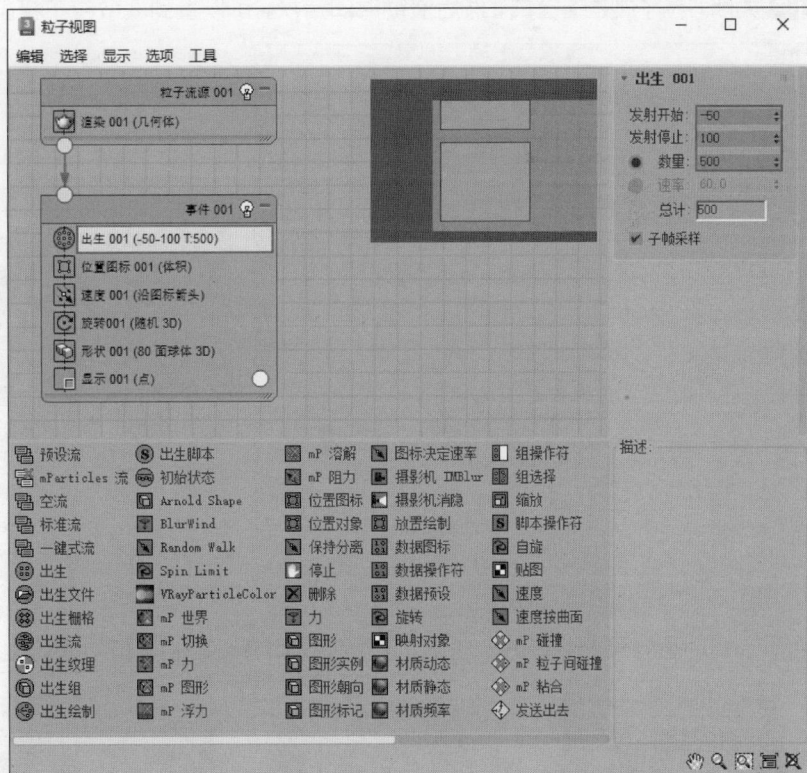

图8-5

提示 "发射开始"设置为负值时，从第0帧开始就会有粒子出现在画面中。

04 单击"速度001"，然后在右侧设置"速度"为1000.0mm，"变化"为100.0mm，如图8-6所示。

05 单击"形状001"，然后设置"3D"为"80面球体"，"大小"为30.0mm，"变化%"为30.0，如图8-7所示。

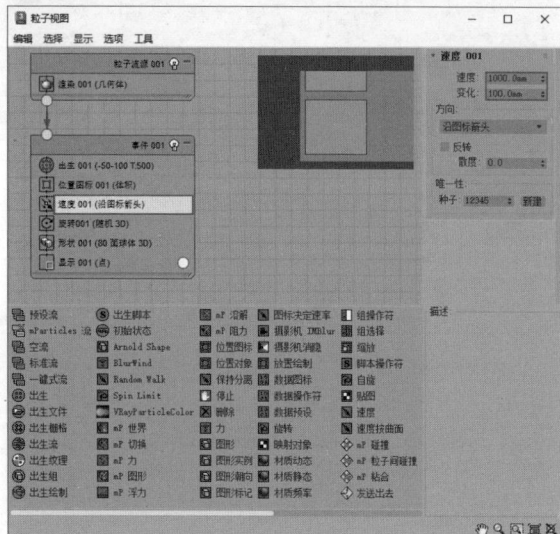

图8-6

图8-7

06 单击"显示001"，然后在右侧设置"颜色"为白色，如图8-8所示。

07 关闭"粒子视图"窗口，然后滑动时间滑块，可以看到飞散粒子模型，如图8-9所示。

图8-8

图8-9

08 选择动画效果最明显的一些帧，然后单独渲染出这些单帧动画，最终效果如图8-10所示。

图8-10

任务知识

8.1.1 "粒子流源"粒子

"粒子流源"是粒子的视口图标，同时也可以作为默认的发射器。在默认情况下，它显示为带有中心徽标的矩形，如图8-11所示。

进入"修改"面板，可以看到"粒子流源"的参数包括"设置""发射""选择""系统管理""脚本"5个卷展栏，如图8-12所示。

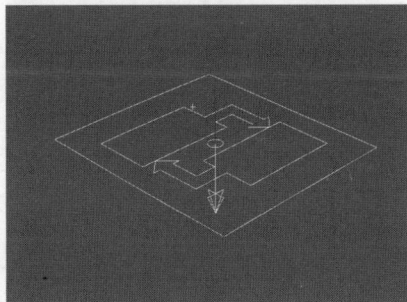

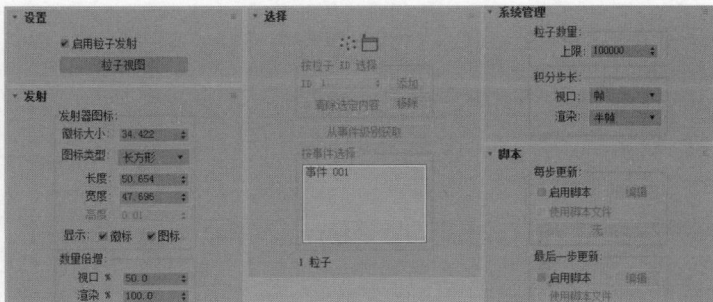

图8-11   图8-12

◇ **启用粒子发射**：控制是否开启粒子系统。

◇ 粒子视图：单击该按钮可以打开"粒子视图"窗口，如图8-13所示。

◇ **徽标大小**：主要用来设置粒子流源中心徽标的尺寸，其大小对粒子的发射没有任何影响。

◇ **图标类型**：主要用来设置图标在视图中的显示方式，有"长方形""长方体""圆形""球体"4种方式，默认为"长方形"。

◇ **长度**：当"图标类型"设置为"长方形"或"长方体"时，显示的是"长度"参数；当"图标类型"设置为"圆形"或"球体"时，显示的是"直径"参数。

◇ **宽度**：用来设置"长方形"或"长方体"徽标的宽度。

◇ **高度**：用来设置"长方体"徽标的高度。

◇ **显示**：主要用来控制是否显示图标或徽标。

◇ **视口%**：主要用来设置视图中显示的粒子数量，该参数的值不会影响最终渲染的粒子数量，其取值范围为0.0～10000.0。

◇ **渲染%**：主要用来设置最终渲染的粒子的数量百分比，该参数的大小会直接影响到最终渲染的粒子数量，其取值范围为0.0～10000.0。

◇ **"粒子"按钮**：激活该按钮以后，可以选择粒子。

◇ **"事件"按钮**：激活该按钮以后，可以按事件来选择粒子。

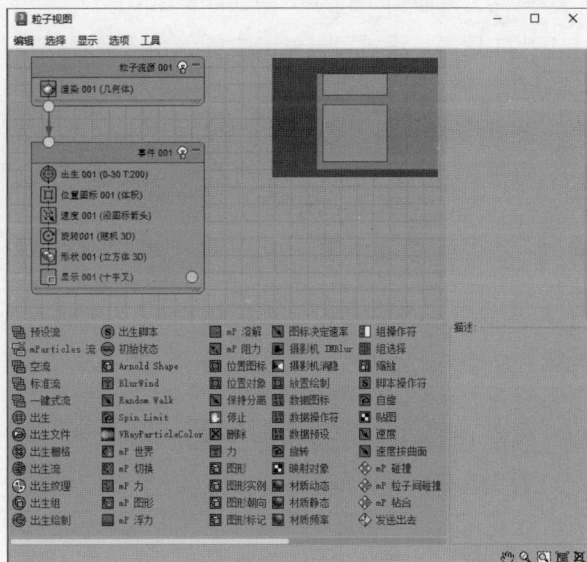

图8-13

◇ **上限：** 用来限制粒子的最大数量，默认值为100000，其取值范围为0.0～10000000.0。
◇ **视口：** 设置视图中的动画回放的综合步幅。
◇ **渲染：** 设置渲染时的综合步幅。

8.1.2 "喷射"粒子

"喷射"粒子常用来模拟雨和喷泉等效果，其参数如图8-14所示。
◇ **视口计数：** 在指定的帧处，设置视图中显示的最大粒子数量。
◇ **渲染计数：** 在渲染某一帧时设置可以显示的最大粒子数量（与"计时"选项组下的参数配合使用）。
◇ **水滴大小：** 设置水滴粒子的大小。
◇ **速度：** 设置每个粒子离开发射器时的初始速度。
◇ **变化：** 设置粒子的初始方向。其数值越大，喷射越强，范围越广。
◇ **水滴/圆点/十字叉：** 设置粒子在视图中的显示方式。
◇ **四面体：** 将粒子渲染为四面体。
◇ **面：** 将粒子渲染为正方形面。
◇ **开始：** 设置第1个出现的粒子的帧编号。
◇ **寿命：** 设置每个粒子的寿命。
◇ **出生速率：** 设置每一帧产生的新粒子数。
◇ **恒定：** 勾选该选项后，"出生速率"选项将不可用，此时的"出生速率"等于最大可持续速率。
◇ **宽度/长度：** 设置发射器的宽度和长度。
◇ **隐藏：** 勾选该选项后，发射器将不会显示在视图中（发射器不会被渲染出来）。

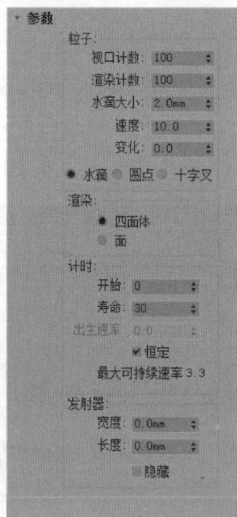

图8-14

8.1.3 "雪"粒子

"雪"粒子主要用来模拟飘落的雪花或洒落的纸屑等动画效果，其参数如图8-15所示。
◇ **雪花大小：** 设置粒子的大小。
◇ **翻滚：** 设置粒子的随机旋转量。
◇ **翻滚速率：** 设置粒子的旋转速度。
◇ **雪花/圆点/十字叉：** 设置粒子在视图中的显示方式。
◇ **六角形：** 将粒子渲染为六角形。
◇ **三角形：** 将粒子渲染为三角形。
◇ **面：** 将粒子渲染为正方形面。

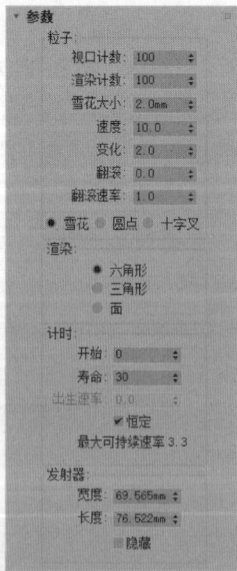

图8-15

提示 "雪"粒子的其他参数与"喷射"粒子完全相同，读者可参考"喷射"粒子的相关参数。

8.1.4 "超级喷射"粒子

"超级喷射"粒子可以用来制作暴雨和喷泉等效果,若将其绑定到"路径跟随"空间扭曲上,还可以生成瀑布效果,其参数如图8-16所示。

◇ **轴偏离:** 粒子与发射方向之间的夹角。

◇ **扩散:** 粒子在轴偏离下发射方向的平面效果。

◇ **平面偏离:** 可以将粒子进行360°发射。

◇ **使用速率:** 设置每帧所发射的粒子数量,数值越大,粒子越多。

◇ **速度:** 设置粒子发射的速度。

◇ **变化:** 设置粒子发射速度的随机变化范围。

◇ **发射开始/发射停止:** 设置粒子发射的开始和结束帧位置。

◇ **显示时限:** 设置粒子显示的时长。

◇ **寿命:** 设置粒子自身存在的时长。

◇ **大小:** 设置粒子的大小。

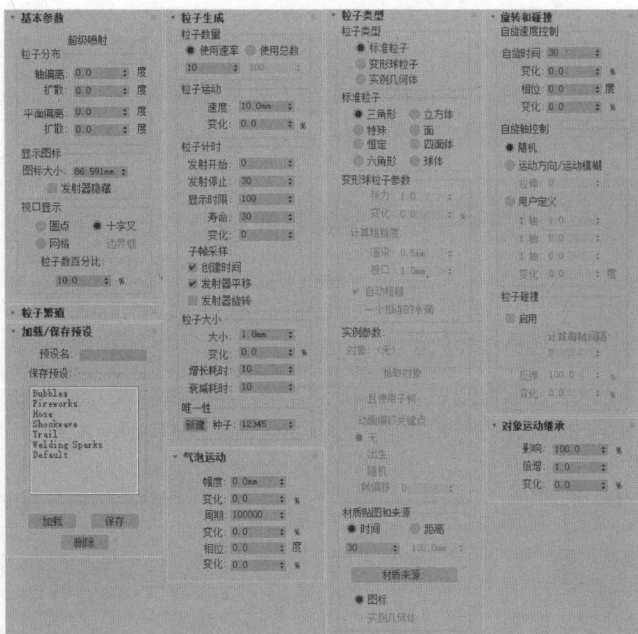

图8-16

◇ **粒子类型:** 设置粒子显示的类型,有"标准粒子""变形球粒子""实例几何体"3种类型。

» 标准粒子:系统提供了8种形状的粒子样式,图8-17所示为部分粒子样式。

» 变形球粒子:形成具有张力的粒子模式。

» 实例几何体:关联场景中的模型生成粒子。

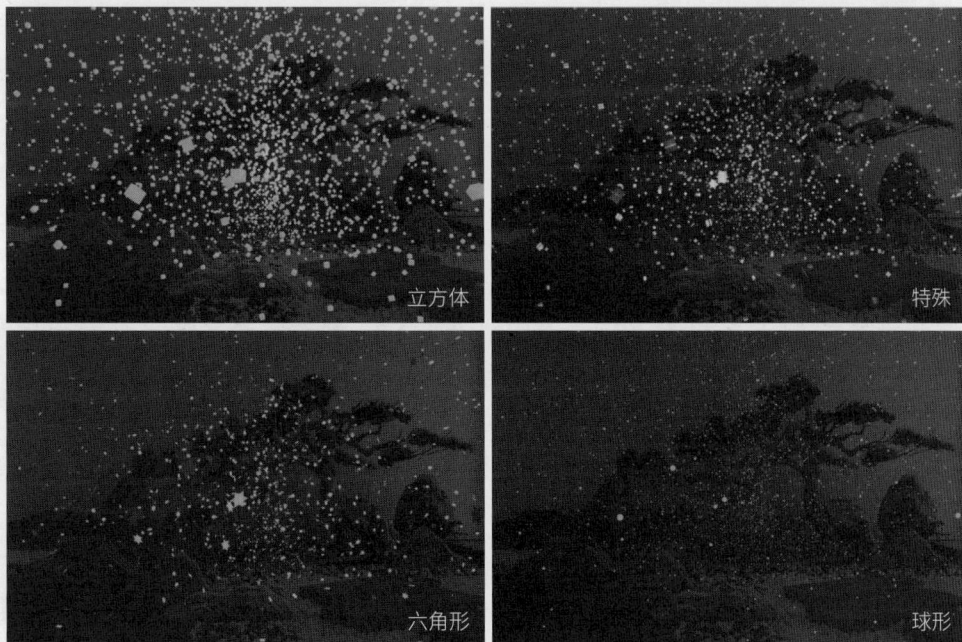

图8-17

任务8.2 空间扭曲

使用空间扭曲可以模拟真实世界中存在的"力"效果，当然空间扭曲需要与粒子系统一起配合使用才能制作出动画效果。空间扭曲包括5种类型，分别是"力""导向器""几何/可变形""基于修改器""粒子和动力学"。

任务实践 制作弹跳的粒子

任务目标 学习并使用"超级喷射"工具、"重力"工具和"导向板"工具制作粒子弹跳的效果。

任务要点 "超级喷射"工具可以生成大量的粒子，"重力"工具会让粒子的运动方向产生变化，而"导向板"工具则会让运动的粒子与导向板之间发生碰撞，从而产生弹跳的效果。最终效果参看学习资源中的"案例文件>项目8>任务实践：弹跳的粒子.max"文件，效果如图8-18所示。

图8-18

任务制作

01 使用"超级喷射"工具 超级喷射 在场景中创建一个发射器，使粒子向上发射，如图8-19所示。

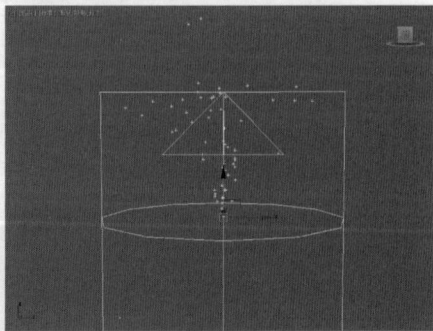

图8-19

02 在"基本参数"卷展栏中设置"轴偏离"的"扩散"为45.0度，"平面偏离"的"扩散"为180.0度，"视口显示"为"网格"，如图8-20所示。

03 在"粒子生成"卷展栏中设置"使用速率"为20，"速度"为10.0mm，"变化"为20.0%，"寿命"为100，"大小"为10.0mm，"变化"为30.0%，如图8-21所示。

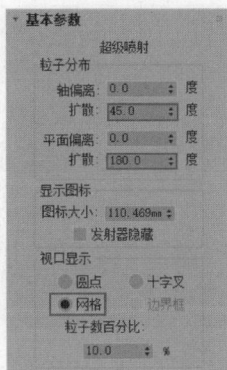

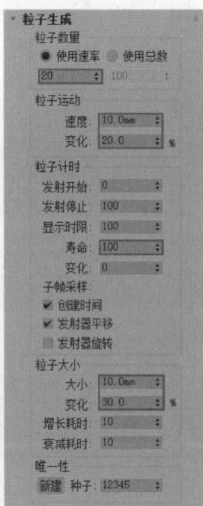

图8-20   图8-21

04 在"粒子类型"卷展栏中设置"标准粒子"为"立方体"，如图8-22所示。视口中的粒子效果如图8-23所示。

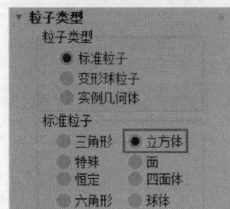

图8-22

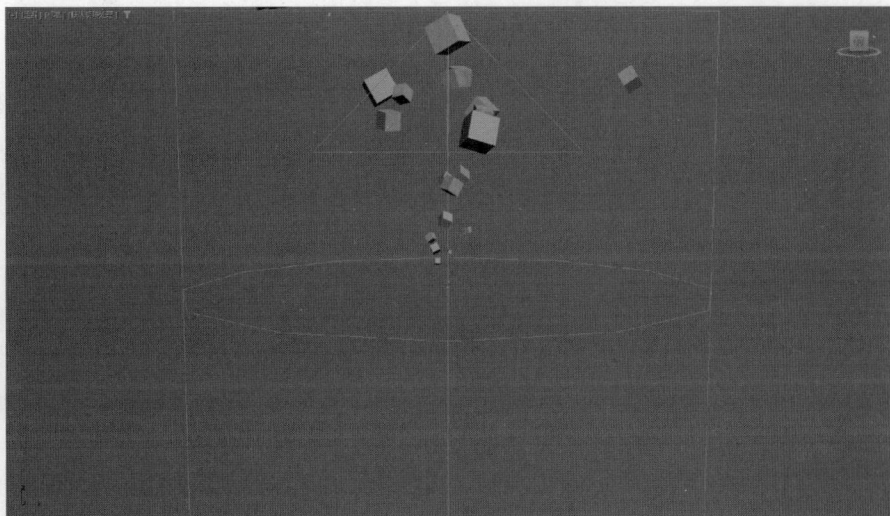

图8-23

05 要让向上发射的粒子掉落下来，就需要添加"重力"。使用"重力"工具 重力 在场景中创建一个控制器，如图8-24所示。

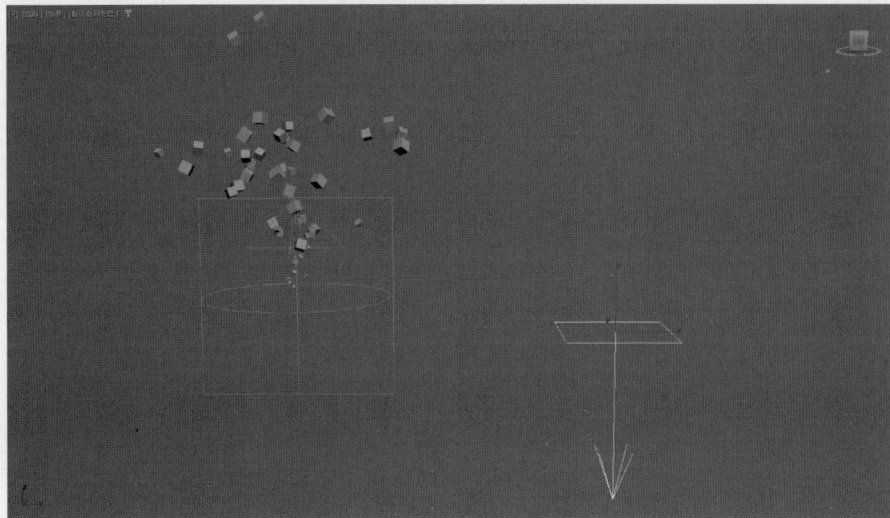

图8-24

06 使用"绑定到空间扭曲"工具将"重力"与发射器进行关联，此时可以看到粒子掉落下来，如图8-25所示。

07 选中"重力"控制器，设置"强度"为0.4，如图8-26所示，可以让下落的粒子更加分散。

图8-25

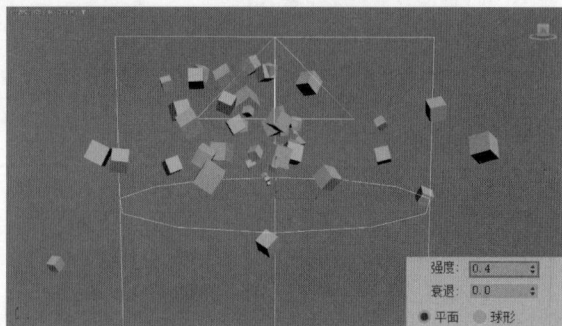

图8-26

08 使用"导向板"工具 导向板 绘制一个矩形的导向板，如图8-27所示。

09 使用"绑定到空间扭曲"工具将导向板和发射器进行关联，如图8-28所示。可以看到粒子在接触到导向板时产生反弹效果。

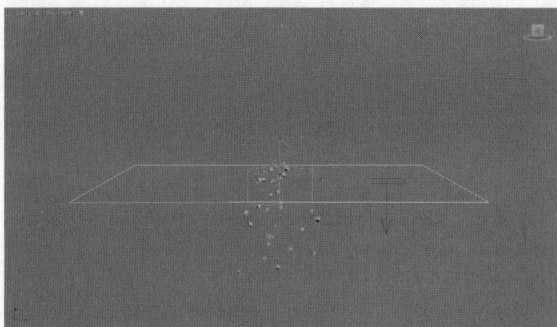

图8-27

图8-28

10 选中导向板，设置"反弹"为0.6，"摩擦力"为20.0，如图8-29所示。可以减少粒子的反弹高度，使其与导向板产生摩擦而停止运动。

11 使用"平面"工具 平面 创建地面和背景，需要注意，地面的高度应与导向板的高度一致，如图8-30所示。

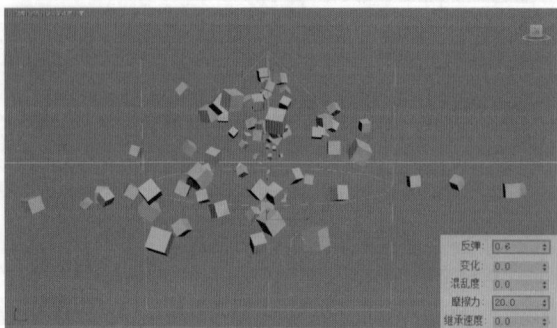

图8-29

图8-30

12 在"环境和效果"对话框的"环境贴图"通道中加载"VRayBitmap"作为环境光，并添加学习资源中的"studio021.hdr"文件，设置"映射类型"为"球形"，如图8-31所示。

13 新建两个VRay材质，分别设置为深蓝色和浅蓝色，并将其赋予粒子和地面背景，测试渲染效果如图8-32所示。

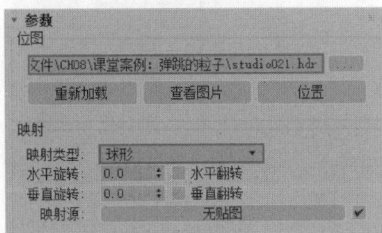

图8-31

图8-32

14 在时间线上任意选择4帧，弹跳的粒子最终效果如图8-33所示。

图8-33

任务知识

8.2.1 力

"力"可以为粒子系统提供外力影响，共有10种类型，分别是"推力""马达""漩涡""阻力""粒子爆炸""路径跟随""重力""风""置换""运动场"，如图8-34所示。

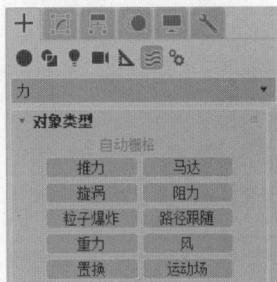

图8-34

◇ 推力 ：单击该按钮可以为粒子系统提供正向或负向的均匀单向力。

◇ 漩涡 ：单击该按钮可以将力应用于粒子，使粒子在急转的漩涡中进行旋转，然后让它们向下移动成一个长而窄的喷流或漩涡井，常用来创建黑洞、涡流和龙卷风等。

◇ 阻力 ：这是一种在指定范围内按照指定量来降低粒子速率的粒子运动阻尼器。应用阻尼的方式可以是"线性"、"球形"或"圆柱形"。

◇ 粒子爆炸 ：单击该按钮可以创建一种使粒子系统发生爆炸的冲击波。

◇ 路径跟随 ：单击该按钮可以强制粒子沿指定的路径进行运动。路径通常为单一的样条线，也可以是具有多条样条线的图形，但粒子只会沿其中一条样条线运动。

◇ 重力 ：单击该按钮可以模拟粒子受到的自然重力。重力具有方向性，沿重力箭头方向移动的粒子为进行加速运动的粒子，沿重力箭头逆向移动的粒子为进行减速运动的粒子。

◇ 风 ：单击该按钮可以模拟风吹动粒子所产生的飘动效果。

8.2.2 导向器

"导向器"可以为粒子系统提供导向功能，共有6种类型，分别是"泛方向导向板""泛方向导向球""全泛方向导向""全导向器""导向球""导向板"，如图8-35所示。

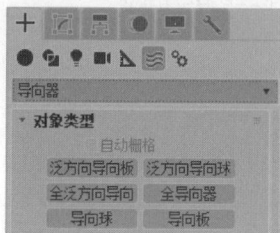

图8-35

◇ 泛方向导向板：这是空间扭曲的一种平面泛方向导向器。它能提供比原始导向器的空间扭曲更强大的功能，包括折射和繁殖能力。

◇ 泛方向导向球：这是空间扭曲的一种球形泛方向导向器。它提供的选项比原始导向球更多。

◇ 全泛方向导向：这个导向器比原始的"全导向器"更强大，可以使用任意几何对象作为粒子导向器。

◇ 全导向器：这是一种可以使用任意对象作为粒子导向器的全导向器。

◇ 导向球：这个导向器的空间扭曲起着球形粒子导向器的作用。

◇ 导向板：这是一种平面导向器，是一种特殊类型的空间扭曲，它能让粒子影响动力学状态下的对象。

项目实践 制作下雨动画

项目要点 本项目实践使用"喷射"工具 喷射 制作下雨动画，部分截图如图8-36所示。

图8-36

课后习题 制作路径发光动画

习题要点 本习题使用"超级喷射"工具 超级喷射 和"路径跟随"工具 路径跟随 使喷射出的粒子沿着路径移动，效果如图8-37所示。

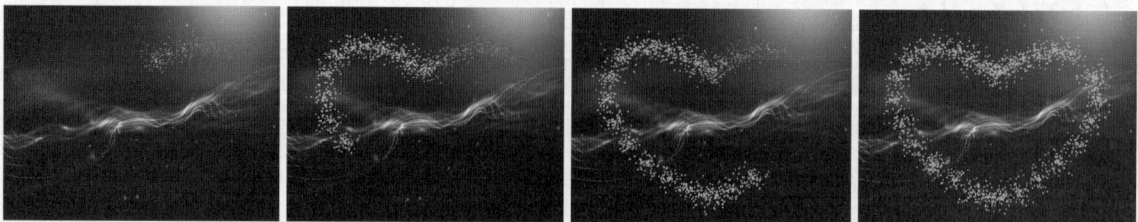

图8-37

项目9

动力学

　　本项目将为读者讲解3ds Max 2024中的"动力学"。使用动力学可以快速制作出物体与物体之间真实的物理作用效果，是制作动画必不可少的工具。"动力学"可用于定义物理属性和外力，当对象遵循物理定律进行相互作用时，场景可以自动生成最终的动画关键帧。

学习目标

- 掌握动力学刚体的用法
- 熟悉运动学刚体的用法
- 掌握静态刚体的用法
- 掌握mCloth修改器的用法

技能目标

- 掌握"小球动力学刚体动画"的制作方法
- 掌握"装饰台布"的制作方法

素养目标

- 培养运用动力学刚体制作简单的碰撞动画的能力
- 培养运用mCloth修改器模拟自然的布料效果的能力
- 培养通过不断实践积极探索的能力

任务9.1 刚体

本任务通过动力学模拟真实世界的对象碰撞效果，生成接近现实的动画。动力学动画比关键帧动画操作起来更加简单。

任务实践 制作小球动力学刚体动画

任务目标 学习并使用动力学刚体和静态刚体制作小球下落的碰撞动画。

任务要点 本任务需要建立一个球体和平面模型，然后模拟球体模型下落并与平面模型碰撞的效果。最终效果参看学习资源中的"案例文件>项目9>任务实践：小球动力学刚体动画.max"文件，效果如图9-1所示。

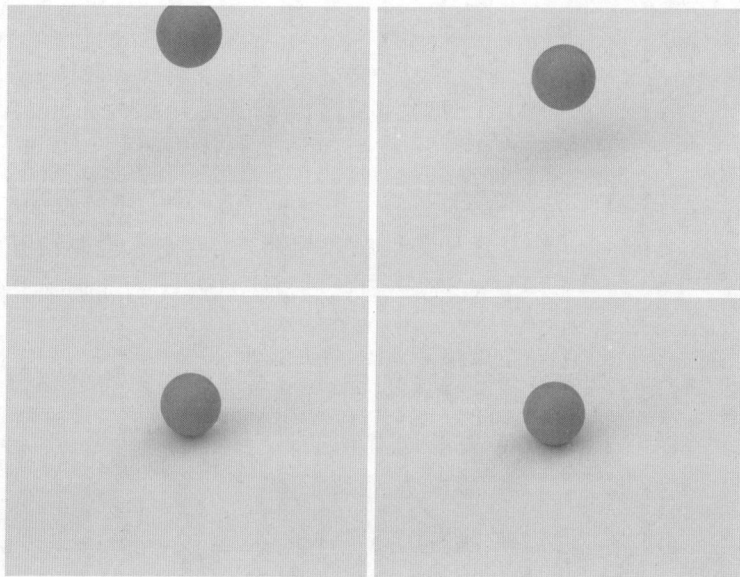

图9-1

任务制作

01 新建一个场景，然后使用"平面"工具 ▢平面▢ 创建一个平面模型作为地面，如图9-2所示。

02 使用"球体"工具 ▢球体▢ 在平面模型上方创建一个球体模型，如图9-3所示。

图9-2

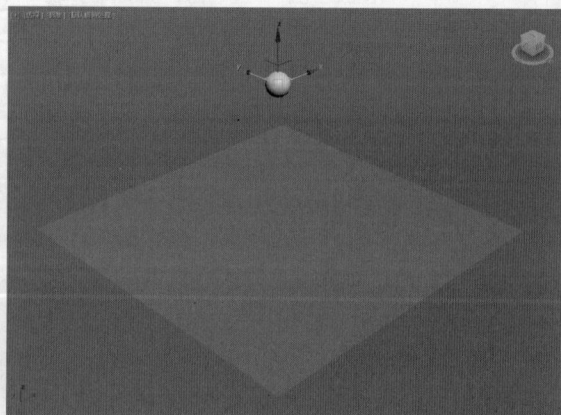

图9-3

03 选中球体模型，然后单击"将选定项设置为动力学刚体"按钮 将选定项设置为动力学刚体 ，如图9-4所示。此时会在球体模型的外部出现一个白色的线框，如图9-5所示。

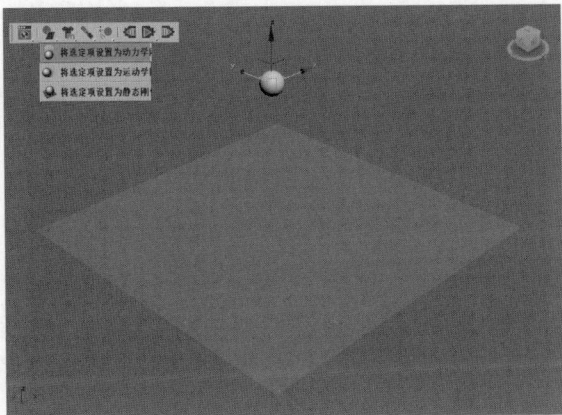

图9-4

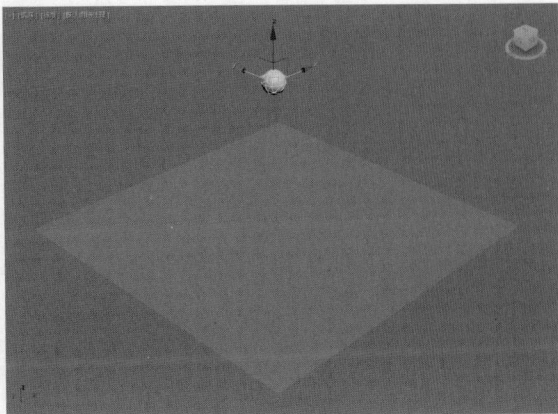

图9-5

04 选中平面模型，然后单击"将选定项设置为静态刚体"按钮 将选定项设置为静态刚体 ，如图9-6所示。此时平面模型上也会出现一个白色的线框。

05 单击"开始模拟"按钮 ▶ ，就可以看到球体模型掉落到平面模型上的动画效果，如图9-7所示。

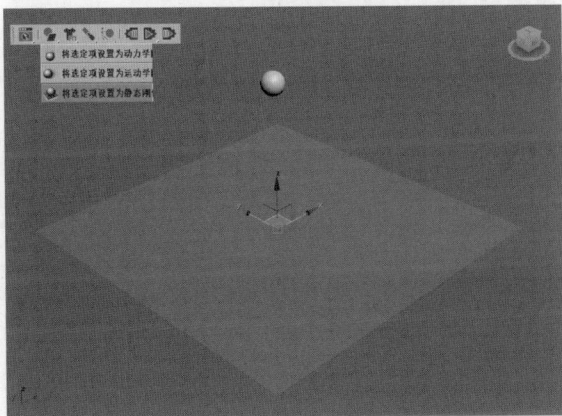

图9-6

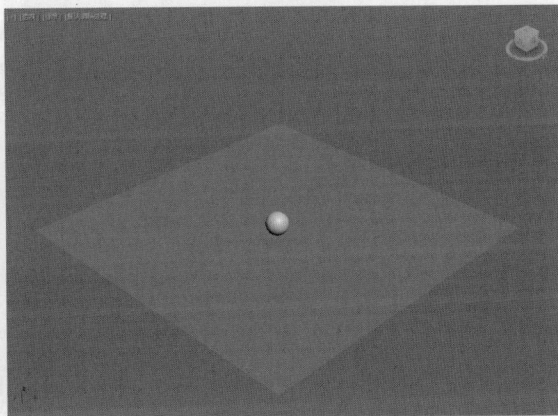

图9-7

06 选中球体模型，然后在"修改"面板中单击"烘焙"按钮 烘焙 ，如图9-8所示，就可以将球体模型的动力学动画效果转换为关键帧。

07 为球体模型和平面模型添加两个简单的纯色材质，并为环境添加"VRayBitmap"贴图作为环境光，效果如图9-9所示。

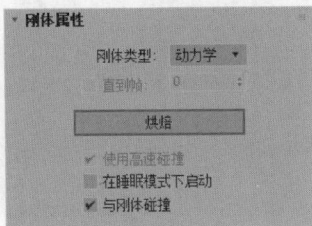

图9-8

图9-9

08 选择动画效果最明显的一些帧，然后单独渲染出这些单帧动画，小球动力学刚体动画最终效果如图9-10所示。

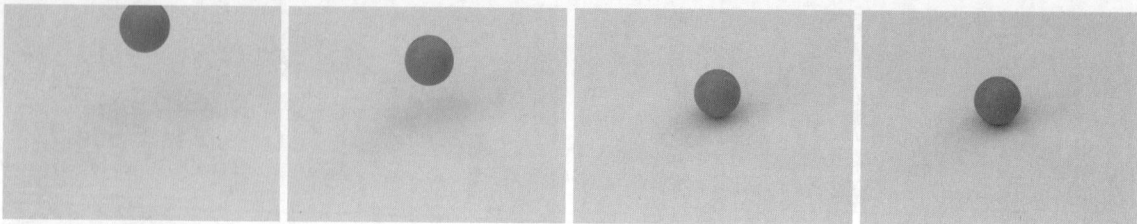

图9-10

任务知识

9.1.1 MassFX工具栏

在主工具栏的空白处单击鼠标右键，然后在弹出的快捷菜单中选择"MassFX工具栏"命令，如图9-11所示，可以调出MassFX工具栏，调出的MassFX工具栏如图9-12所示。

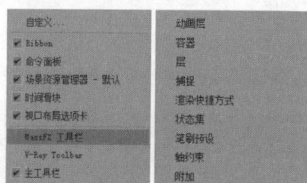

图9-11

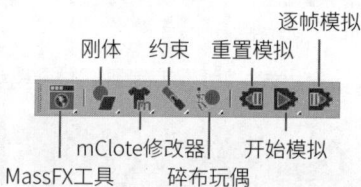

图9-12

提示 为了方便操作，可以将MassFX工具栏拖曳到主工具栏的下方，如图9-13所示。另外，也可以在MassFX工具栏上单击鼠标右键，在弹出的快捷菜单中选择"停靠"菜单中的子命令，可以选择停靠在其他地方，如图9-14所示。

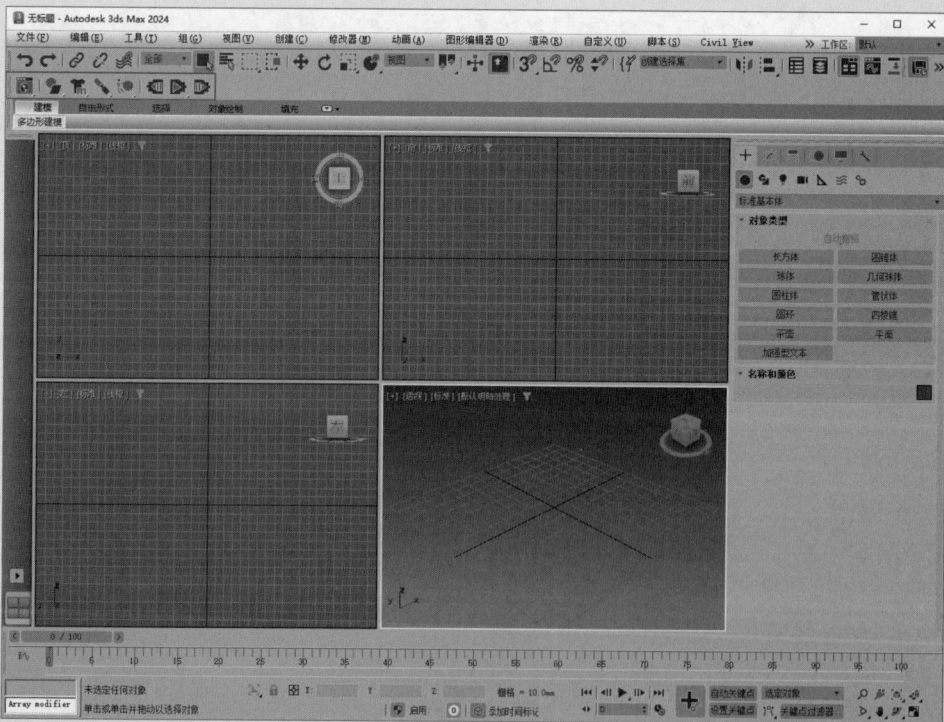

图9-13

图9-14

1."MassFX工具"面板

在MassFX工具栏中单击"MassFX工具"按钮■，系统会弹出"MassFX工具"面板，如图9-15所示。

◇ **使用地面碰撞：**如果勾选该选项，MassFX将使用（不可见）无限静态刚体（即$z=0$），也就是说与主栅格共面，此时刚体的摩擦力和反弹力值为固定值。

◇ **重力方向：**如果选择该选项，则应用"使用重力"的所有刚体都将受到重力的影响。

◇ **轴：**设置应用重力的全局轴，一般设置为z轴。

◇ **无加速：**设置重力的加速度。使用z轴时，该选项为正值时可使重力将对象向上拉，为负值时可将对象向下拉。

◇ **强制对象的重力：**可以使用重力空间扭曲将重力应用于刚体。首先将空间扭曲添加到场景中，然后单击"拾取重力"按钮 拾取重力 将其指定为在模拟中使用。

◇ 拾取重力 **：**拾取要作为全局重力的重力对象。

◇ **没有重力：**如果选择该选项，重力不会影响模拟。

◇ **子步数：**设置每个图形更新之间执行的模拟步数。

◇ **解算器迭代数：**全局设置约束解算器强制执行碰撞和约束的次数。

◇ **使用高速碰撞：**全局设置用于切换连续的碰撞检测。

◇ **使用自适应力：**勾选该选项，MassFX 会通过根据需要收缩组合防穿透力的方式来减少堆叠和紧密聚合刚体中的抖动。

◇ **按照元素生成图形：**勾选该选项并将"MassFX 刚体"（MassFX Rigid Body）修改器应用于对象后，MassFX会为对象中的每个元素创建一个单独的物理图形。取消勾选该选项，MassFX会为整个对象创建单个物理图形。

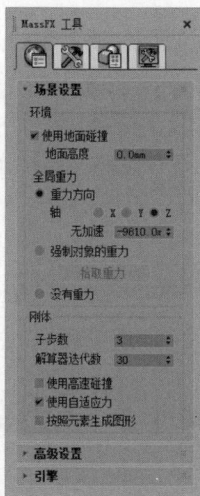

图9-15

2.刚体

长按"刚体"按钮■，会弹出下拉列表，如图9-16所示。在下拉列表中可以选择对象的刚体模式选项。

图9-16

◇ **将选定项设置为动力学刚体：**选择该选项后，对象将变为动力学刚体对象，会与其他刚体对象产生碰撞效果。

◇ **将选定项设置为运动学刚体：**选择该选项后，本身有运动的对象会在运动过程中与其他刚体对象产生碰撞效果。

◇ **将选定项设置为静态刚体：**选择该选项后，静止不动的对象会变为静态刚体，与其他对象产生碰撞，常用在地面或平台等模型上。

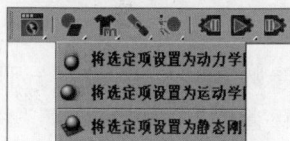

3.mCloth修改器

长按"mCloth"按钮■，会弹出下拉列表，如图9-17所示。在下拉列表中可以选择对象的刚体模式选项。

图9-17

◇ **将选定对象设置为mCloth对象：**选择该选项后，对象将变为布料对象，与其他刚体对象进行碰撞时，会形成自然的布料效果。

◇ **从选定对象中移除mCloth：**选择该选项后，对象将被移除布料效果，恢复原始状态。

4.模拟工具

MassFX工具栏中最后3个按钮是模拟工具，负责显示模拟的不同效果，如图9-18所示。

图9-18

◇ **"重置模拟"按钮**：单击该按钮可以停止模拟，并将时间滑块移动到第1帧处，同时将任意动力学刚体设置为其初始变换。

◇ **"开始模拟"按钮**：单击该按钮，从当前帧开始模拟，时间滑块每前进一帧，就会模拟一次，从而让运动学刚体作为模拟的一部分进行移动。

◇ **"逐帧模拟"按钮**：单击该按钮，开始一个帧的模拟，并使时间滑块前进相同的量。

9.1.2 动力学刚体

"MassFX工具"面板中的刚体创建工具分为3种，分别是"将选定项设置为动力学刚体"工具、"将选定项设置为运动学刚体"工具和"将选定项设置为静态刚体"工具。

使用"将选定项设置为动力学刚体"工具可以将未实例化的"MassFX刚体"修改器应用到每个选定对象，并将"刚体类型"设置为"动力学"，然后为每个对象创建一个"凸面"物理网格，如图9-19所示。如果选定对象已经具有"MassFX刚体"修改器，则现有修改器将更改为动力学，而不重新应用。

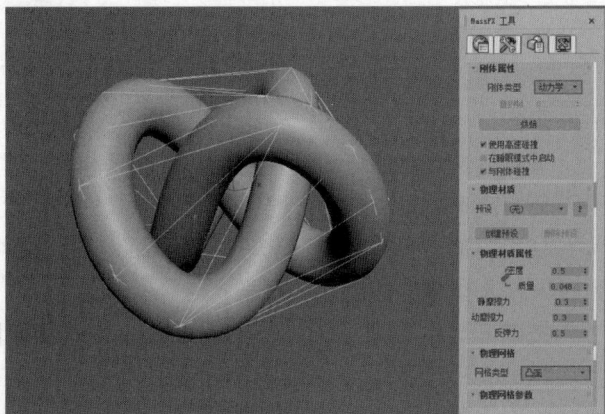

图9-19

"MassFX刚体"修改器的参数分为6个卷展栏，分别是"刚体属性""物理材质""物理图形""物理网格参数""力""高级"卷展栏，如图9-20所示。

◇ **刚体类型：** 设置选定刚体的模拟类型，包含"动力学""运动学""静态"3种类型。

◇ **直到帧：** 如果勾选该选项，MassFX会在指定帧处将选定的动力学刚体转换为运动学刚体。该选项只有在将"刚体类型"设置为"运动学"时才可用。

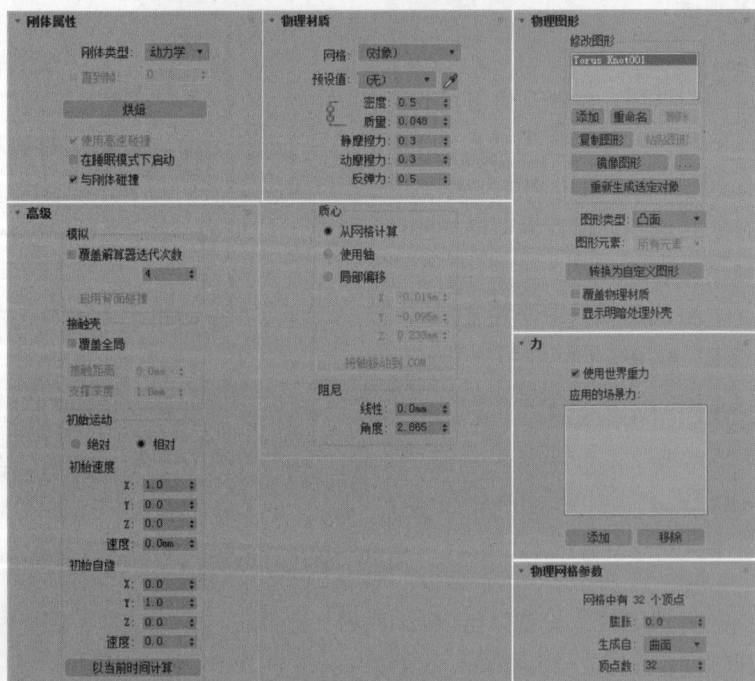

图9-20

◇ **烘焙**：单击该按钮，将选定刚体的模拟运动转换为标准动画关键帧，以便进行渲染（仅应用于动态刚体）。

◇ **使用高速碰撞**：如果勾选该选项及"世界"面板中的"使用高速碰撞"选项，则这里的"使用高速碰撞"设置将应用于选定刚体。

◇ **在睡眠模式下启动**：如果勾选该选项，刚体将使用全局睡眠设置以睡眠模式开始模拟。

◇ **与刚体碰撞**：勾选该选项后，选定的刚体将与场景中的其他刚体发生碰撞。

◇ **网格**：设置要更改其材质参数的刚体的物理网格。

◇ **预设值**：从其下拉列表中选择一个预设选项，以指定所有的物理材质属性。

◇ **密度**：设置刚体的密度，度量单位为g/cm³（克每立方厘米）。

◇ **质量**：设置刚体的重量，度量单位为kg（千克）。

◇ **静摩擦力**：设置两个刚体开始互相滑动的难度系数。

◇ **动摩擦力**：设置两个刚体保持互相滑动的难度系数。

◇ **反弹力**：设置对象撞击到其他刚体时反弹的高度。

◇ **修改图形**：设置需要修改网格的对象。

◇ **添加**：单击该按钮，将新的物理图形添加到刚体。

◇ **重命名**：单击该按钮，更改物理图形的名称。

◇ **删除**：单击该按钮，删除选定的物理图形。

◇ **镜像图形**：单击该按钮，围绕指定轴翻转图形几何体。

◇ **重新生成选定对象**：单击该按钮，使"修改图形"列表中高亮显示的图形自适应图形网格的当前状态，可使物理图形重新适应编辑后的图形网格。

◇ **图形类型**：为"修改图形"列表中高亮显示的图形选定应用的物理图形类型，包含6种类型，分别是"球体""框""胶囊""凸面""凹面""自定义"。

◇ **图形元素**：使"修改图形"列表中高亮显示的图形适合从"修改图形"列表中选择的元素。

◇ **转换为自定义图形**：单击该按钮，将基于高亮显示的物理图形在场景中创建一个新的可编辑网格对象，并将物理网格类型设置为"自定义"。

◇ **覆盖物理材质**：在默认情况下，刚体中的每个物理图形使用"物理材质"卷展栏中的材质设置。但是可能使用的是由多个物理图形组成的复杂刚体，需要对某些物理图形使用不同的设置。

◇ **显示明暗处理外壳**：勾选该选项，会将物理图形作为明暗处理视口中的明暗处理实体对象（而不是线框）进行渲染。

9.1.3 运动学刚体

使用"将选定项设置为运动学刚体"工具可以将未实例化的"MassFX刚体"修改器应用到每个选定对象，并将"刚体类型"设置为"运动学"，然后为每个对象创建一个"凸面"物理网格，如图9-21所示。如果选定对象已经具有"MassFX刚体"修改器，则现有修改器将更改为运动学，而不重新应用。

> **提示** "将选定项设置为运动学刚体"工具的相关参数在前面已经介绍过，因此这里不再重复讲解。

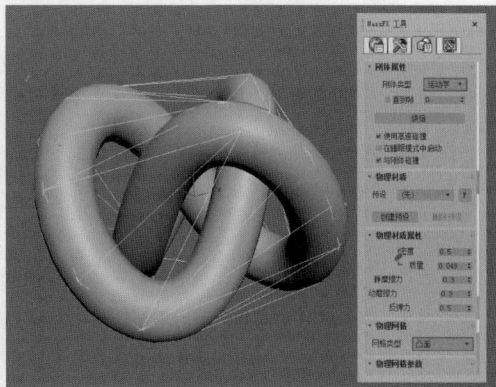
图9-21

9.1.4 静态刚体

使用"将选定项设置为静态刚体"工具 可以将未实例化的"MassFX刚体"修改器应用到每个选定对象,并将"刚体类型"设置为"静态",然后为每个对象创建一个"凸面"物理网格,如图9-22所示。

提示 "将选定项设置为静态刚体"工具的参数与"将选定项设置为动力学刚体"工具的相同,这里就不赘述。

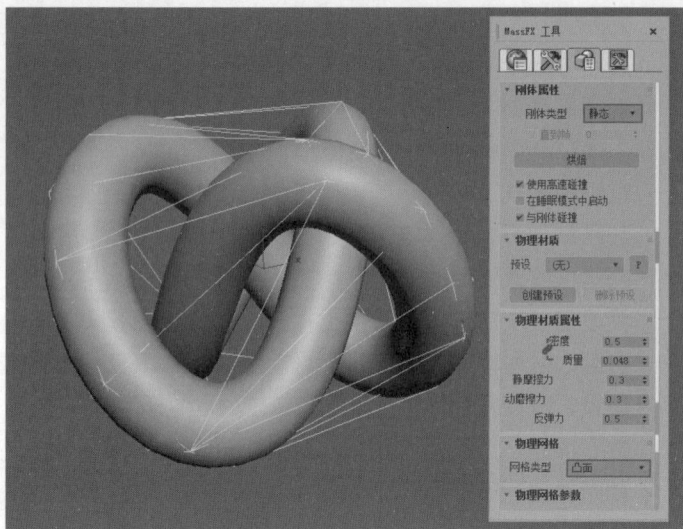

图9-22

任务9.2 其他动力学

任务实践 装饰台布

任务目标 学习并使用mCloth修改器和静态刚体制作自然下落状态的台布。

任务要点 本任务实践使用mCloth修改器模拟布料的动力学效果。最终效果参看学习资源中的"案例文件>项目9>任务实践:装饰台布.max"文件,效果如图9-23所示。

图9-23

任务制作

01 打开学习资源"案例文件>项目9>课堂案例：制作装饰台布"文件夹中的"练习.max"文件，效果如图9-24所示。场景中有一组石膏模型和一个木质台子。

02 使用"平面"工具 ▭ 平面 在模型上方创建一个平面模型，具体参数设置如图9-25所示。

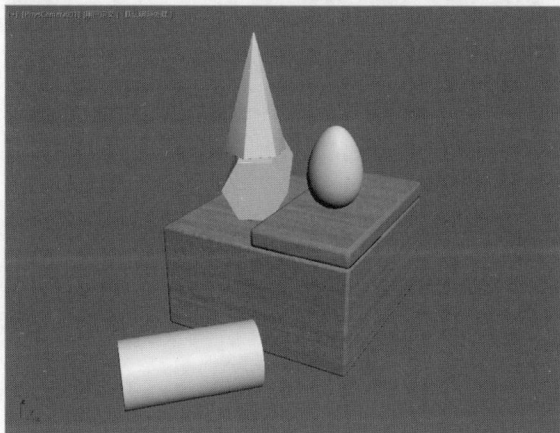

图9-24

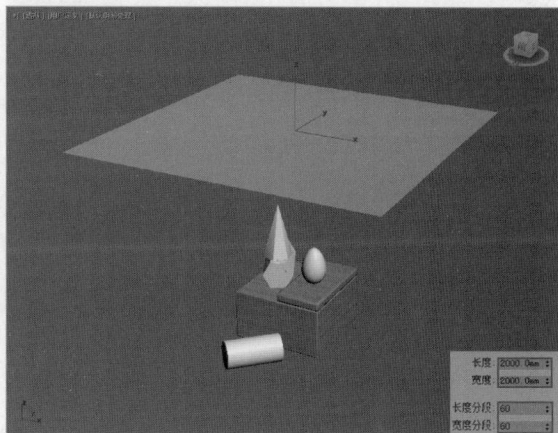

图9-25

> **提示** 平面模型的分段越多，模拟的布料效果越自然。

03 选中平面模型，然后单击"将选定对象设置为mCloth对象"按钮 ⬚ 将选定对象设置为 mCloth 对象，如图9-26所示。

04 选中木质台子模型，然后单击"将选定项设置为静态刚体"按钮 ⬚ 将选定项设置为静态刚体，如图9-27所示。

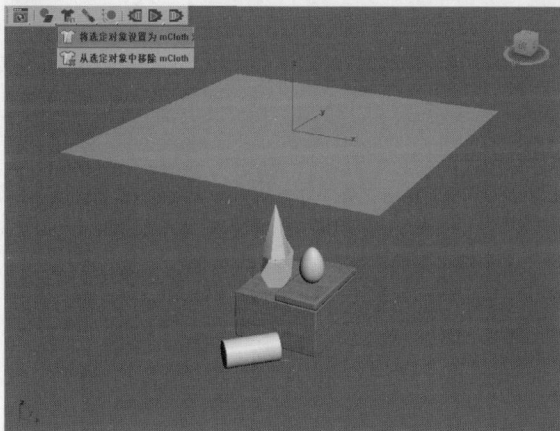

图9-26

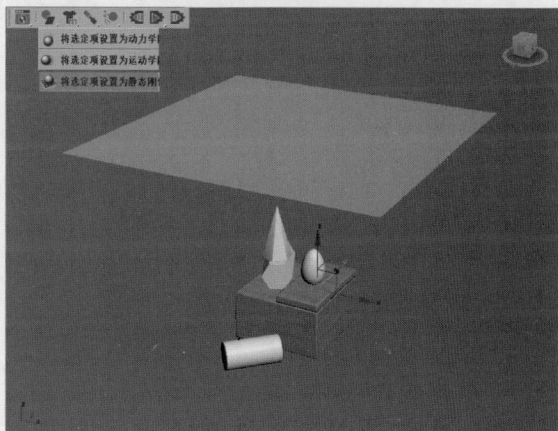

图9-27

05 单击"开始模拟"按钮 ▷，模拟布料的动画效果，可以看到布料模型穿过木质台子上的石膏模型，与木质台子和地平面进行碰撞，产生布料效果，如图9-28所示。

06 此时布料效果显得不是很自然，比较生硬。选中布料模型，在"修改"面板中设置"密度"为2.0，"弯曲度"为1.0，"摩擦力"为0.2，如图9-29所示。

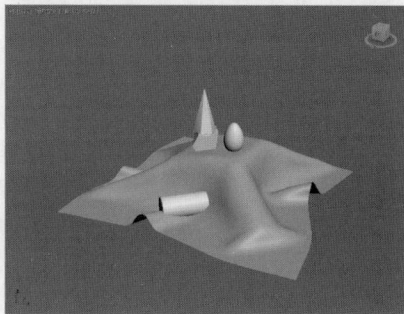

图9-28

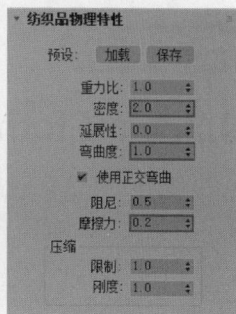

图9-29

07 单击"重置模拟"按钮 ◀ 后恢复初始状态,然后单击"开始模拟"按钮 ▶ 再次模拟布料效果,如图9-30所示。

08 在"修改"面板中单击"烘焙"按钮 烘焙 ,将模拟的动力学动画"烘焙"为关键帧,如图9-31所示。

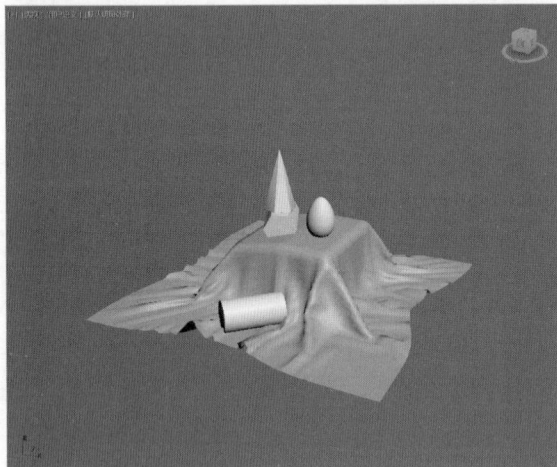
图9-30

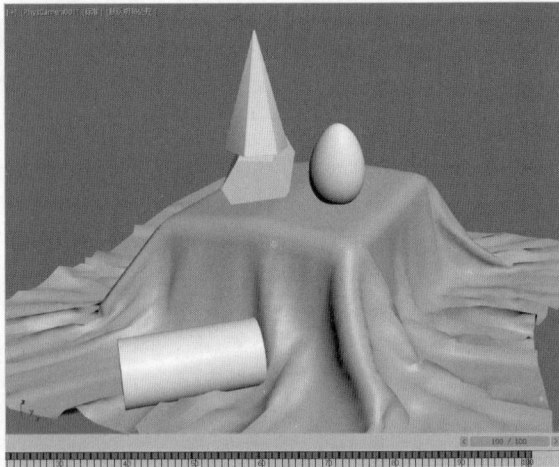
图9-31

09 按C键切换到摄影机视图,然后按M键打开"材质编辑器"对话框,将制作好的材质赋予布料模型,效果如图9-32所示。

10 按F9键渲染场景,装饰台布最终效果如图9-33所示。

图9-32

图9-33

任务知识

9.2.1 mCloth修改器

使用"将选定对象设置为mCloth对象"工具 🏠 将选定对象设置为 mCloth 对象 可以将mCloth修改器应用到选定的对象上,从而模拟布料的动力学效果,其参数如图9-34所示。

◇ **布料行为:** 设置选定布料对象的行为类型,包含"动态"和"运动学"两种类型。

◇ **烘焙**：单击该按钮，可以将模拟的效果生成关键帧。

◇ **取消烘焙**：单击该按钮，会将烘焙后的关键帧删除，恢复原始效果。

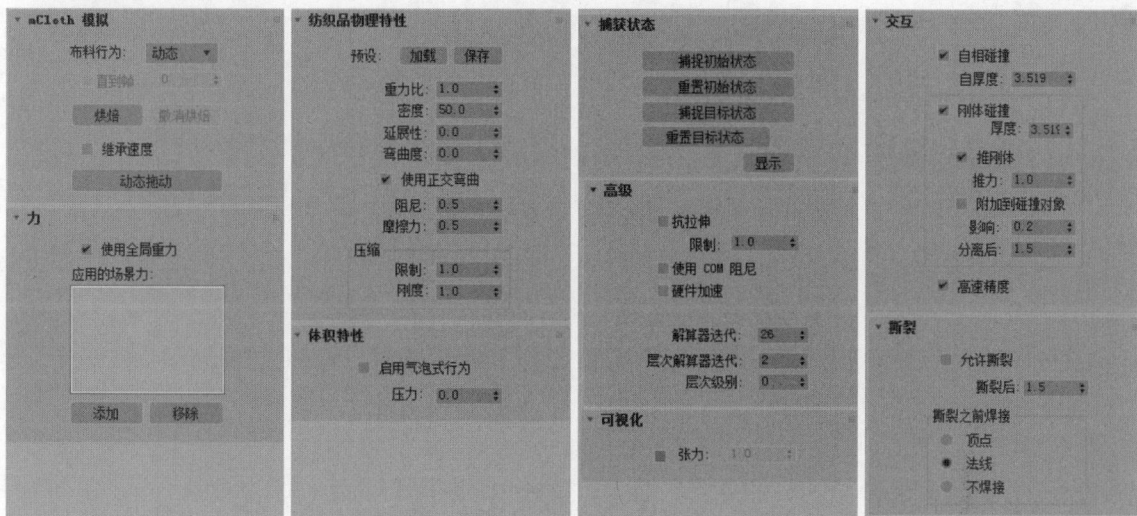

图9-34

◇ **动态拖动**：单击该按钮，可在没有动画的情况下进行布料效果的模拟。

◇ **应用的场景力：** 添加力场，从而控制布料的动力学效果。

◇ **捕捉初始状态**：单击该按钮，以当前布料的状态作为模拟的初始状态。

◇ **重置初始状态**：单击该按钮，可以重置布料对象的初始状态。

◇ **重力比：** 设置场景的重力效果。

◇ **密度：** 设置布料的权重。

◇ **延展性：** 设置布料的拉伸效果。

◇ **弯曲度：** 设置布料的折叠效果。

◇ **阻尼：** 设置布料的弹性。

◇ **摩擦力：** 设置布料与自身或其他对象碰撞时的顺滑度。

◇ **自相碰撞：** 默认为勾选状态，表示布料之间产生碰撞效果，避免穿模。

◇ **允许撕裂：** 勾选该选项后，布料在与刚体对象碰撞的情况下会产生撕裂效果。

9.2.2 碎布玩偶

碎布玩偶可让动画角色作为动力学刚体和运动学刚体参与到模拟中，其选项如图9-35所示。动画角色可以是骨骼系统或 Biped，以及使用蒙皮的关联网格。

图9-35

◇ **创建动力学碎布玩偶：** 赋予了该功能的骨骼模型，会产生动力学碰撞效果。

◇ **创建运动学碎布玩偶：** 赋予了该功能的骨骼模型，会在自身运动的情况下产生动力学碰撞效果。

◇ **移除碎布玩偶：** 从骨骼模型上移除该功能。

项目实践 制作多米诺骨牌动画

项目要点 本项目实践需要将一个球体模型与骨牌模型进行碰撞，制作多米诺骨牌动画，效果如图9-36所示。

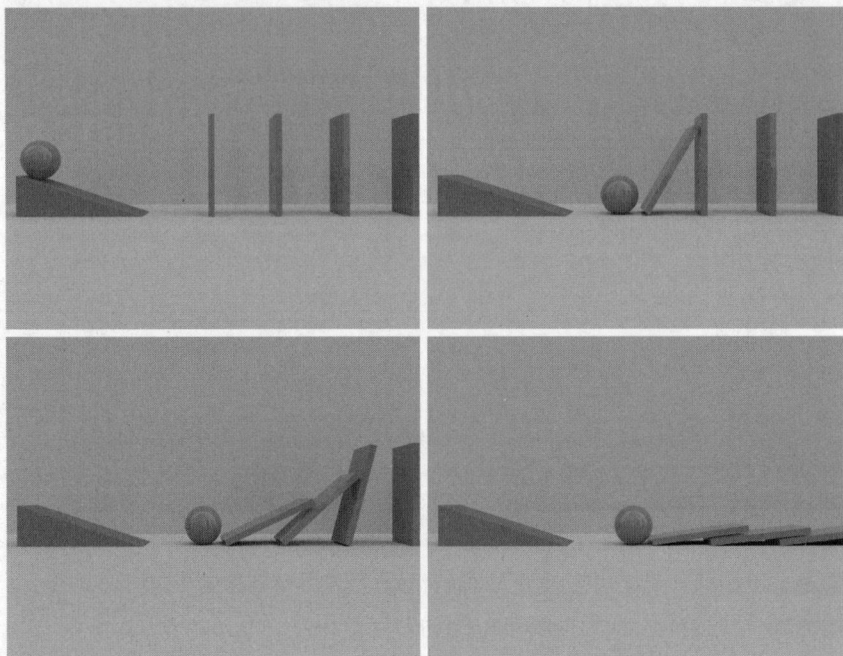

图9-36

课后习题 下落的绒布

习题要点 本习题需要制作一个布料模型下落的动画，效果如图9-37所示。

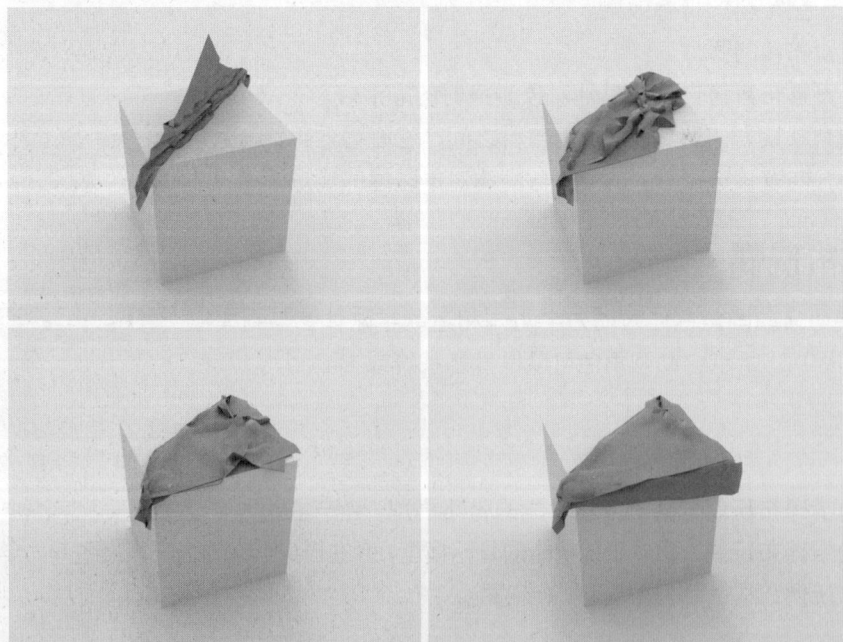

图9-37

项目10

动画技术

本项目将为读者介绍3ds Max 2024中的动画技术。其中需要重点掌握基础动画中的关键帧动画、约束动画和变形器动画。通过对本项目的学习，读者可以掌握基础动画的制作方法。

学习目标

- 掌握关键帧的设置方法
- 掌握动画制作工具的用法
- 掌握常用的约束动画的制作方法
- 掌握常用的变形器动画的制作方法

技能目标

- 掌握"家具生长和灯光变换动画"的制作方法
- 掌握"行星动画"的制作方法
- 掌握"旋转的光带"的制作方法

素养目标

- 培养运用关键帧制作简单的关键帧动画的能力
- 培养运用路径约束制作简单的约束动画的能力
- 培养运用路径变形绑定（WSM）修改器制作简单的变形器动画的能力
- 培养通过不断实践积极探索的能力

任务10.1 关键帧动画

本任务通过任务实践，讲解用关键帧制作动画的方法；通过任务知识，讲解制作关键帧动画所需要用到的工具。

任务实践 制作家具生长和灯光变换动画

任务目标 学习并使用关键帧制作房间内家具的生长和灯光变换的动画效果。

任务要点 本任务需要为房间内的家具添加关键帧，形成逐一出现在画面中的效果，同时需要对场景内的灯光添加颜色和亮度的关键帧，形成灯光变换的动画效果。最终效果参看学习资源中的"案例文件>项目10>任务实践：家具生长和灯光变换动画.max"文件，效果如图10-1所示。

图10-1

任务制作

01 打开学习资源"案例文件>项目10>任务实践：家具生长和灯光变换动画"文件夹中的"练习.max"文件，效果如图10-2所示。

图10-2

02 选中椅子模型并隐藏其他模型，单击"自动关键点"按钮 自动关键点 ，在第0帧时将椅子模型向上移动到画面外，如图10-3所示。此时场景中只剩下地面和墙壁。

03 移动时间滑块到第10帧，将椅子模型重新移回原来的位置，如图10-4所示。

图10-3

图10-4

> **提示** 这一步也可以先在第10帧时单击"设置关键点"按钮 ✚ 添加椅子模型在原本位置的关键帧，然后在第0帧将其向上移出画面。

04 显示抱枕模型，在第5帧时将其向上移出画面，如图10-5所示。

05 移动时间滑块到第15帧，将抱枕模型移回椅子模型上，如图10-6所示。

图10-5

图10-6

06 显示凳子模型，在第10帧时将其向上移出画面，如图10-7所示。

图10-7

07 移动时间滑块到第25帧，将凳子移动到地面模型上，如图10-8所示。

08 显示丝巾模型，在第15帧时将其向上移出画面外，如图10-9所示。

图10-8

图10-9

09 移动时间滑块到第30帧，将丝巾模型移动到凳子模型上，如图10-10所示。

10 显示落地灯模型，在第25帧时将其向右移出画面，如图10-11所示。

图10-10

图10-11

11 移动时间滑块到第40帧，将落地灯模型移动到椅子模型右侧，如图10-12所示。

图10-12

12 选中VRay平面灯光，在第50帧时设置"颜色"为灰蓝色，如图10-13所示。画面渲染效果如图10-14所示。

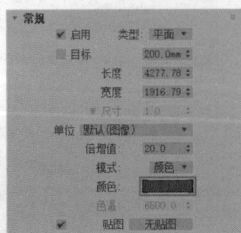

图10-13

图10-14

13 移动时间滑块到第35帧，设置灯光的"颜色"为白色，如图10-15所示。画面渲染效果如图10-16所示。

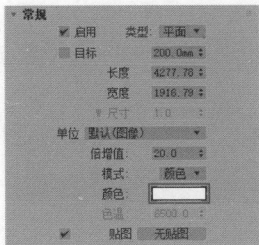

图10-15

图10-16

14 选中落地灯模型灯罩内的3个球形VRay灯光，在第50帧时设置"倍增值"为0.0，在第55帧时设置"倍增值"为600.0，如图10-17所示。第55帧画面渲染效果如图10-18所示。

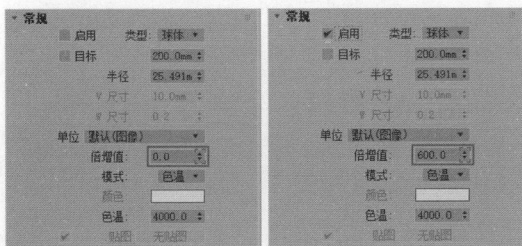

图10-17

图10-18

15 渲染，不同帧的最终效果如图10-19所示。

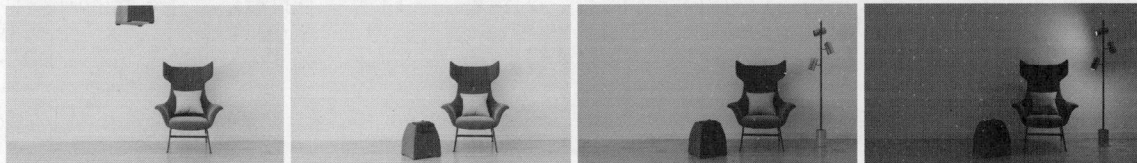

图10-19

任务知识

10.1.1 关键帧设置

3ds Max 2024的操作界面的右下角是一些设置动画关键帧的相关工具，如图10-20所示。

图10-20

◇ **自动关键点**：单击该按钮或按N键，可以自动记录关键帧。在该状态下，物体的模型、材质、灯光和渲染都将被记录为不同属性的动画。启用"自动关键点"功能后，时间尺会变成红色，拖曳时间滑块可以控制动画的播放范围和关键帧等，如图10-21所示。

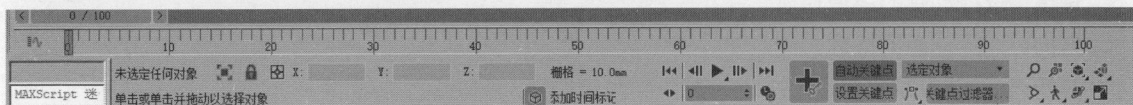

图10-21

◇ 设置关键点：单击该按钮后，可以配合"设置关键点"按钮 ➕ 来添加关键帧。

◇ 选定对象 ▼：使用"设置关键点"动画模式时，单击该按钮可以快速访问命名选择集和轨迹集。

◇ **"设置关键点"按钮** ➕：当启用"设置关键点"后，如果对当前的效果比较满意，可以单击该按钮（快捷键为K）设置关键点。

◇ 关键点过滤器：单击该按钮可以打开"设置关键点过滤器"对话框，在该对话框中可以选择要设置关键点的轨迹，如图10-22所示。

图10-22

10.1.2 播放控制器

在关键帧设置工具的旁边是一些控制动画播放的相关工具，如图10-23所示。

◇ **"转至开头"按钮** ◄◄：如果当前时间滑块没有处于第0帧位置，那么单击该按钮可以使其跳转到第0帧。

图10-23

◇ **"上一帧"按钮** ◄ll：单击该按钮可以将当前时间滑块向前移动一帧。

◇ **"播放动画"按钮** ►：单击该按钮可以播放整个场景中的所有动画。

◇ **"下一帧"按钮** ll►：单击该按钮可以将当前时间滑块向后移动一帧。

◇ **"转至结尾"按钮** ►►|：如果当前时间滑块没有处于结束帧位置，那么单击该按钮可以使其跳转到最后一帧。

◇ **"关键点模式切换"按钮** ◄►：单击该按钮可以切换到关键点设置模式。

◇ 当前帧 0：可以通过输入数字来移动时间滑块，比如输入60，按Enter键就可以将时间滑块移动到第60帧。

◇ 时间配置 🕐：单击该按钮可以打开"时间配置"对话框。该对话框中的参数将在下面的内容中进行讲解。

10.1.3 时间配置

单击"时间配置"按钮 🕐，打开"时间配置"对话框，如图10-24所示。

◇ **帧速率**：共有NTSC（30帧/秒）、PAL（25帧/秒）、电影（24帧/秒）和"自定义"4种方式可供选择。

◇ **FPS（每秒帧数）**：采用每秒帧数来设置动画的帧速率。视频使用30 FPS的帧速率，电影使用24 FPS的帧速率，而Web和媒体动画则使用更低的帧速率。

◇ **帧/SMPTE/帧:TICK/分:秒:TICK**：指定在时间滑块及整个3ds Max 2024中显示时间的方法。

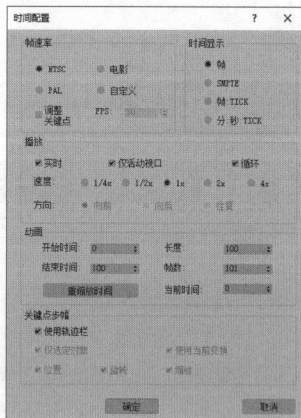
图10-24

◇ **实时**：使视图中播放的动画的帧速率与当前"帧速率"的设置保持一致。

◇ **仅活动视口**：使播放操作只在活动视口中进行。

◇ **循环**：控制动画只播放一次或者循环播放。

◇ **速度**：选择动画的播放速度。

◇ **方向**：选择动画的播放方向。

◇ **开始时间/结束时间**：设置在时间滑块中显示的活动时间段。

◇ **长度**：设置显示活动时间段的帧数。

◇ **帧数**：设置要渲染的帧数。

◇ 重缩放时间：单击该按钮可以拉伸或收缩活动时间段内的动画，以匹配指定的新时间段。

◇ **当前时间**：指定时间滑块的当前帧。

◇ **使用轨迹栏**：勾选该选项后，可以使关键点模式遵循轨迹栏中的所有关键点。

◇ **仅选定对象**：在使用“关键点步幅”模式时，该选项仅用于选定对象的变换。

◇ **使用当前变换**：取消勾选“位置”“旋转”“缩放”选项时，勾选该选项可以在关键点模式中使用当前变换。

◇ **位置/旋转/缩放**：指定关键点模式所使用的变换模式。

10.1.4 曲线编辑器

“曲线编辑器”是制作动画时经常使用到的一个编辑器。使用“曲线编辑器”可以快速调节曲线来控制物体的运动状态。单击主工具栏中的“曲线编辑器（打开）”按钮，打开“轨迹视图-曲线编辑器”对话框，如图10-25所示。

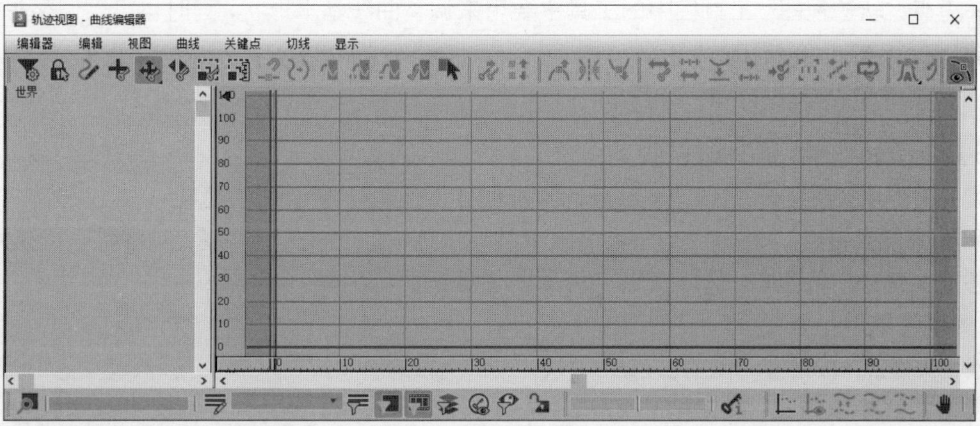

图10-25

为物体设置动画属性以后，在“轨迹视图-曲线编辑器”对话框中就会有与之相对应的曲线，如图10-26所示。

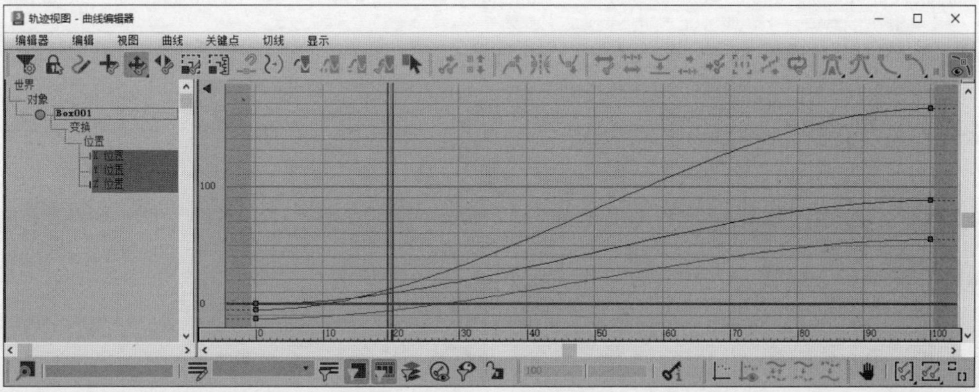

图10-26

在“轨迹视图-曲线编辑器”对话框中，x轴默认使用红色曲线来表示，y轴默认使用绿色曲线来表示，z轴默认使用紫色曲线来表示，这3条曲线与坐标轴的3条轴线的颜色相同。图10-27所示的x轴曲线为抛物线形态，表示物体正加速运动。

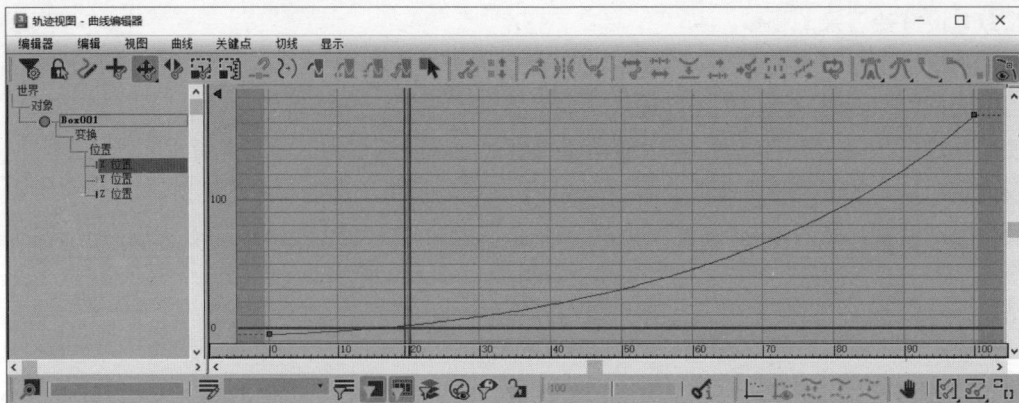

图10-27

下面讲解"轨迹视图-曲线编辑器"对话框中的相关工具。

1.关键点工具

"关键点：轨迹视图"工具栏中的工具主要用来调整曲线基本形状，同时也可以调整关键帧和添加关键点，如图10-28所示。

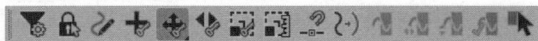

图10-28

◇ **"过滤器"按钮** ▼：单击该按钮，可以选择需要显示的关键帧类型。

◇ **"绘制关键点"按钮** ✎：单击该按钮，可以在曲线上任意位置绘制关键点。

◇ **"添加/移除关键点"按钮** ✚：单击该按钮，可以在现有的曲线上添加关键点或移除已有的关键点。

◇ **"移动关键点"按钮** ✜：选中关键点后单击该按钮，可以向任意位置移动。

◇ **"滑动关键点"按钮** ✛：单击此按钮，可以让关键点横向滑动。

◇ **"参数曲线超出范围"按钮** ▫：单击该按钮，可以在打开的对话框中选择循环曲线的类型，如图10-29所示。

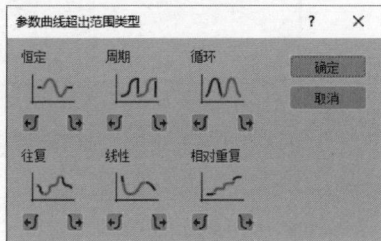

图10-29

提示 设置关键点的常用方法主要有以下两种。

第1种： 自动设置关键点。当单击"自动关键点"按钮 自动关键点 后，就可以通过定位当前帧的位置来记录动画。比如在图10-30中有一个球体，当前时间滑块处于第0帧位置。将时间滑块拖曳到第10帧位置，然后移动球体的位置，这时系统会在第0帧和第10帧自动记录下动画信息，如图10-31所示，此时单击"播放动画"按钮 ▶ 或拖曳时间滑块就可以看到球体的位移动画。

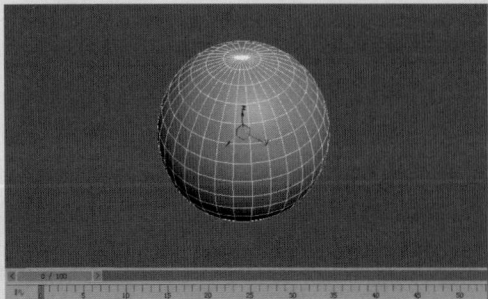

图10-30

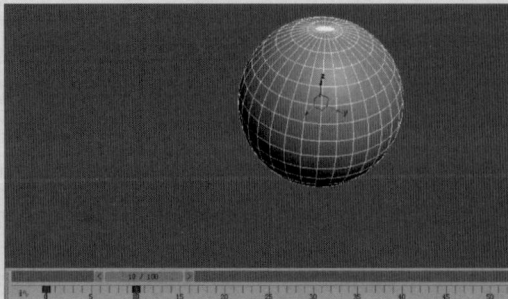

图10-31

第2种： 手动设置关键点。单击"设置关键点"按钮[设置关键点]，开启"设置关键点"功能，然后将时间滑块拖曳到第20帧，接着移动球体的位置，最后单击"设置关键点"按钮[+]即可，如图10-32所示。

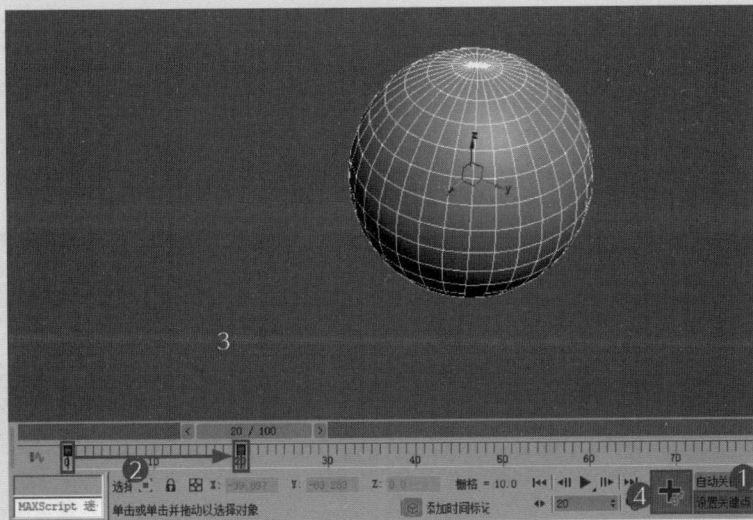

图10-32

2.关键点切线工具

"关键点切线：轨迹视图"工具栏中的工具主要用来调整曲线的切线，[图标]，如图10-33所示。

图10-33

◇ **"将切线设置为自动"按钮[A]：** 选择关键点后，单击该按钮可以切换为自动切线。

◇ **"将切线设置为自定义"按钮[A]：** 选择关键点后，单击该按钮可以将关键点设置为自定义切线。

◇ **"将切线设置为快速"按钮[L]：** 选择关键点后，单击该按钮可以将关键点切线设置为快速内切线或快速外切线，也可以设置为快速内切线兼快速外切线。

◇ **"将切线设置为慢速"按钮[L]：** 选择关键点后，单击该按钮可以将关键点切线设置为慢速内切线或慢速外切线，也可以设置为慢速内切线兼慢速外切线。

◇ **"将切线设置为阶梯"按钮[J]：** 选择关键点后，单击该按钮可以将关键点切线设置为阶跃内切线或阶跃外切线，也可以设置为阶跃内切线兼阶跃外切线。

◇ **"将切线设置为线性"按钮[\]：** 选择关键点后，单击该按钮可以将关键点切线设置为线性内切线或线性外切线，也可以设置为线性内切线兼线性外切线。

◇ **"将切线设置为平滑"按钮[⌐]：** 选择关键点后，单击该按钮可以将关键点切线设置为平滑切线。

3.切线动作

"切线动作"工具栏中的工具主要用于统一和断开动画关键点切线，如图10-34所示。

图10-34

◇ **"显示切线"按钮[图标]：** 默认为单击效果，可以显示关键点上的切线。

◇ **"断开切线"按钮[V]：** 断开两条切线（控制柄），使其能够独立移动，以便形成不同的曲线效果。

◇ **"统一切线"按钮[图标]：** 如果切线是统一的，按任意方向移动控制柄，可以让控制柄之间保持最小角度。

◇ **"锁定切线"按钮[图标]：** 单击该按钮，可以将切线锁定。

任务10.2 约束动画

本任务通过任务实践，讲解约束动画的制作方法；通过任务知识，讲解常用的约束动画类型。

任务实践 制作行星动画

任务目标 学习并使用路径约束限定模型运动的轨迹，生成动画效果。

任务要点 本任务需要建立3个圆形的样条线作为球体模型的运动轨迹，使用路径约束将其关联，从而生成动画效果。最终效果参看学习资源中的"案例文件>项目10>任务实践：行星动画.max"文件，效果如图10-35所示。

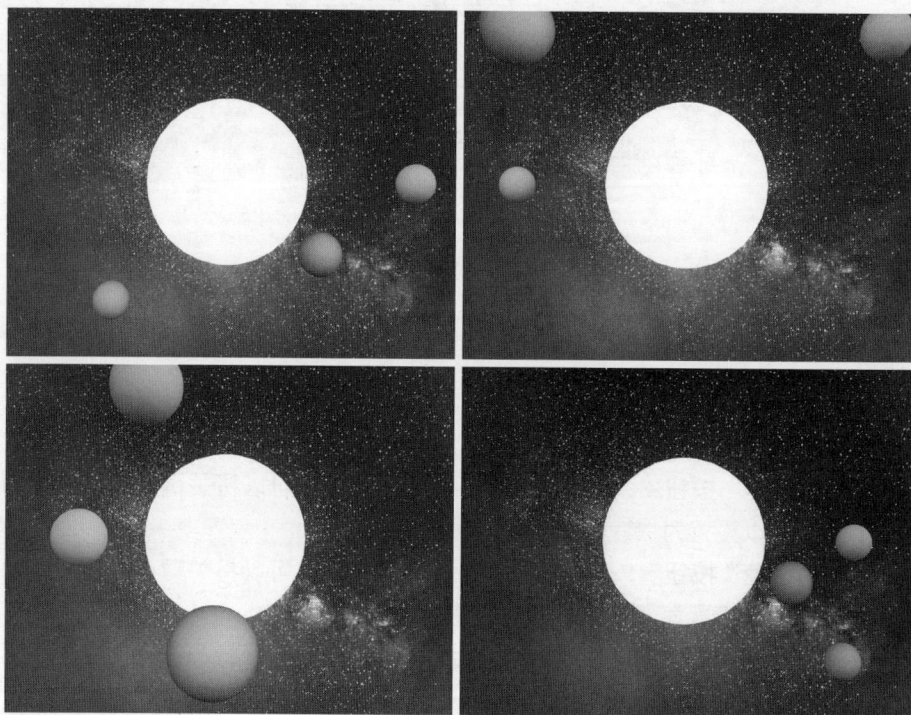

图10-35

任务制作

01 打开学习资源"案例文件>项目10>任务实践：行星动画"文件夹中的"练习.max"文件，效果如图10-36所示。

图10-36

02 使用"圆"工具 ▭▭圆▭▭ 在场景中绘制一个半径为1000mm的圆形的样条线，如图10-37所示。

03 选中绘制的圆形的样条线，然后旋转复制两次，并修改其大小，如图10-38所示。

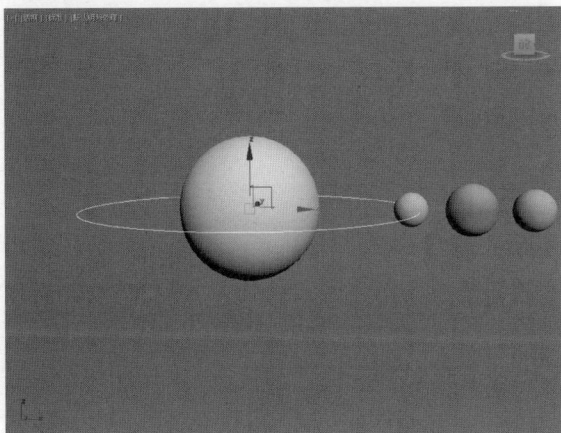

图10-37

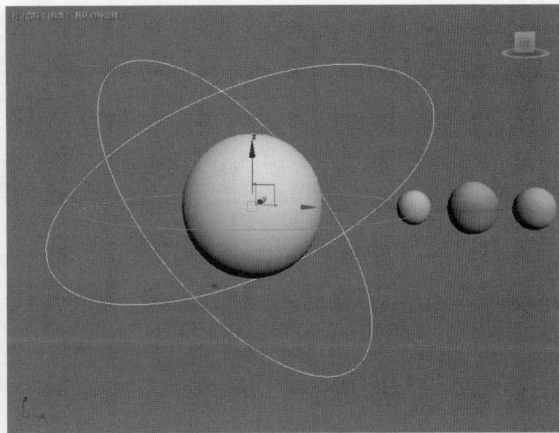

图10-38

04 选中蓝色的球体模型，然后执行"动画>约束>路径约束"菜单命令，接着单击步骤02中绘制的圆形的样条线，就可以看到蓝色球体模型移动到圆形的样条线上，如图10-39所示。

05 按照步骤04的方法，将另外两个球体模型移动到其余两个圆形的样条线上，如图10-40所示。

图10-39

图10-40

06 单击"播放动画"按钮 ▶，可以看到球体模型在样条线上移动，如图10-41所示。

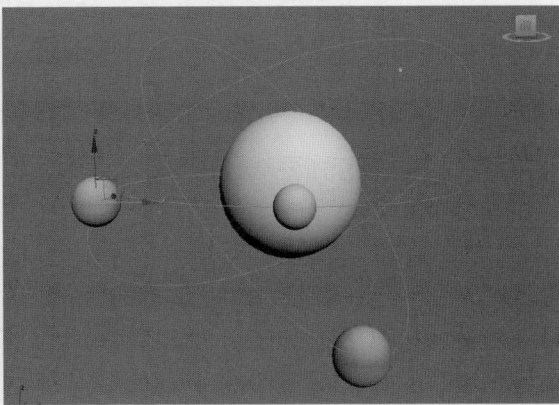

图10-41

07 此时球体模型移动时显示的方向是一致的。选中球体模型，然后在"运动"面板中勾选"跟随"选项，如图10-42所示。此时球体模型会随着运动进行角度变换，如图10-43所示。

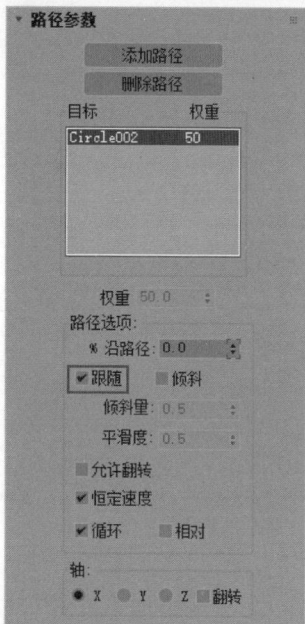

图10-42

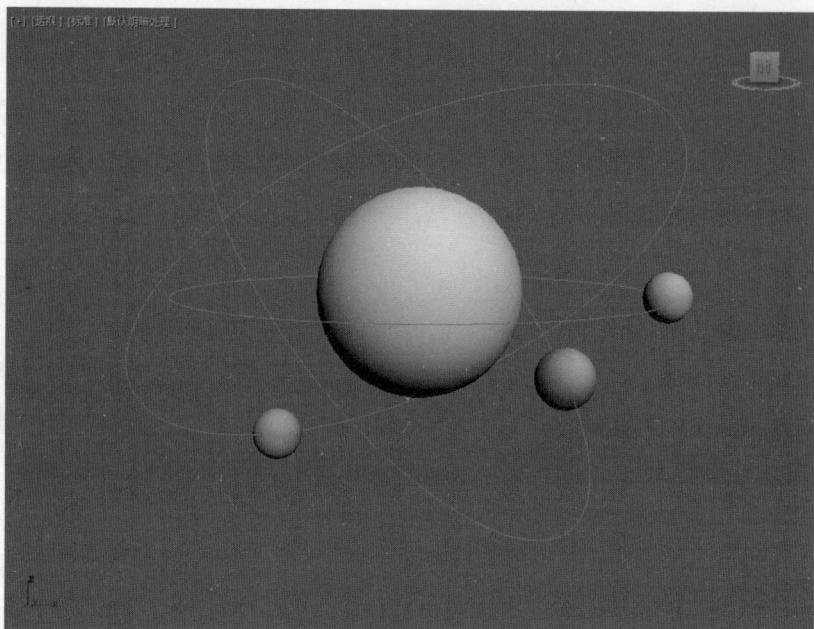

图10-43

08 选择动画效果明显的一些帧，然后按F9键渲染这些单帧动画，行星动画最终效果如图10-44所示。

图10-44

任务知识

10.2.1 附着约束

"附着约束"是一种位置约束，它可以将一个对象的位置附着到另一个对象的面上（目标对象不用必须是网格，但必须能够转换为网格），其参数如图10-45所示。

◇ **对象名称：** 显示所要附着的目标对象。

◇ **拾取对象：** 单击该按钮，可以在视图中拾取目标对象。

◇ **对齐到曲面：** 勾选该选项后，可以将附着对象的方向固定在其所指定的面上；取消勾选该选项后，附着对象的方向将不受目标对象上的面的方向影响。

◇ **更新：** 单击该按钮，可以更新显示附着效果。

◇ **手动更新：** 勾选该选项后，可以使用"更新"按钮 更新 。

◇ **时间：** 显示当前帧，并可以将当前关键点移动到不同的帧中。

图10-45

◇ **面：** 提供对象所附着到的面的索引。

◇ **A/B：** 设置面上附着对象的位置的重心坐标。

◇ **显示窗口：** 在附着面内部显示源对象的位置。

◇ ⬛设置位置⬛**：** 单击该按钮，可以在目标对象上调整源对象的放置。

◇ **张力：** 设置TCB控制器的张力，取值范围为0.0～50.0。

◇ **连续性：** 设置TCB控制器的连续性，取值范围为0.0～50.0。

◇ **偏移：** 设置TCB控制器的偏移量，取值范围为0.0～50.0。

◇ **缓入：** 设置TCB控制器的缓入位置，取值范围为0.0～50.0。

◇ **缓出：** 设置TCB控制器的缓出位置，取值范围为0.0～50.0。

10.2.2 曲面约束

使用"曲面约束"可以将对象限制在另一对象的表面上，"曲面约束"参数如图10-46所示。

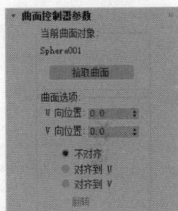
图10-46

◇ **对象名称：** 显示选定对象的名称。

◇ ⬛拾取曲面⬛**：** 单击该按钮，可以选择需要用作曲面的对象。

◇ **U向位置：** 调整控制对象在曲面对象U轴上的位置。

◇ **V向位置：** 调整控制对象在曲面对象V轴上的位置。

◇ **不对齐：** 选择该选项后，不管控制对象在曲面对象上的什么位置，它都不会重定向。

◇ **对齐到U：** 选择该选项后，将控制对象的局部z轴对齐到曲面对象的曲面法线，同时将x轴对齐到曲面对象的U轴。

◇ **对齐到V：** 选择该选项后，将控制对象的局部z轴对齐到曲面对象的曲面法线，同时将x轴对齐到曲面对象的V轴。

◇ **翻转：** 翻转控制对象局部z轴的对齐方式。

10.2.3 路径约束

使用"路径约束"可以将一个对象沿着样条线或多个样条线间的缝隙进行移动，"路径约束"参数如图10-47所示。

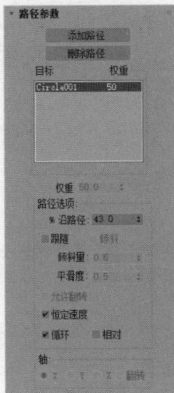
图10-47

◇ ⬛添加路径⬛**：** 单击该按钮，可以添加一个新的样条线路径使之对约束对象产生影响。

◇ ⬛删除路径⬛**：** 单击该按钮，可以从目标列表中删除一个样条线路径。

◇ **目标/权重：** 其下方的列表框中显示样条线路径及其权重值。

◇ **权重：** 为每个目标指定权重并设置动画。

◇ **%沿路径：** 设置对象沿路径的位置百分比。

> **提示** 注意，"%沿路径"的值基于样条线路径的U值。一个NURBS曲线可能没有均匀的空间U值，因此如果"%沿路径"的值为50.0，可能不会直观地转换为NURBS曲线长度的50%。

◇ **跟随：** 在对象跟随轮廓运动的同时将对象指定给轨迹。

◇ **倾斜：** 当对象通过样条线的曲线路径时允许对象倾斜（滚动）。

◇ **倾斜量：** 调整这个量，可以使倾斜从一边或另一边开始。

◇ **平滑度：** 控制对象在经过路径中的转弯时翻转角度改变的快慢程度。

◇ **允许翻转：** 勾选该选项后，物体将根据路径的曲率自然旋转（包括倒置），其局部坐标系会完全贴合路径方向。

◇ **恒定速度：** 勾选该选项后，可以沿着路径提供一个恒定的速度。

◇ **循环：** 一般情况下，当约束对象到达路径末端时，它不会越过末端点。而"循环"选项可以改变这一行为，当约束对象到达路径末端时会循环回起始点。

◇ **相对：** 勾选该选项后，可以保持约束对象的原始位置。

◇ **轴：** 定义对象的轴与路径轨迹对齐。

10.2.4 位置约束

使用"位置约束"可以使对象跟随一个对象的位置或者几个对象的权重平均位置，"位置约束"参数如图10-48所示。

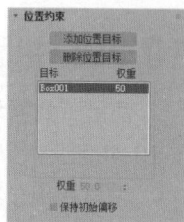

◇ **添加位置目标：** 单击该按钮，可以添加影响受约束对象位置的新目标对象。

◇ **删除位置目标：** 单击该按钮，可以删除位置目标对象。一旦将目标对象删除，它将不再影响受约束对象。

◇ **目标/权重：** 其下方的列表框用于显示目标对象及其权重值。

◇ **权重：** 为每个目标对象指定权重大小并设置动画。

◇ **保持初始偏移：** 勾选该选项后，可以保持受约束对象与目标对象的原始距离。

图10-48

10.2.5 链接约束

使用"链接约束"可以创建对象与目标对象之间彼此链接的动画，其参数如图10-49所示。

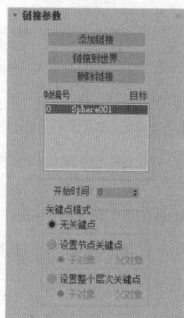

◇ **添加链接：** 单击该按钮，可以添加一个新的链接目标。

◇ **链接到世界：** 单击该按钮，可以将对象链接到世界（整个场景）。

◇ **删除链接：** 单击该按钮，可以删除高亮显示的链接目标。

◇ **开始时间：** 指定或编辑目标的帧值。

◇ **无关键点：** 选择该选项后，在受约束对象或目标对象中都不会写入关键帧。

◇ **设置节点关键点：** 选择该选项后，可以将关键帧写入指定的选项所对应的对象，包含"子对象"和"父对象"两种。

图10-49

◇ **设置整个层次关键点：** 选择该选项后，可以用指定选项在层次上部设置关键帧，包含"子对象"和"父对象"两种。

10.2.6 注视约束

使用"注视约束"可以控制对象的方向，并使它一直注视另一个对象，"注视约束"参数如图10-50所示。

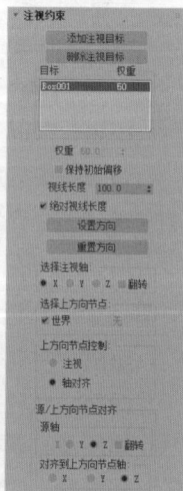

◇ **添加注视目标：** 单击该按钮，可以添加影响受约束对象的新目标。

◇ **删除注视目标：** 单击该按钮，可以删除影响受约束对象的目标对象。

◇ **权重：** 用于为每个目标指定权重并设置动画。

◇ **保持初始偏移：** 将受约束对象的原始方向保持为相对于约束方向上的一个偏移。

◇ **视线长度：** 定义从受约束对象轴到目标对象轴所绘制的视线长度。

图10-50

◇ **绝对视线长度：** 勾选该选项后，3ds Max 2024仅使用"视线长度"设置主视线的长度。

◇ 〔设置方向〕**：** 单击该按钮，可以对约束对象的偏移方向进行手动定义。

◇ 〔重置方向〕**：** 单击该按钮，可以将约束对象的方向设置为默认值。

◇ **选择注视轴：** 用于定义注视目标的轴。

◇ **选择上方向节点：** 选择注视的上部节点，默认设置为"世界"。

◇ **上方向节点控制：** 允许在注视的上部节点控制器和轴对齐之间快速翻转。

◇ **源轴：** 选择与上部节点轴对齐的约束对象的轴。

◇ **对齐到上方向节点轴：** 选择与选中的源轴对齐的上部节点轴。

10.2.7 方向约束

使用"方向约束"可以使某个对象的方向沿着另一个对象的方向或若干对象的平均方向，"方向约束"参数如图10-51所示。

◇ 〔添加方向目标〕**：** 单击该按钮，可以添加影响受约束对象的新目标对象。

◇ 〔将世界作为目标添加〕**：** 单击该按钮，可以将受约束对象与世界坐标轴对齐。

◇ 〔删除方向目标〕**：** 单击该按钮，可以删除目标对象。删除目标对象后，将不再影响受约束对象。

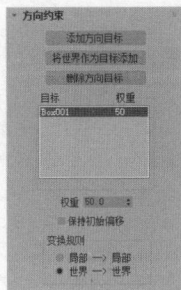

图10-51

◇ **权重：** 为每个目标指定权重并设置动画。

◇ **保持初始偏移：** 勾选该选项后，可以保留受约束对象的初始方向。

◇ **变换规则：** 将"方向约束"应用于层次中的某个对象后，即确定了是将局部节点变换还是将父变换用于"方向约束"。

◇ **局部→局部：** 选择该选项后，局部节点变换将用于"方向约束"。

◇ **世界→世界：** 选择该选项后，将应用父变换或世界变换，而不是应用局部节点变换。

任务10.3 变形器动画

本任务通过任务实践，讲解变形器动画的制作方法；通过任务知识，讲解常用的变形器动画类型。

〔任务实践〕 制作旋转的光带

〔任务目标〕 学习并使用"路径变形绑定（WSM）"修改器改变模型的形态，生成动画效果。

〔任务要点〕 本任务需要用胶囊和螺旋线创建光带及其运动路径。最终效果参看学习资源中的"案例文件>项目10>任务实践：旋转的光带.max"文件，效果如图10-52所示。

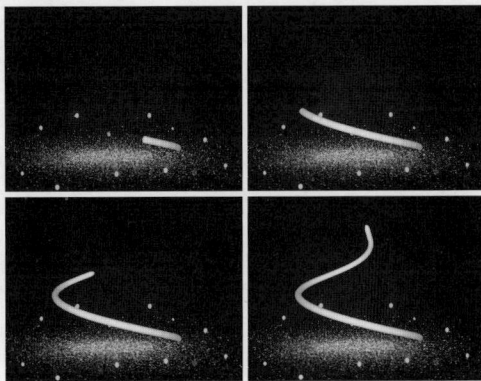

图10-52

任务制作

01 使用"螺旋线"工具 螺旋线 在场景中绘制一个螺旋线样条,如图10-53所示。

02 在"扩展基本体"中单击"胶囊"按钮 胶囊 ,然后在场景中创建一个胶囊模型,如图10-54所示。在设置"高度分段"时,其值尽量设置得大一些,这样在沿着样条生成模型时才不会出现棱角。

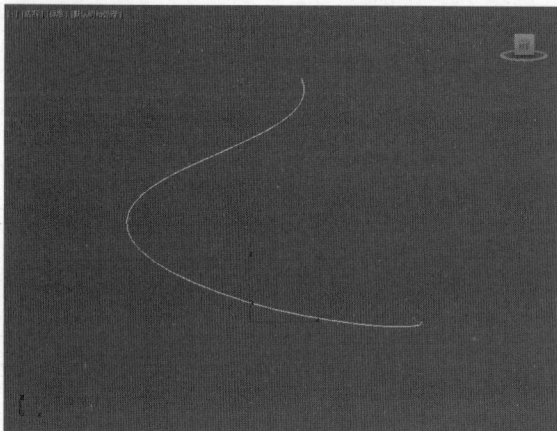
图10-53

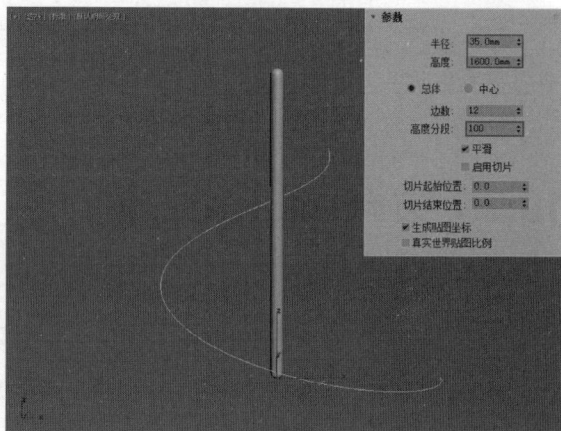
图10-54

> **提示** 螺旋线样条的样式仅为参考,读者可按照自己的喜好进行绘制。

03 选中胶囊模型,然后在"修改器列表"列表框中选中"路径变形绑定(WSM)",如图10-55所示。

04 单击"拾取路径"按钮 拾取路径 ,然后单击场景中的螺旋线样条,此时可以看到胶囊模型自动吸附在样条线上,如图10-56所示。

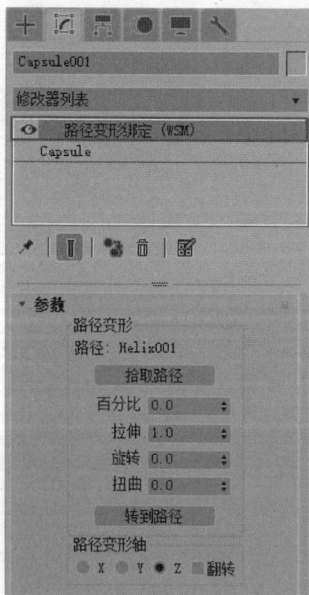
图10-55

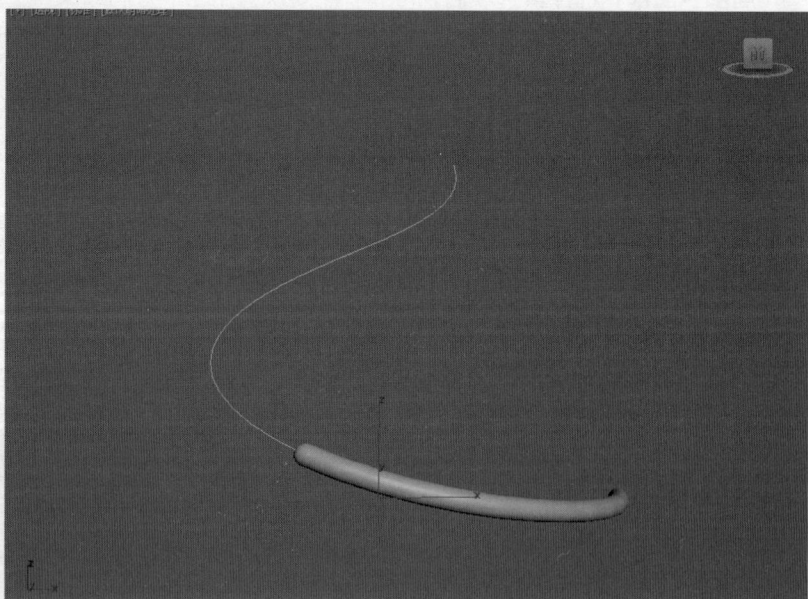
图10-56

> **提示** 如果胶囊模型没有吸附在样条线上,需要单击"转到路径"按钮 转到路径 。

05 单击"自动关键点"按钮 自动关键点 ,在第0帧时设置"拉伸"为0.0,如图10-57所示。

06 移动时间滑块到第100帧,设置"拉伸"为2.58,如图10-58所示。

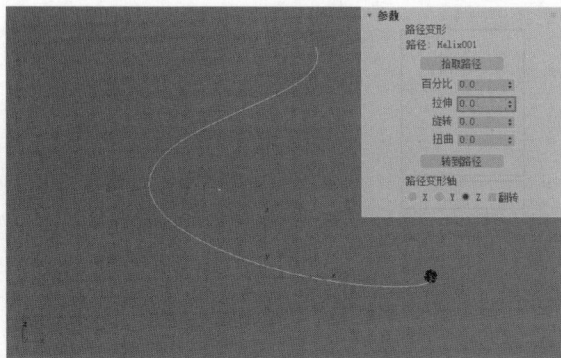

图10-57

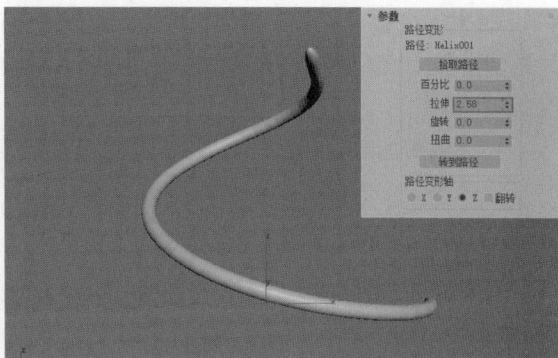

图10-58

07 为场景添加材质、灯光和背景后，旋转的光带最终效果如图10-59所示。

图10-59

任务知识

10.3.1 "变形器"修改器

"变形器"修改器可以用来改变网格、面片和NURBS模型的形状，同时还支持材质变形，一般用于制作变形动画。"变形器"修改器的参数包含在5个卷展栏中，如图10-60所示。

◇ **标记下拉列表** ▼：在该下拉列表中可以选择以前保存的标记。

◇ 保存标记：在标记下拉列表中输入标记名称后，单击该按钮可以保存标记。

◇ 删除标记：在标记下拉列表中选择要删除的标记，然后单击该按钮可以将其删除。

◇ **通道列表**："变形器"修改器最多可以提供100个变形通道，每个通道具有一个百分比。为通道指定变形目标后，该目标的名称将显示在通道列表中。

◇ **列出范围**：显示通道列表中的可见通道范围。

◇ 加载多个目标：单击该按钮，可以打开"加载多个目标"对话框，如图10-61所示。在该对话框中可以选择对象，并将多个变形目标加载到空通道中。

图10-60

图10-61

◇ ⬜重新加载所有变形目标：单击该按钮，可以重新加载所有变形目标。

◇ ⬜活动通道值清零：如果已启用"自动关键点"功能，那么单击该按钮，可以为所有活动通道创建值为0的关键点。

◇ **自动重新加载目标：** 勾选该选项后，可以允许"变形器"修改器自动更新动画目标。

10.3.2 "路径变形绑定（WSM）"修改器

使用"路径变形绑定（WSM）"修改器可以根据图形、样条线或NURBS曲线路径来变形对象，该修改器参数如图10-62所示。

◇ **路径：** 显示选定路径对象的名称。

◇ ⬜拾取路径：单击该按钮，可以在视图中选择一个样条线或NURBS曲线作为路径来使用。

◇ **百分比：** 根据路径长度的百分比沿着Gizmo路径移动对象。

◇ **拉伸：** 使用对象的轴点作为缩放的中心，沿着Gizmo路径缩放对象。

◇ **旋转：** 沿着Gizmo路径旋转对象。

◇ **扭曲：** 沿着Gizmo路径扭曲对象。

◇ ⬜转到路径：单击该按钮，可以将对象从其初始位置转到路径的起点。

◇ **X/Y/Z：** 选择一个轴以旋转Gizmo路径。

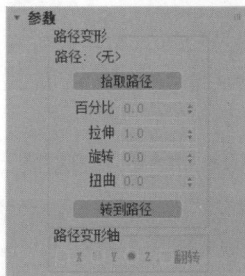

图10-62

项目实践 制作旋转的风扇动画

项目要点 本项目实践需要在风扇模型上添加旋转关键帧，效果如图10-63所示。

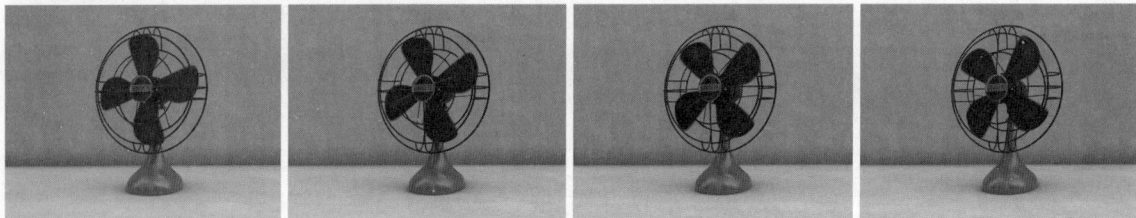

图10-63

课后习题 制作气球飞行动画

习题要点 针对本习题的气球模型，不仅需要制作位移关键帧，还需要制作旋转关键帧，效果如图10-64所示。

图10-64

项目11

商业案例实训

本项目将结合3ds Max 2024所涉及领域的商业案例的实际应用，讲解3ds Max 2024的制作技巧。通过对本项目的学习，读者可以快速地掌握商业案例的制作理念和软件的技术要点，设计并制作出专业的作品。

学习目标

- 掌握电商场景表现的制作思路与方法
- 掌握游戏CG场景表现的制作思路与方法
- 掌握建筑室内效果表现的制作思路与方法

技能目标

- 掌握"美妆电商场景"的制作方法
- 掌握"三维游戏场景"的制作方法
- 掌握"客厅场景日光"的制作方法

素养目标

- 培养运用3ds Max 2024制作三维场景的能力
- 培养运用Photoshop合成整个画面效果的能力
- 培养通过不断实践积极探索的能力

任务11.1 电商场景表现

电商场景虽然较多使用Cinema 4D进行制作，但3ds Max 2024也具有其独特的制作优势，如丰富的素材资源能减少制作模型的工作量，强大、快速的VRay渲染器能减少制作时间。三维软件在制作电商场景时拥有独特的优势，相比运用平面软件需要考虑复杂的光影关系，三维软件可以更快且更加逼真地制作电商场景。

任务实践 美妆电商场景表现

任务目标 将美妆产品模型合并到制作好的展台模型场景中。为场景添加灯光和材质，然后渲染出效果图。

任务要点 本任务需要使用"合并"功能将美妆产品模型合并到场景中，并为场景添加VRay灯光和纯色、金属等材质。最终效果参看学习资源中的"案例文件>项目11>任务实践：美妆电商场景表现.max"文件，效果如图11-1所示。

图11-1

任务制作

01 打开学习资源"案例文件>项目11>任务实践：美妆电商场景表现"文件夹中的"场景.max"文件，效果如图11-2所示。这是一个展台场景的素模，需要往里面添加产品模型。

02 执行"文件>导入>合并"菜单命令，在弹出的对话框中选择学习资源中的"香水1.max"文件，如图11-3所示。

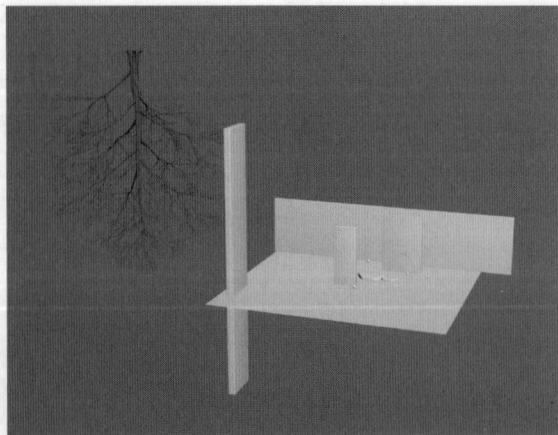
图11-2

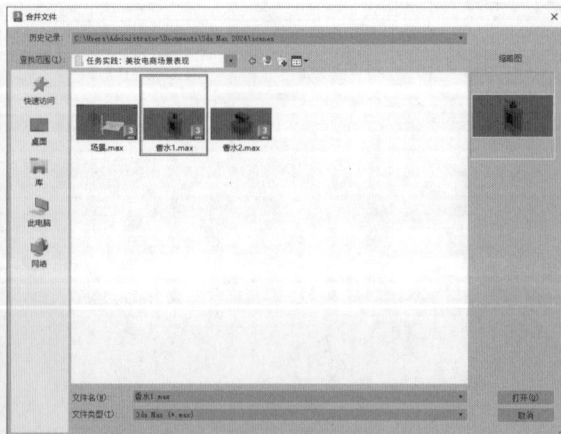
图11-3

03 导入香水模型后，将其放在展台模型上，如图11-4所示。

04 按照步骤02中的方法，将"香水2.max"文件也合并到场景中，放在旁边的展台上，如图11-5所示。

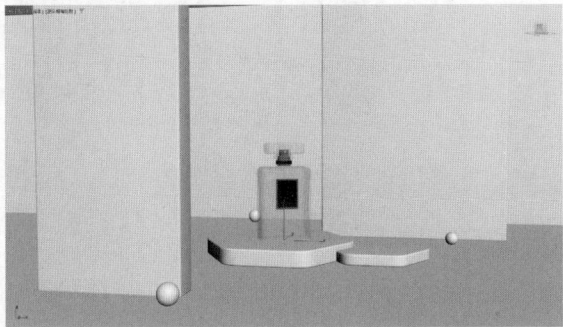
图11-4

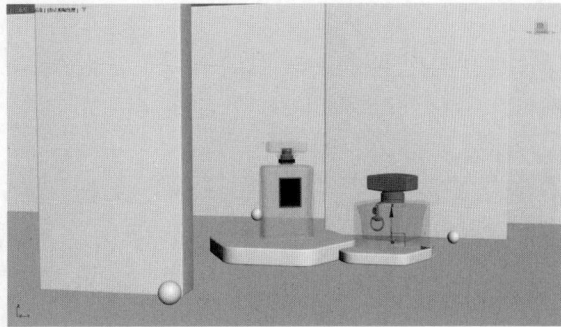
图11-5

05 将两个香水模型对调位置，这样画面会更加好看，如图11-6所示。

06 使用"VRayPhysicalCamera"工具 `VRayPhysicalCamera` 在场景中创建摄影机以取景，如图11-7所示。

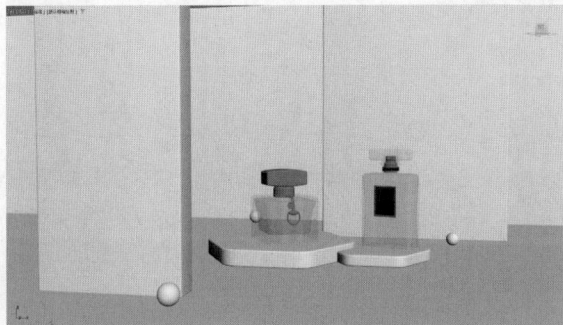
图11-6

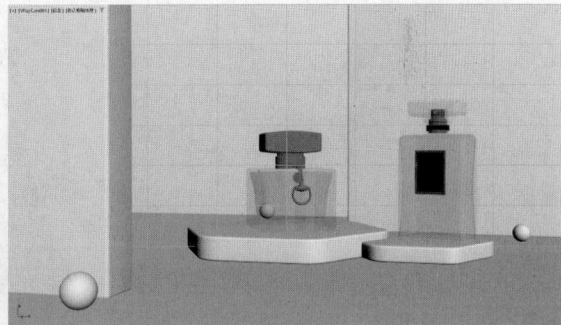
图11-7

07 选中摄影机，设置"焦距(mm)"为36.0，"胶片感光度(ISO)"为1000.0，如图11-8所示。调整摄影机参数后，再细微调整镜头，效果如图11-9所示。

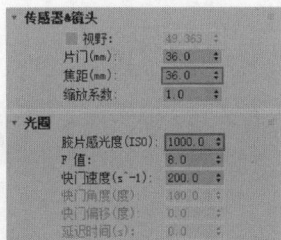
图11-8

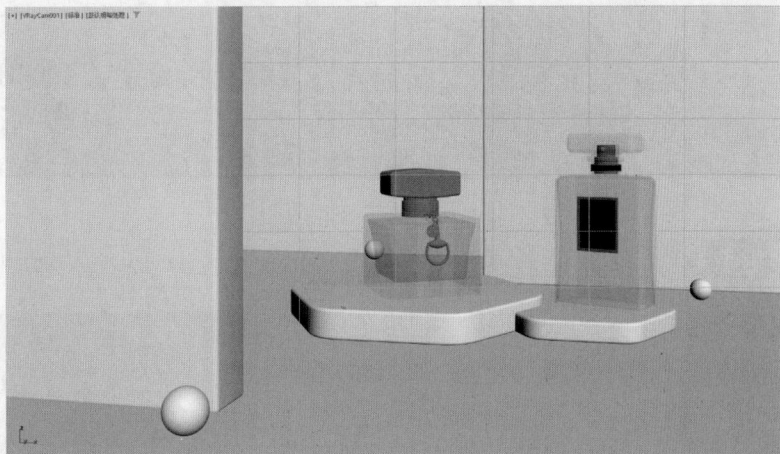
图11-9

> **提示** 如果调整镜头后发现竖向的墙壁出现透视畸变，需要勾选"自动垂直倾斜"选项进行校正，如图11-10所示。

图11-10

08 按F10键打开"渲染设置"对话框,设置画面的渲染输出的
"宽度"为1280,"高度"为720,如图11-11所示。

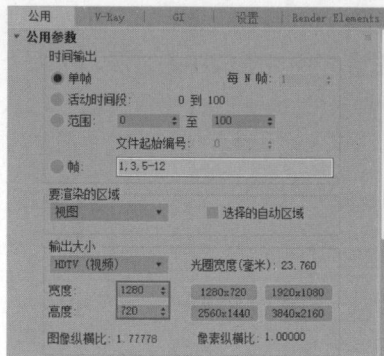

图11-11

09 场景构图完成后,创建灯光。使用"VRaySun"工具 [VRaySun] 在场景的左侧创建一盏灯光,
其位置如图11-12所示。

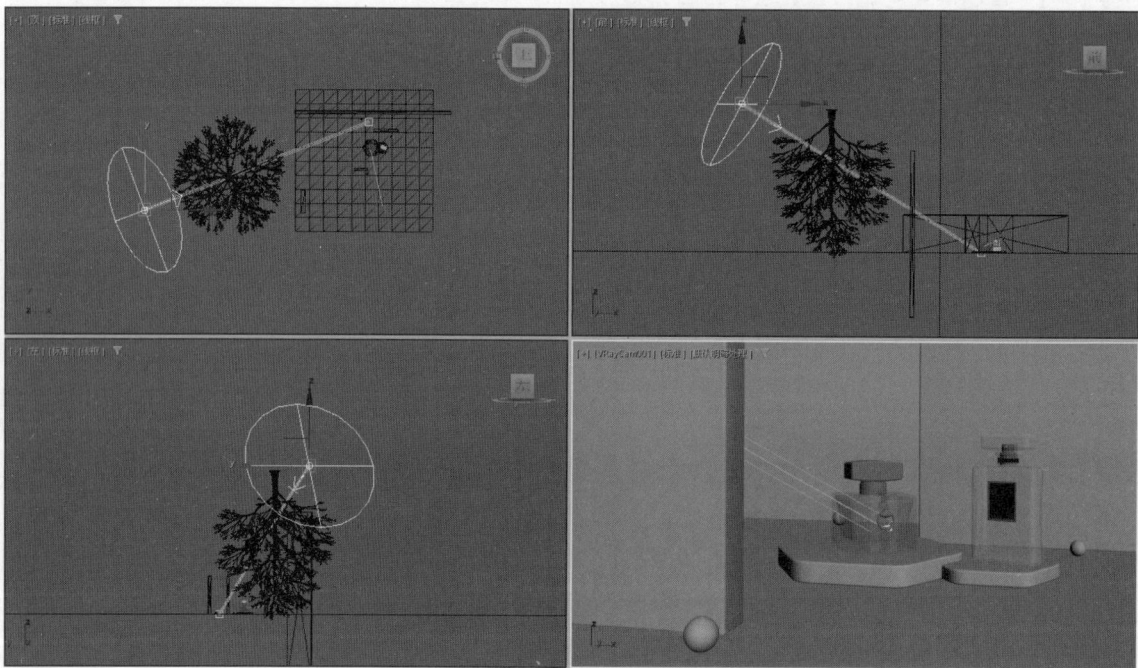

图11-12

> **提示** 创建"VRaySun"时,需要添加其自带的"VRay天空"贴图。

10 选中创建的灯光,设置"强度倍增值"
为0.1,"尺寸倍增值"为5.0,如图11-13所
示。预览灯光效果如图11-14所示。尽量让
产品模型处在高光区域,这样能更好地展示
产品模型。

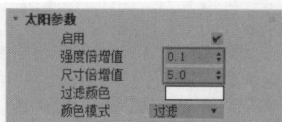

图11-13

图11-14

11 阴影处的亮度还是偏暗，在左侧创建一盏VRay灯光，位置如图11-15所示。

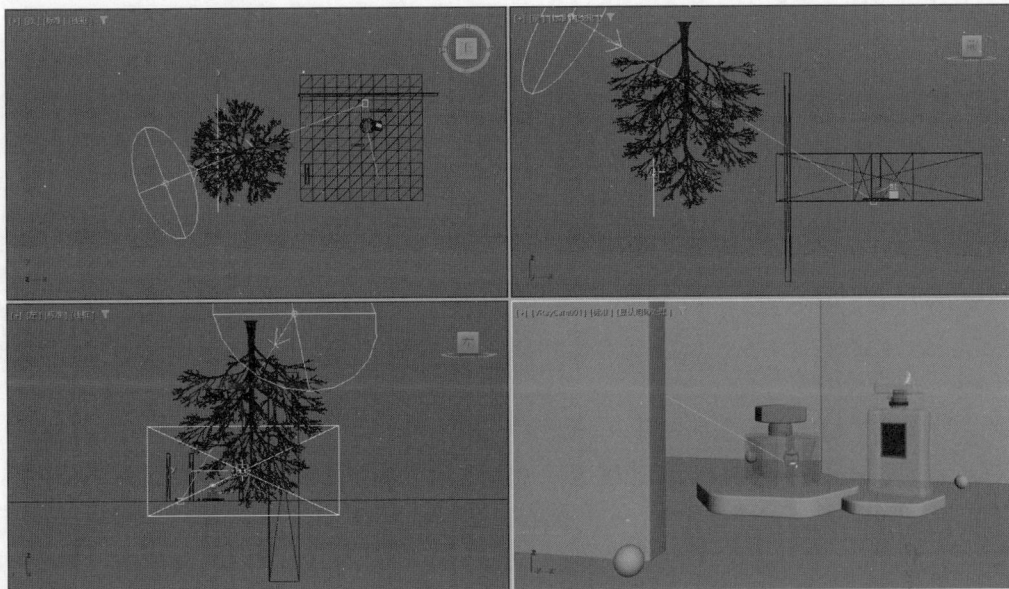

图11-15

12 选中创建的灯光，设置"倍增值"为80.0，"颜色"为白色，勾选"不可见"选项，如图11-16所示。灯光预览效果如图11-17所示。

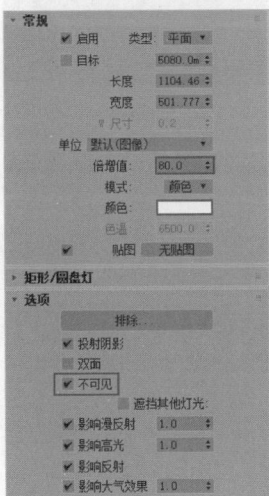

图11-16　　　　　　　　　　　　　　　　　　图11-17

13 场景中的材质都较为简单。选择一个空白材质球，设置材质类型为VRay材质，然后设置"漫反射"为黑色，"反射"为白色，"光泽度"为0.75，BRDF的类型为Blinn，如图11-18所示，制作好的材质球效果如图11-19所示。

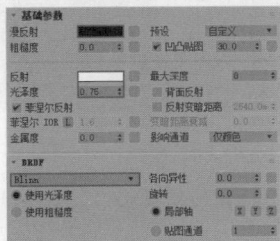

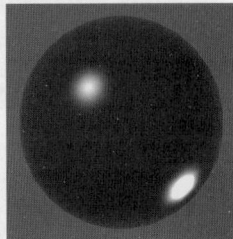

图11-18　　　　　　　图11-19

> **提示** 设置"漫反射"颜色时，最好不要设置为纯黑色。纯黑色在灯光照射后的效果不是特别好。

14 将材质赋予墙面和底座模型，效果如图11-20所示。

15 将黑色的材质球复制一个并重命名，然后修改"光泽度"为0.9，如图11-21所示，制作好的材质球效果如图11-22所示。

图11-20

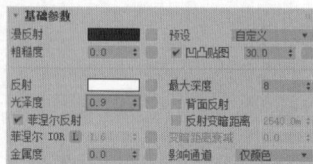
图11-21

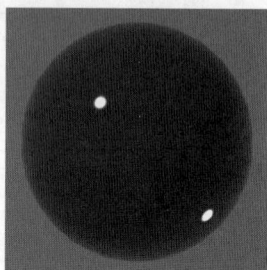
图11-22

16 将步骤15制作的材质赋予地面模型，效果如图11-23所示。

17 选择一个空白材质球，设置材质类型为VRay材质，然后设置"漫反射"为深黄色，"反射"为浅黄色，"光泽度"为0.9，"金属度"为1.0，如图11-24所示，制作好的材质球效果如图11-25所示。

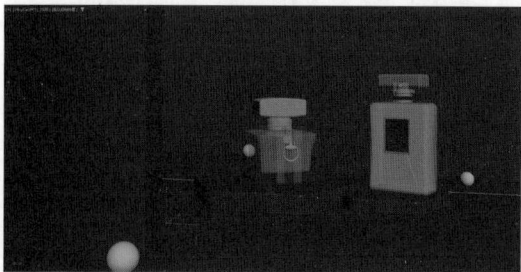
图11-23

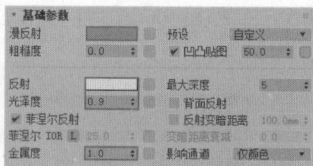
图11-24

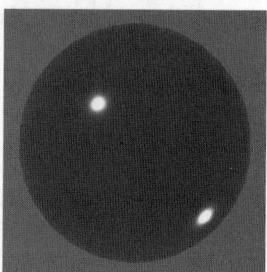
图11-25

18 将步骤17制作的材质赋予场景中的球体模型，效果如图11-26所示。场景中的材质都赋予模型后，下面开始渲染图片。

19 按F10键打开"渲染设置"对话框，然后在"输出大小"选项组中设置"宽度"为1920，"高度"为1080，如图11-27所示。

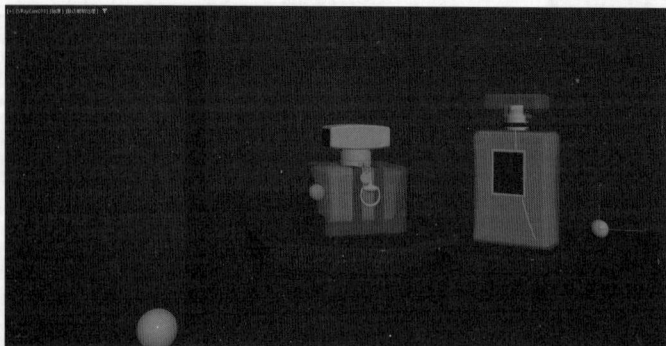
图11-26

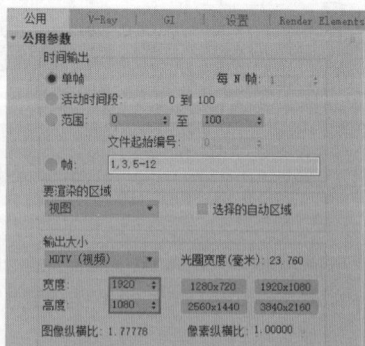
图11-27

提示 香水模型自带材质，读者可在原有材质的基础上适当调整一些细节。

20 切换到"V-Ray"选项卡，然后在"渐进式图像采样器"卷展栏中设置"最大渲染时间（分钟）"为15.0，"噪点阈值"为0.001，如图11-28所示。

21 切换到"GI"选项卡，在"灯光缓存"卷展栏中设置"细分"为2000，如图11-29所示。

22 调整场景的一些细节后，按F9键渲染当前场景，美妆电商场景表现最终效果如图11-30所示。

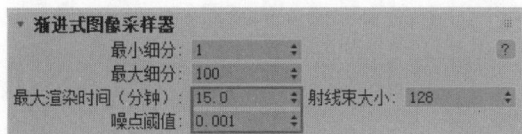

图11-28

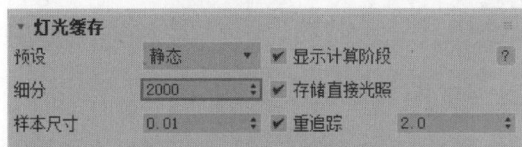

图11-29

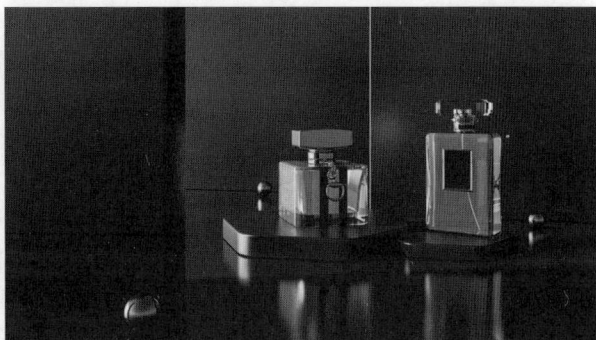

图11-30

课后习题 电商促销Banner表现

习题要点 本习题需要为场景中制作好的立体文字等模型添加摄影机、灯光和材质，渲染输出1920像素×900像素的图片，然后将其在Photoshop中与"背景.psd"文件进行合成。最终效果参看学习资源中的"案例文件>项目11>课后习题：电商促销Banner.psd"文件，效果如图11-31所示。

图11-31

任务11.2 游戏CG场景表现

游戏美术是3ds Max 2024的一个重要应用领域，无论是游戏场景、游戏角色还是游戏道具，都可以使用3ds Max 2024实现。

任务实践 三维游戏场景表现

任务目标 为制作好的三维游戏场景模型添加摄影机、灯光和材质，然后渲染出效果图。

任务要点 本任务在添加摄影机和灯光方面都较为简单，在添加材质方面要稍微复杂一些，需要使用"VRay混合材质"将多种材质效果进行混合。最终效果参看学习资源中的"案例文件>项目11>任务实践：三维游戏场景表现.max"文件，效果如图11-32所示。

图11-32

任务制作

01 打开学习资源"案例文件>项目11>任务实践：三维游戏场景表现"中的"练习.max"文件，效果如图11-33所示。

02 使用"VRayPhysicalCamera"工具 VRayPhysicalCamera 在场景中创建摄影机以取景，如图11-34所示。

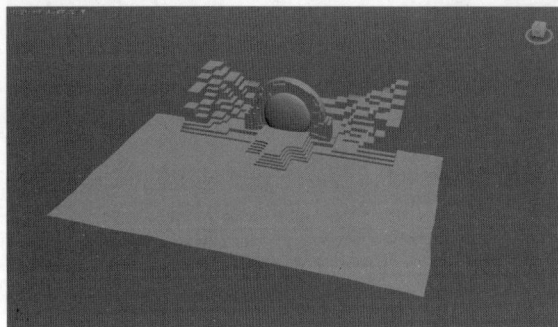

图11-33

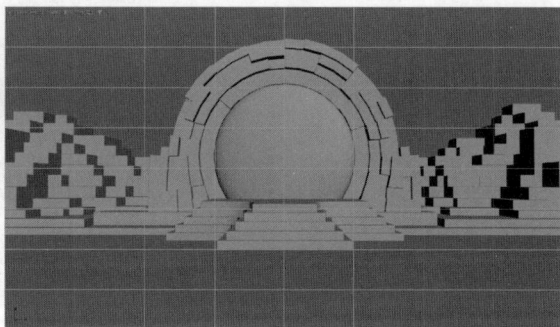

图11-34

03 选中摄影机，设置"焦距(mm)"为36.0，"胶片感光度(ISO)"为1000.0，如图11-35所示。

04 按F10键打开"渲染设置"对话框，设置输出的"宽度"为1280，"高度"为720，如图11-36所示。

05 调整摄影机细节后，镜头效果如图11-37所示。

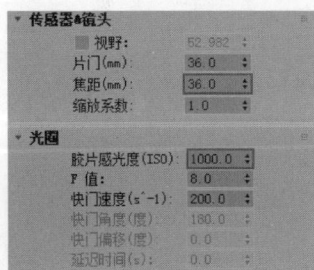

图11-35

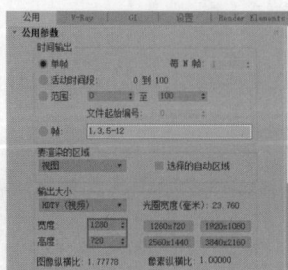

图11-36

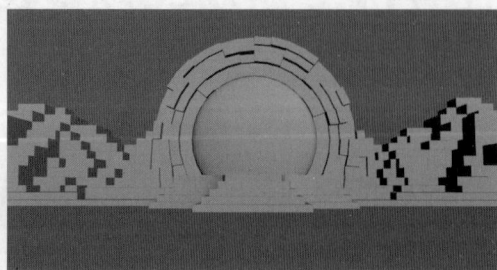

图11-37

06 摄影机设置完成后，下面开始创建灯光。按8键打开"环境和效果"对话框，在"环境贴图"通道中加载VRay位图，然后在"位图"通道中加载学习资源中的"105.hdr"文件，设置"映射类型"为球形，"水平旋转"为15.0，如图11-38所示。
预览灯光效果如图11-39所示。

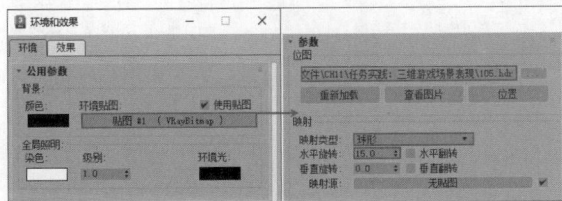

图11-38

图11-39

> **提示** 通过实时预览功能，可以一边调整"水平旋转"的数值，一边观察渲染效果。

07 使用"VRayLight"工具 ▢VRayLight 在场景中创建一个"长度"和"宽度"都为200.0mm的平面灯光，设置"倍增值"为100.0，"颜色"为青色，勾选"不可见"选项，如图11-40所示。

08 将平面灯光以"实例"模式复制多个，随机摆放在画面中，预览效果如图11-41所示。

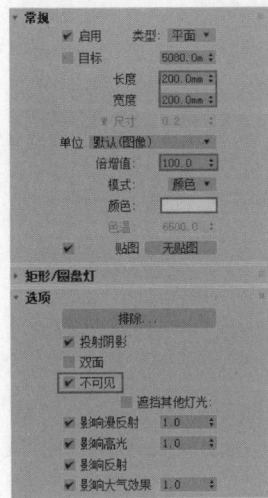

图11-40

图11-41

09 灯光创建完成，开始创建材质。选择一个空白材质球，然后设置材质类型为VRay材质，在"漫反射"通道中加载"渐变"贴图，设置"颜色#1"为浅蓝色，"颜色#2"为深蓝色，"颜色#3"为墨蓝色，"颜色2位置"为0.7，"渐变类型"为"径向"，噪波的"数量"为0.3，噪波的类型为"分形"，"大小"为2.0，"相位"为2.0，然后将"渐变"贴图复制到"自发光"通道中，勾选"GI"和"补偿摄影机曝光"两个选项，设置"倍增值"为3.0，接着设置"反射"为灰色，"光泽度"为0.8，如图11-42所示。材质球效果如图11-43所示。

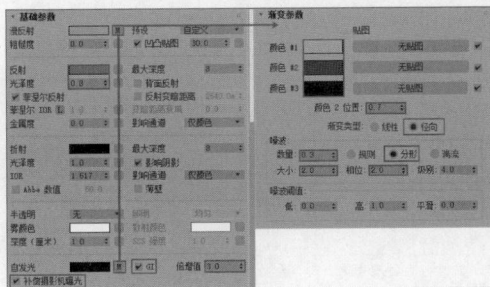

图11-42

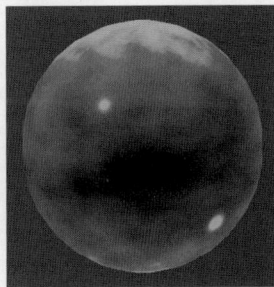

图11-43

⑩ 将材质赋予场景中间的球形模型，并添加"UVW贴图"修改器调整贴图位置，效果如图11-44所示。预览材质效果如图11-45所示。

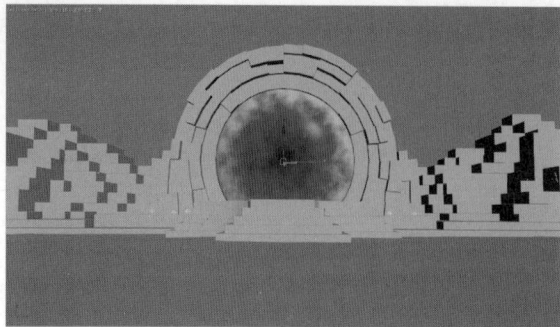

图11-44

图11-45

⑪ 新建一个VRay材质，设置"漫反射"为灰蓝色，"反射"为灰色，"光泽度"为0.6，BRDF的类型为Blinn，如图11-46所示。材质球效果如图11-47所示。

⑫ 将步骤11制作的材质赋予地面和台阶模型，效果如图11-48所示。

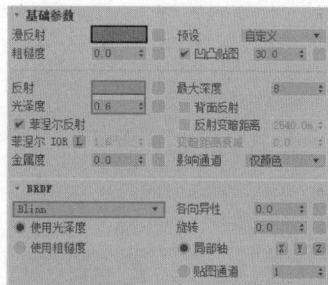

图11-46

图11-47

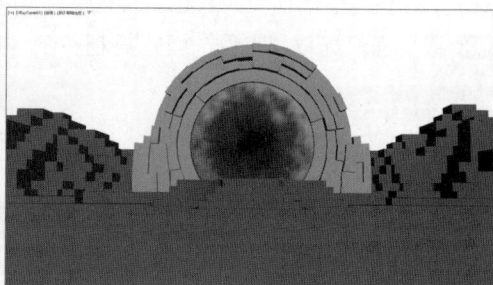

图11-48

⑬ 将灰蓝色的材质复制一个，重命名后单击"VRayMtl"按钮 VRayMtl ，在弹出的对话框中选择"VRayBlendMtl"选项，如图11-49所示。此时会弹出"替换材质"对话框，选择"将旧材质保存为子材质？"选项，如图11-50所示。

⑭ 在VRay混合材质面板中将"基础材质"通道中的VRayMtl向下复制到"清漆层材质"通道中，然后在"混合强度"通道中加载学习资源中的"5cd0f3f03db18.jpg"文件，如图11-51所示。

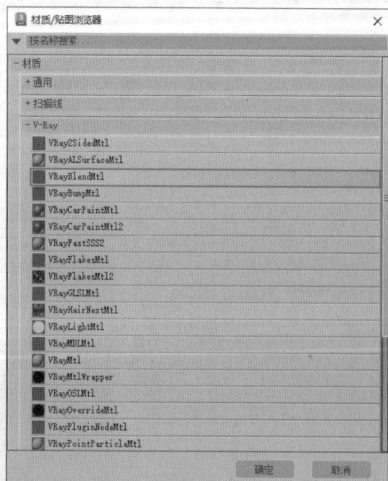

图11-49

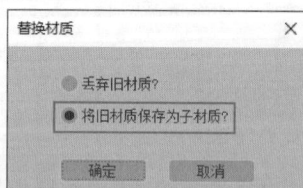

图11-50

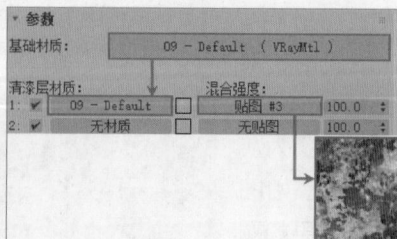

图11-51

15 进入"清漆层材质"通道中的VRayMtl面板,设置"漫反射"为深黄色,"反射"为黄色,"光泽度"为0.75,"金属度"为1.0,如图11-52所示。返回VRay混合材质面板,材质球效果如图11-53所示。

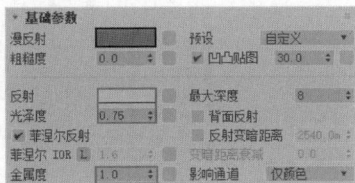

图11-52

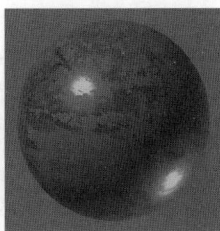

图11-53

16 将步骤13～步骤15制作的材质赋予场景中间的模型,并添加"UVW贴图"修改器,设置"贴图"为"长方体","长度"、"宽度"和"高度"都为3000.0mm,如图11-54所示,调整后的效果如图11-55所示。

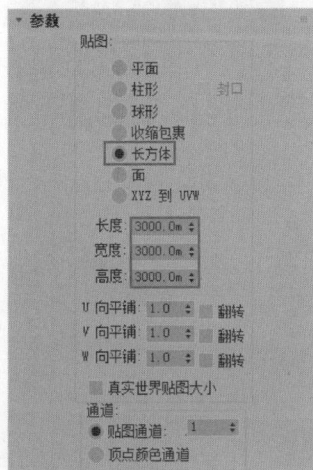

图11-54

图11-55

提示 为了能直观查看贴图坐标是否合适,进入"混合强度"通道中的贴图面板,单击"视口中显示明暗处理材质"按钮,如图11-56所示,就能将黑白贴图的纹理显示在模型上。显示贴图后再调整贴图坐标就非常容易了。

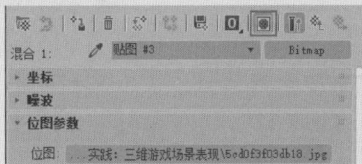

图11-56

17 实时渲染场景,效果如图11-57所示。

图11-57

18 新建VRay材质，在"漫反射"通道中加载"衰减"贴图，设置"衰减"贴图的"前"通道为蓝色，"侧"通道为浅蓝色，"衰减类型"为Fresnel，设置"反射"为浅蓝色，在"凹凸贴图"通道中加载"噪波"贴图，设置"大小"为50.0，"凹凸贴图"通道量为10.0，如图11-58所示，制作好的材质球效果如图11-59所示。

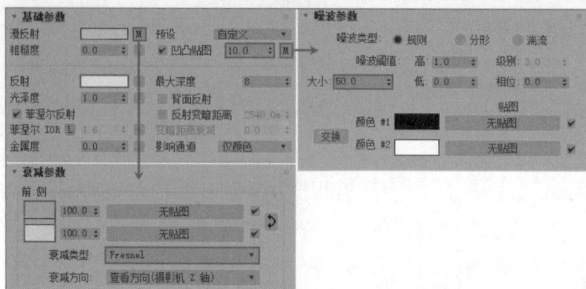

图11-58 　　　　　　　　　　　　　　　　　　　　图11-59

19 将设置好的材质赋予水面模型，预览效果,如图11-60所示。

图11-60

20 观察预览画面，添加材质后灯光的亮度会变暗，且画面的光感不好，没有明暗对比。使用"VRaySun"工具 VRaySun 在场景中创建太阳光，如图11-61所示。

提示 已经在"环境和效果"对话框中添加了.hdr贴图，创建"VRaySun"时，就不添加附带的"VRay天空"贴图。

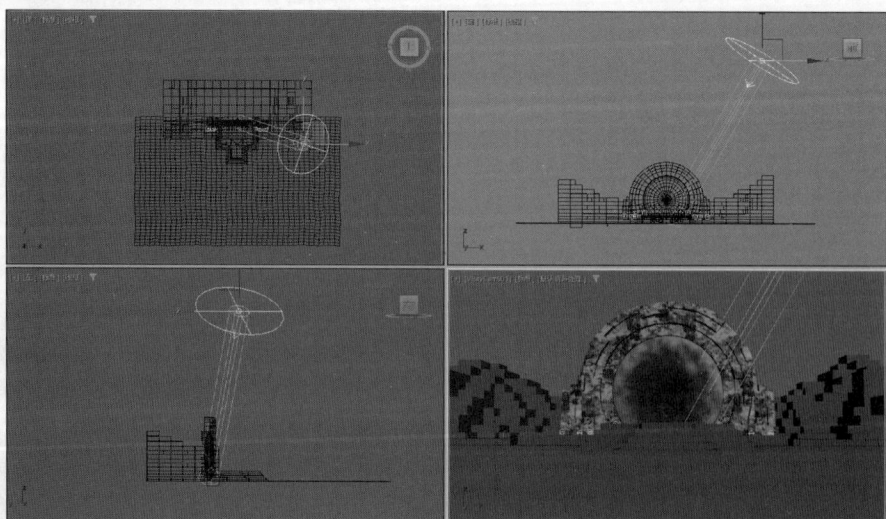

图11-61

21 选中创建的灯光，设置"强度倍增值"为0.05，"尺寸倍增值"为5.0，如图11-62所示。预览画面效果，如图11-63所示。

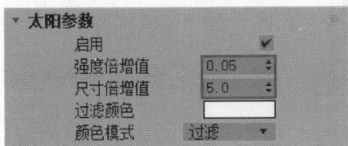

图11-62

图11-63

> **提示** 现有的天空与场景较为割裂，渲染成品图后，会在Photoshop中替换天空素材。

22 渲染成品图。按F10键打开"渲染设置"对话框，然后在"输出大小"选项组中设置"宽度"为1920，"高度"为1080，如图11-64所示。

23 切换到"V-Ray"选项卡，然后在"渐进式图像采样器"卷展栏中设置"最大渲染时间（分钟）"为10.0，"噪点阈值"为0.001，如图11-65所示。

24 切换到"GI"选项卡，在"灯光缓存"卷展栏中设置"细分"为2000，如图11-66所示。

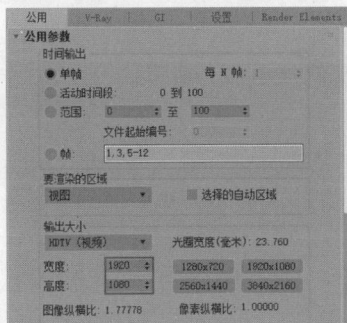

图11-64

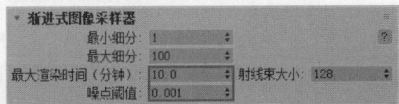

图11-65

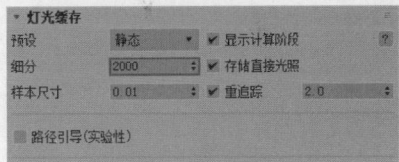

图11-66

25 按F9键渲染当前场景，渲染的成品图效果如图11-67所示。

图11-67

> **提示** 在保存渲染的图片时，选择图片的保存格式为.png，同时勾选"Alpha通道"选项，如图11-68所示。保存后的图片就会抠掉天空部分，方便后期替换天空素材。

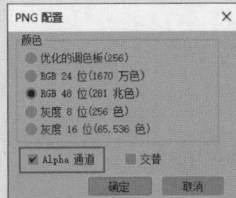

图11-68

26 打开Photoshop，将渲染的图片和素材文件夹中的"天空.jpg"图片一起导入软件中，如图11-69所示。

图11-69

27 将"天空"图层置于"图层1"的下方，并调整大小，如图11-70所示。

图11-70

28 相比天空的亮度，场景模型的亮度偏暗。在"图层1"上添加"色阶"调整图层以提亮画面，如图11-71所示。

图11-71

提示 在"色阶"调整图层的面板中一定要单击"此调整剪切到此图层"按钮 ，否则色阶的调整会影响"天空"图层。

29 继续添加"色彩平衡"调整图层，调整"高光"和"阴影"的色调，如图11-72所示。

图11-72

30 观察画面，水面的颜色偏浅。继续添加一个"色阶"调整图层，加深水面部分的颜色，然后绘制蒙版，将建筑部分擦除，只保留水面部分，如图11-73所示。

图11-73

31 按快捷键Ctrl+Alt+Shift+E盖印所有图层，生成"图层2"，如图11-74所示。

32 执行"滤镜>渲染>镜头光晕"菜单命令，为"图层2"添加镜头光晕，如图11-75所示。添加后的效果如图11-76所示。

图11-74　　　　　　　　图11-75　　　　　　　　图11-76

33 按快捷键Shift+Ctrl+F打开"渐隐"对话框，设置"不透明度"为70%，"模式"为"柔光"，如图11-77所示。三维游戏场景表现最终效果如图11-78所示。

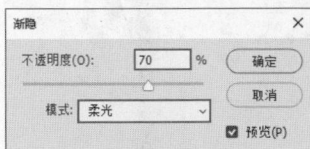

图11-77

图11-78

课后习题 卡通游戏场景表现

习题要点 本习题需要为场景中制作好的卡通游戏场景模型添加摄影机、灯光和材质，渲染输出1920像素×1080像素的图片。最终效果参看学习资源中的"案例文件>项目11>课后习题：卡通游戏场景表现.max"文件，效果如图11-79所示。

图11-79

任务11.3 建筑室内效果表现

建筑室内效果表现是3ds Max 2024应用较多的领域。配合VRay渲染器，软件可以渲染出照片级的室内效果，同时其拥有丰富的网络素材资源，减少了用户查找素材的工作量。

任务实践 客厅场景日光表现

任务目标 本任务需要为室内客厅场景模型添加摄影机、灯光和材质，然后渲染出效果图。

任务要点 本任务在添加摄影机和灯光方面较为简单，在添加材质时要制作室内常见的乳胶漆、木质栅格、绒布、金属和皮革等类型的材质。最终效果参看学习资源中的"案例文件>项目11>任务实践：客厅场景日光表现.max"文件，效果如图11-80所示。

图11-80

任务制作

01 打开学习资源"案例文件>项目11>任务实践：客厅场景日光表现"文件夹中的"练习.max"文件，效果如图11-81所示。

02 切换到顶视图，使用"VRayPhysicalCamera"工具 `VRayPhysicalCamera` 在场景中创建摄影机，如图11-82所示。

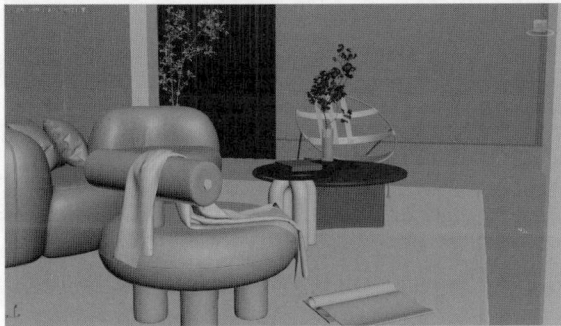

图11-81

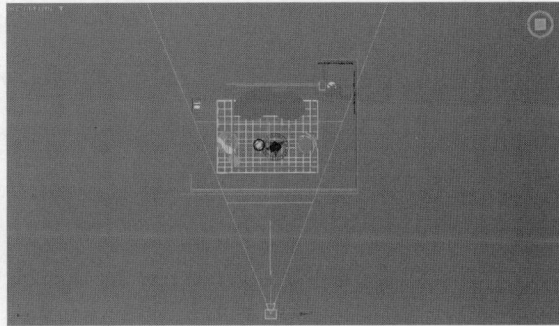

图11-82

03 按C键切换到摄影机视图，会发现墙面模型遮挡了摄影机，不能看到室内的家具模型，如图11-83所示。

04 在摄影机的"剪裁与环境"卷展栏中勾选"剪裁"选项，设置"近裁剪平面"为4900.49mm，"远裁剪平面"为42073.1mm，如图11-84所示。此时就可以剪切遮挡摄影机的墙面模型，从而看到室内的家具模型，如图11-85所示。

图11-83

图11-84

图11-85

05 选中摄影机，设置"焦距(mm)"为45.0，"胶片感光度(ISO)"为1000.0，如图11-86所示。

06 为了方便测试场景的灯光，为整个场景赋予默认材质，效果如图11-87所示。

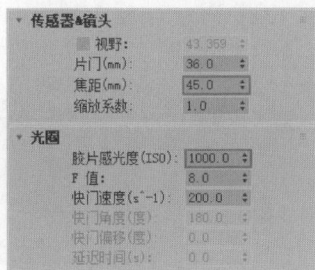

图11-86

图11-87

07 使用"VRaySun"工具 VRaySun 在右侧窗外创建一盏灯光，其位置如图11-88所示。

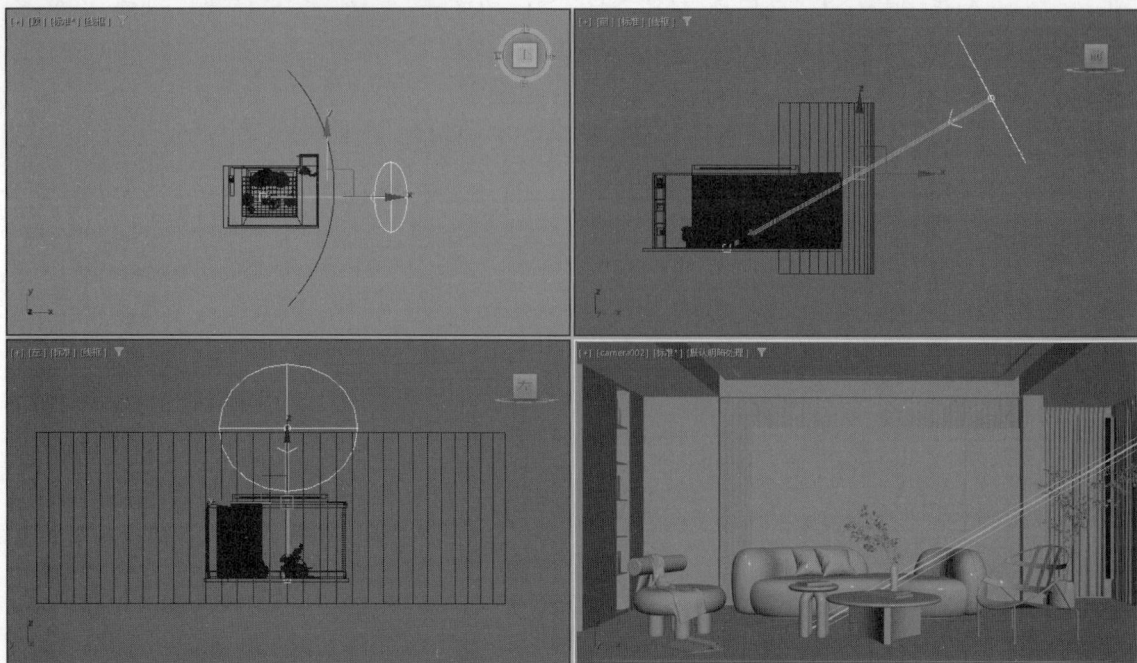

图11-88

提示 创建灯光时，会弹出是否添加"VRay天空"贴图的对话框，这里选择"是"选项。

08 选择创建的"VRaySun"，然后展开"太阳参数"卷展栏，设置"强度倍增值"为0.3，"尺寸倍增值"为5.0，如图11-89所示。

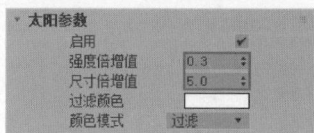

图11-89

09 按F9键渲染当前画面，效果如图11-90所示。

图11-90

⑩ 观察画面可以发现房间左侧有些偏暗。使用"VRayLight"工具 VRayLight 在右侧窗外创建一盏平面灯光作为环境光,其位置如图11-91所示。

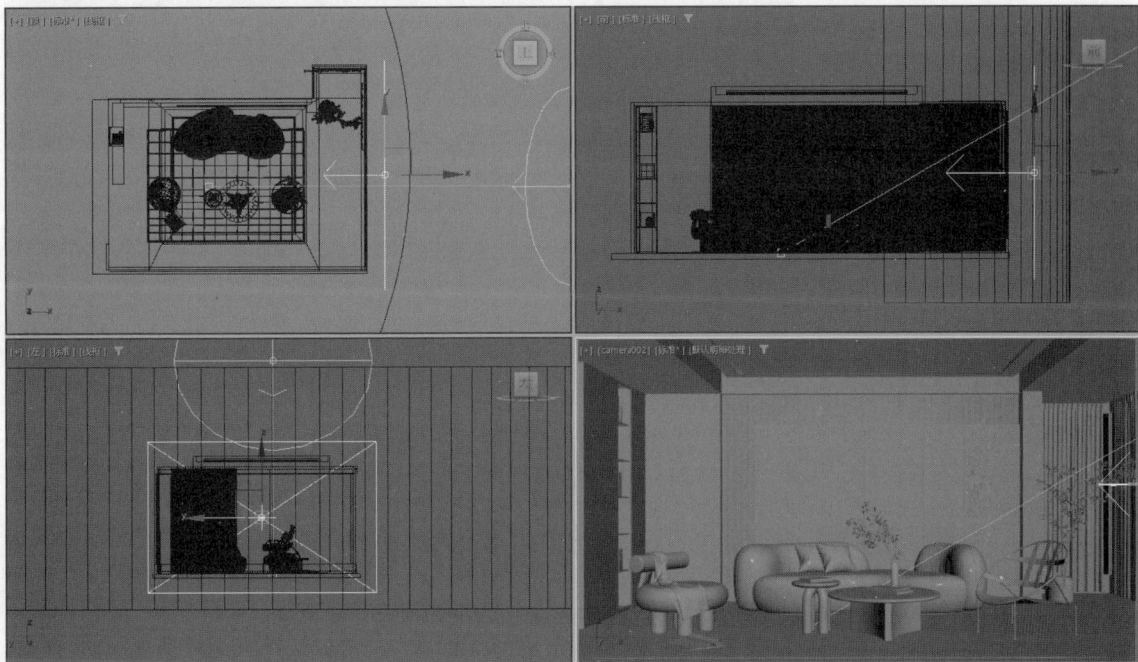

图11-91

⑪ 选中创建的平面灯光,设置"倍增值"为20.0,"颜色"为白色,勾选"不可见"选项,如图11-92所示。

⑫ 按F9键渲染当前画面,效果如图11-93所示。

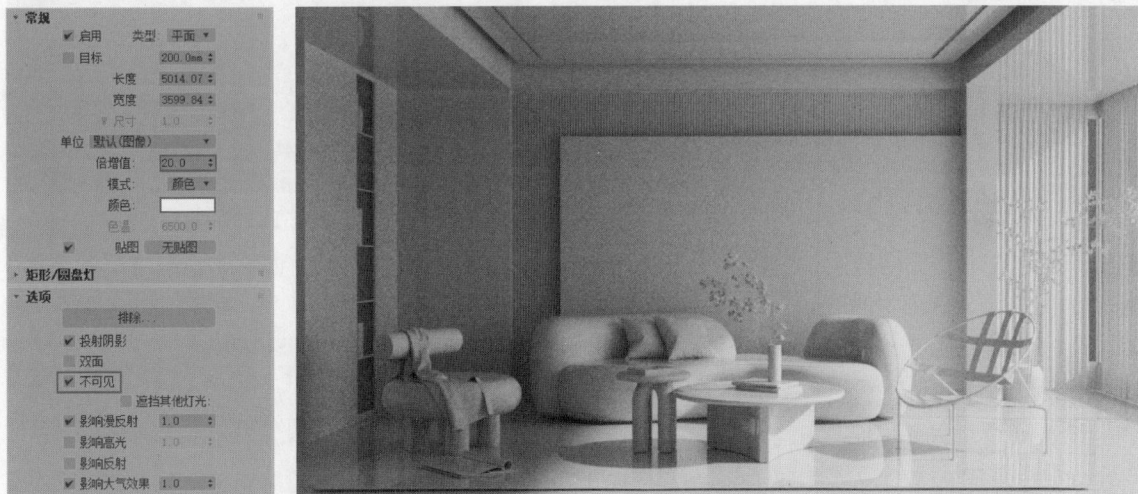

图11-92

图11-93

⑬ 制作乳胶漆材质。选择一个空白材质球,然后设置材质类型为VRay材质,设置"漫反射"为浅灰色,如图11-94所示,制作好的材质球效果如图11-95所示。

14 将材质赋予墙面和吊顶模型，效果如图11-96所示。

图11-94

图11-95

图11-96

> **提示** 纯白色的材质容易曝光，设置"漫反射"为浅灰色可以避免这种问题。

15 下面制作软包材质。选择一个空白材质球，然后设置材质类型为VRay材质，设置"漫反射"为浅棕色，设置"反射"为灰色，"光泽度"为0.75，在"反射"和"光泽度"的通道中加载学习资源中的"px 0901072.jpg"文件，设置"反射"和"光泽度"的通道量都为30.0，如图11-97所示，制作好的材质球效果如图11-98所示。

16 将步骤15制作的材质赋予软包模型，并添加贴图坐标，效果如图11-99所示。

图11-97

图11-98

图11-99

17 下面制作木质栅格材质。选择一个空白材质球，然后设置材质类型为VRay材质，在"漫反射"通道中加载学习资源中的"px 0901093.jpg"文件，设置"反射"为白色，"光泽度"为0.9，在"光泽度"通道中加载资源文件中的"px 0901095.jpg"文件，设置通道量为50.0，在"凹凸"通道中加载学习资源中的"px 0901094.jpg"文件，设置通道量为3.5，如图11-100所示，制作好的材质球效果如图11-101所示。

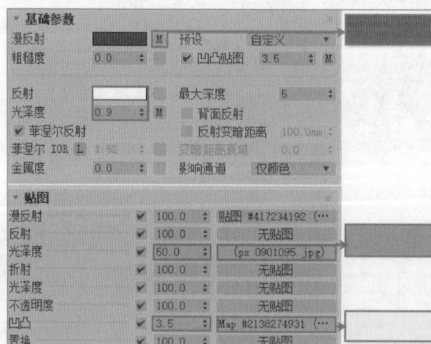

图11-100

图11-101

18 将步骤17制作的材质赋予软包后的栅格模型，效果如图11-102所示。

图11-102

19 下面制作地面瓷砖材质。选择一个空白材质球，然后设置材质类型为VRay材质，在"漫反射"通道中加载学习资源中的"px 0901032.jpg"文件，设置"反射"为浅灰色，"光泽度"为0.88，如图11-103所示，制作好的材质球效果如图11-104所示。

20 将步骤19制作的材质赋予地面模型，并添加贴图坐标，效果如图11-105所示。

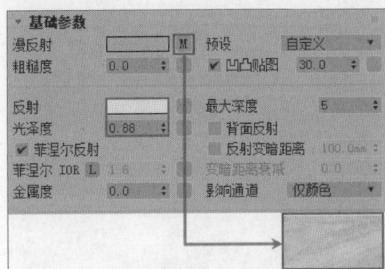

图11-103

图11-104

图11-105

21 下面制作地毯材质。选择一个空白材质球，然后设置材质类型为VRay材质，在"漫反射"通道中加载"衰减"贴图，然后在"前"和"侧"通道中加载学习资源中的"hs1291080.jpg"文件，设置"侧"通道量为90.0，设置"衰减类型"为"垂直/平行"，在"凹凸贴图"通道中加载学习资源中的"hs1291082.jpg"文件，设置通道量为80.0，如图11-106所示，制作好的材质球效果如图11-107所示。

22 将步骤21制作的材质赋予地毯模型，效果如图11-108所示。

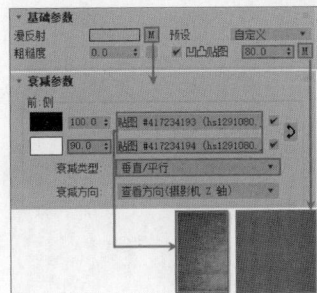

图11-106

图11-107

图11-108

231

23 下面制作单人沙发的材质。选择一个空白材质球，设置材质类型为VRay材质，在"漫反射"通道中加载"衰减"贴图，然后在"前"和"侧"通道中加载学习资源中的"hs1291042.jpg"文件，设置"侧"通道量为90.0，"衰减类型"为"垂直/平行"，接着调整下方的"混合曲线"样式，再在"凹凸贴图"通道中加载学习资源中的"hs1291044.jpg"文件，设置通道量为60.0，如图11-109所示，制作好的材质球效果如图11-110所示。

24 将步骤23制作的材质赋予单人沙发模型，效果如图11-111所示。

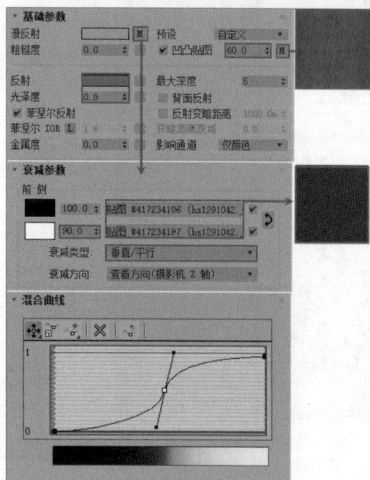
图11-109

图11-110

图11-111

25 下面制作长沙发材质。长沙发的材质和单人沙发的相同，只是在颜色上有区别。将单人沙发的材质复制一个，修改名称后，在"漫反射"通道的"衰减"贴图中去掉"前"和"侧"通道中的贴图，设置"前"通道为灰色，"侧"通道为浅灰色，如图11-112所示，制作好的材质球效果如图11-113所示。

26 将步骤25制作的材质赋予长沙发模型，效果如图11-114所示。

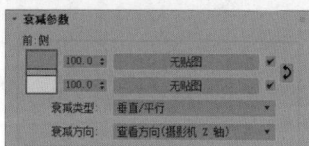
图11-112

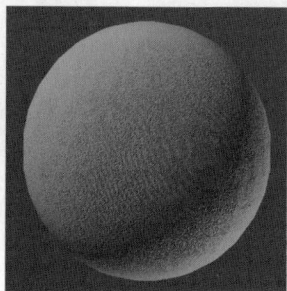
图11-113

图11-114

27 选择一个空白材质球，然后设置材质类型为VRay材质，在"漫反射"通道中加载学习资源中的"hs1291007.jpg"文件，设置"反射"为灰色，"菲涅尔IOR"为2.0，如图11-115所示，制作好的材质球效果如图11-116所示。

28 将步骤27制作的材质赋予茶几的台面模型，并添加贴图坐标，效果如图11-117所示。

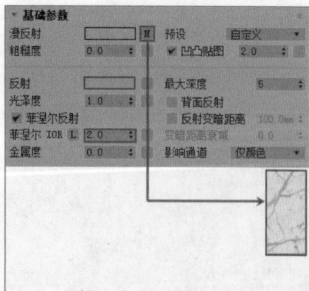
图11-115

图11-116

图11-117

29 下面制作茶几的金属材质。选择一个空白材质球，然后设置材质类型为VRay材质，设置"漫反射"为黑色，"反射"为黄色，"光泽度"为0.86，"金属度"为1.0，如图11-118所示，制作好的材质球效果如图11-119所示。

30 将步骤29制作的材质赋予茶几桌角模型，效果如图11-120所示。

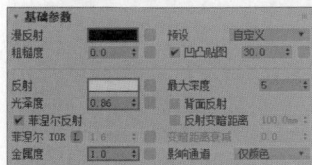

图11-118   图11-119   图11-120

> **提示** 右侧茶几桌角只需要下半部分赋予金属材质，需要在模型的"多边形"层级或"元素"层级选出相应的多边形后赋予该材质。

31 下面制作茶几的木质材质。选择一个空白材质球，然后设置材质类型为VRay材质，在"漫反射"通道中加载学习资源中的"hs1291047.jpg"文件，设置"反射"为灰色，"光泽度"为0.6，在"光泽度"和"凹凸"通道中加载学习资源中的"hs1291048.jpg"文件，设置"光泽度"通道量为25.0，"凹凸"通道量为2.0，如图11-121所示。制作好的材质球效果如图11-122所示。

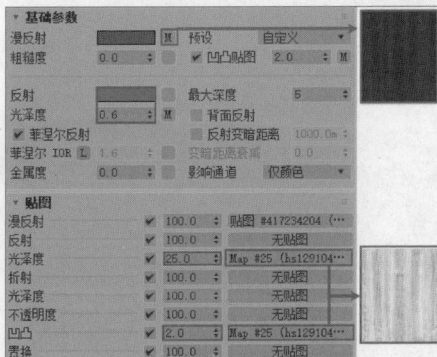

图11-121   图11-122

32 将步骤31制作的材质赋予茶几桌角剩余部分，效果如图11-123所示。

图11-123

33 下面制作单人椅材质。选择一个空白材质球，然后设置材质类型为VRay材质，设置"漫反射"为深棕色，"反射"为灰色，"光泽度"为0.78，"菲涅尔IOR"为2.7，然后在"反射"、"光泽度"和"凹凸"通道中加载学习资源中的"hs1291179.jpg"文件，设置"反射"通道量为90.0，"光泽度"通道量为30.0，"凹凸"通道量为25.0，如图11-124所示。制作好的材质球效果如图11-125所示。

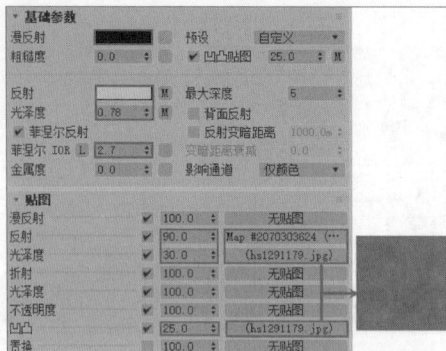

图11-124

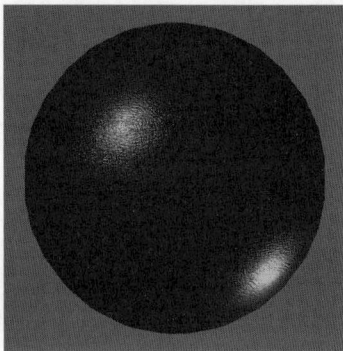

图11-125

34 将步骤33制作的材质赋予右侧的单人椅模型，效果如图11-126所示。

图11-126

35 下面制作壁柜材质。选择一个空白材质球，然后设置材质类型为VRay材质，设置"漫反射"为深灰色，"反射"为白色，"光泽度"为0.65，"菲涅尔IOR"为2.2，如图11-127所示。制作好的材质球效果如图11-128所示。

36 将步骤35制作的材质赋予左侧的壁柜模型，如图11-129所示。

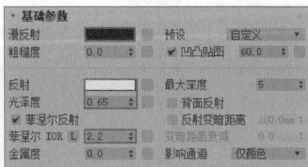

图11-127

图11-128

图11-129

37 下面制作窗帘材质。选择一个空白材质球，然后设置材质类型为VRay材质，在"漫反射"通道中加载"衰减"贴图，设置"前"通道为灰色，"侧"通道为浅灰色，"衰减类型"为"垂直/平行"，在"折射"通道中加载"衰减"贴图，然后在"前"和"侧"通道中加载学习资源中的"px 0901099.jpg"文件，设置"前"通道量为50.0，"侧"通道量为30.0，"衰减类型"为Fresnel，接着设置"IOR"为1.01，如图11-130所示。制作好的材质球效果如图11-131所示。

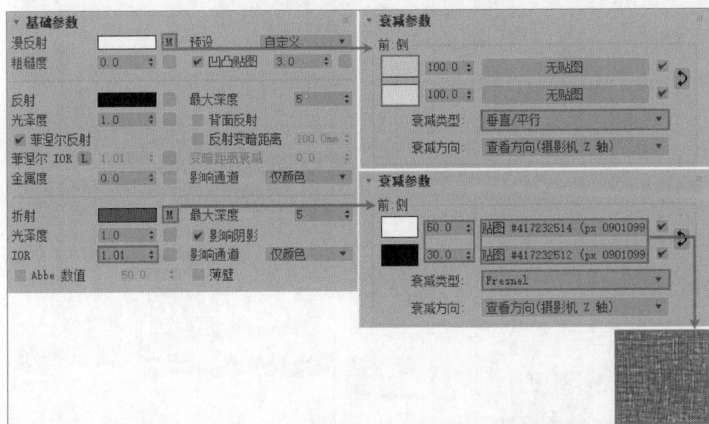

图11-130

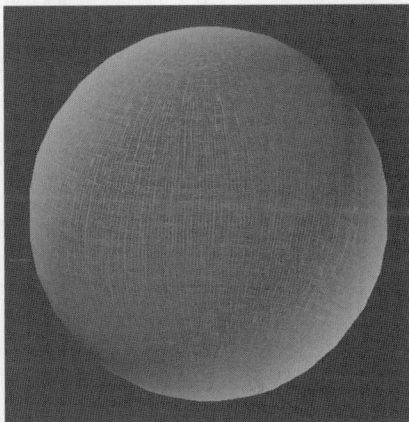

图11-131

38 将步骤37制作的材质赋予窗帘模型，效果如图11-132所示。

图11-132

提示 场景中其他模型的材质都较为简单，请读者查看案例文件，这里不赘述。

39 按F10键打开"渲染设置"对话框，然后在"输出大小"选项组中设置"宽度"为1920，"高度"为1080，如图11-133所示。

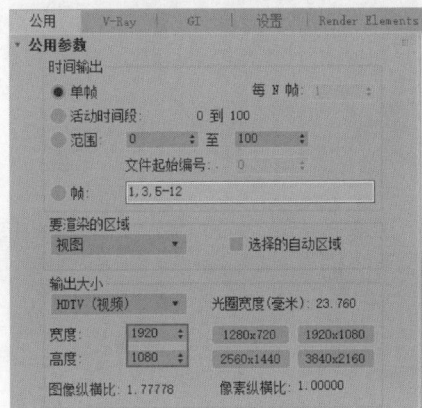

图11-133

40 切换到"V-Ray"选项卡，然后在"渐进式图像采样器"卷展栏中设置"最大渲染时间（分钟）"为20.0，"噪点阈值"为0.001，如图11-134所示。

41 切换到"GI"选项卡，在"灯光缓存"卷展栏中设置"细分"为2000，如图11-135所示。

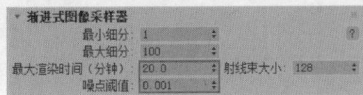

图11-134

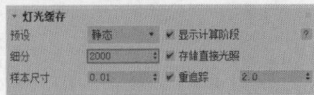

图11-135

42 按F9键渲染当前场景，客厅场景日光表现最终效果如图11-136所示。

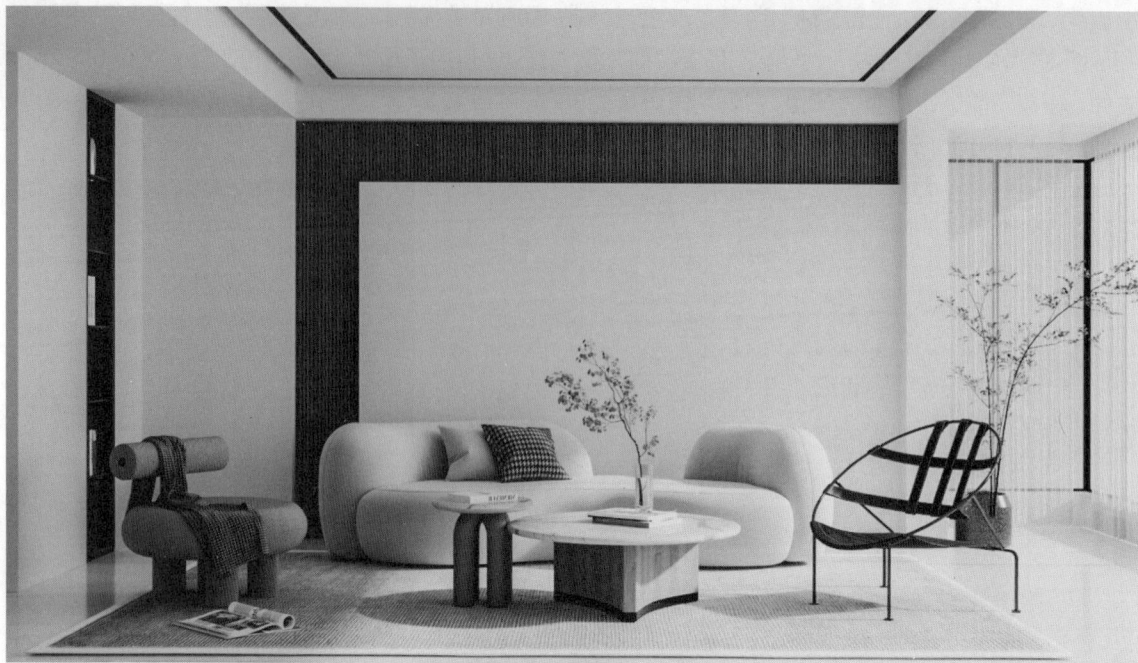

图11-136

课后习题 卫浴夜景效果表现

习题要点 本习题需要为场景中制作好的卫浴场景模型添加摄影机、夜晚的灯光和材质，渲染输出1920像素×1080像素的图片。最终效果参看学习资源中的"案例文件>项目11>课后习题：卫浴夜景效果表现.max"文件，效果如图11-137所示。

图11-137

附录A 常用快捷键一览表

1.主界面快捷键--

续表

操作	快捷键	操作	快捷键
自适应降级(开关)	O	撤销视图操作	Shift+Z
选择类似对象	Shift+Ctrl+A	子对象层级1	1
对齐	Alt+A	用前一次的参数进行渲染	F9
角度捕捉(开关)	A	渲染设置	F10
自动关键点	N	变换Gizmo平面约束循环	F8
设置关键点	K	约束到x轴	F5
前进一个时间单位	.	约束到y轴	F6
返回一个时间单位	,	约束到z轴	F7
切换到顶视图	T	环绕视图模式	Ctrl+R
切换到摄影机视图	C	保存文件	Ctrl+S
切换到前视图	F	透明显示所选物体(开关)	Alt+X
切换到正交用户视图	U	选择父物体	PageUp
切换到透视图	P	选择子物体	PageDown
循环改变选择方式	Ctrl+F	根据名称选择物体	H
默认灯光(开关)	Ctrl+L	选择锁定(开关)	Space(Space键即空格键)
删除物体	Delete	减淡所选物体的面(开关)	F2
Swift循环	Alt+1	隐藏几何体	Shift+G
专家模式,全屏(开关)	Ctrl+Alt+X	子对象层级2	2
主栅格	Alt+Ctrl+H	子对象层级3	3
取回	Alt+Ctrl+F	子对象层级4	4
冻结选定对象	Ctrl+F	反选	Ctrl+I
跳到最后一帧	End	显示/隐藏渲染安全框	Shift+F
跳到第一帧	Home	Windows	J
显示/隐藏摄影机	Shift+C	打开/关闭捕捉	S
显示/隐藏几何体	Shift+G	间隔放置物体	Shift+I
显示/隐藏栅格	G	切换到灯光视图	Shift+4
显示/隐藏辅助物体	Shift+H	仅影响轴模式切换	Ins
显示/隐藏灯光	Shift+L	子物体选择(开关)	Ctrl+B
显示/隐藏粒子系统	Shift+P	加大动态坐标	+
切换SteeringWheels	Shift+W	减小动态坐标	-
从视图创建摄影机(物理)	Ctrl+C	启动全局搜索	X
材质编辑器	M	变换输入对话框切换	F12
最大化当前视图(开关)	Alt+W	显示统计切换	7
脚本侦听器	F11	子对象层级5	5
新建场景	Ctrl+N	更新背景图像	Alt+Shift+Ctrl+B
法线对齐	Alt+N	显示几何体外框(开关)	F4
视口缩小	数字键盘-	视口背景	Alt+B
视口放大	数字键盘+	虚拟视口向下移动	数字键盘2
打开文件	Ctrl+O	虚拟视口向左移动	数字键盘4
平移视图	Ctrl+P	虚拟视口向右移动	数字键盘6
平移视口	I	虚拟视口向上移动	数字键盘8
保持	Ctrl+H	实色显示场景中的几何体(开关)	F3
播放/停止动画	/	全部视图显示所有物体	Shift+Ctrl+Z
渲染	Shift+Q或Shift+F9	最大化显示选定对象	Z
全选	Ctrl+A	缩放区域模式	Ctrl+W
快速对齐	Shift+A	视口放大	[
撤销场景操作	Ctrl+Z	视口缩小	]

2.轨迹视图快捷键----------------------------

操作	快捷键
加入关键帧	K
前一时间单位	.
后一时间单位	,
展开对象切换	O
展开轨迹切换	T
锁定所选物体	Ctrl+L
向下移动高亮显示	↓
向上移动高亮显示	↑
向左轻移关键帧	←
向右轻移关键帧	→
向下收拢	Ctrl+↓
向上收拢	Ctrl+↑

3.渲染器设置快捷键----------------------------

操作	快捷键
用前一次的参数进行渲染	F9
渲染设置	F10

4.时间轴快捷键----------------------------

操作	快捷键
后一时间单位	>
前一时间单位	<

5.视频后期处理快捷键----------------------------

操作	快捷键
平移	Ctrl+P
执行序列	F9
区域	Ctrl+W
新建序列	Ctrl+N

6.NURBS编辑快捷键----------------------------

操作	快捷键
CV约束法向移动	Alt+N
CV约束U向移动	Alt+U
CV约束V向移动	Alt+V
显示曲线	Shift+Ctrl+C
显示明暗处理晶格	Alt+L
根据名字选择物体的子层级	Ctrl+L
锁定2D所选物体	Space（Space键即空格键）
选择U向的下一个	Ctrl+→
选择V向的下一个	Ctrl+↑
选择U向的上一个	Ctrl+←
选择V向的上一个	Ctrl+↓
根据名字选择子物体	H
转换到曲线CV层级	Alt+Shift+Z
转换到曲线层级	Alt+Shift+C
转换到点层级	Alt+Shift+P
转换到曲线CV层级	Alt+Shift+V
转换到曲面层级	Alt+Shift+S
转换到层级	Alt+Shift+T
转换降级	Ctrl+X

7.FFD修改器快捷键----------------------------

操作	快捷键
转换到控制点层级	Alt+Shift+C

附录B 3ds Max 2024优化与常见问题速查

1.软件的安装环境

3ds Max 2024必须在Windows 10或Windows 11的64位系统中才能正确安装。所以，要正确使用3ds Max 2024，首先要将计算机的系统换成Windows 10或Windows 11的64位系统，如下图所示。

2.软件的流畅性优化

3ds Max 2024对计算机的配置要求比较高，如果用户的计算机配置比较低，运行3ds Max 2024可能会比较困难，但是可以通过一些优化来提高软件的流畅性。

更改显示驱动程序： 3ds Max 2024默认的显示驱动程序是Nitrous Direct3D 11，该驱动程序对显卡的要求比较高，我们可以将其换成对显卡要求比较低的驱动程序。执行"自定义>首选项"菜单命令，打开"首选项设置"对话框，然后打开"视口"选项卡，接着在"显示驱动程序"选项组下单击"选择驱动程序"按钮 选择驱动程序...，在弹出的对话框中选择"旧版OpenGL"驱动程序选项，如下图所示。旧版OpenGL驱动程序不仅对显卡的要求比较低，也不会影响用户的正常操作。

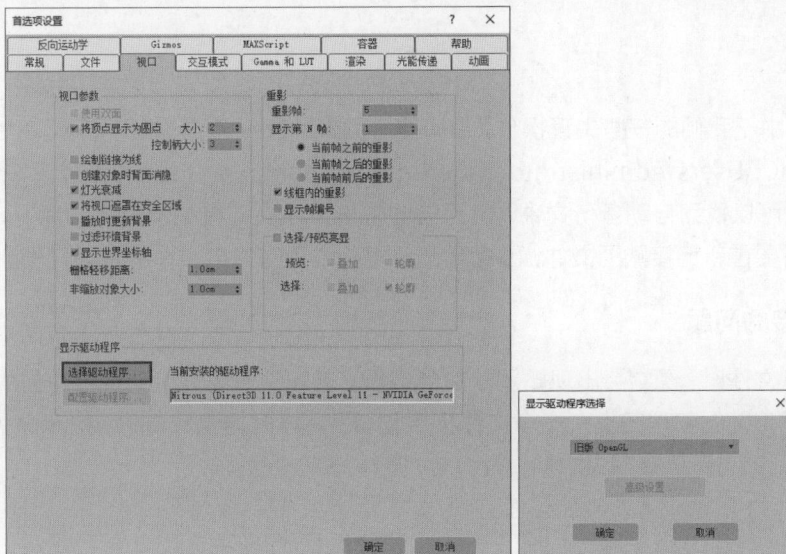

优化操作界面： 3ds Max 2024默认的操作界面中有很多工具栏和面板，其中常用的是主工具栏和命令面板，其他工具栏和面板可以隐藏起来，需要用的时候再将其调出来，整个操作界面只需要保留主工具栏和命令面板即可。按快捷键Ctrl+X可以切换到精简模式，隐藏暂时用不到的工具栏和面板，只保留需要用到的工具栏和面板。这不仅可以提高软件的运行速度，还可以让操作界面更加整洁，如下图所示。

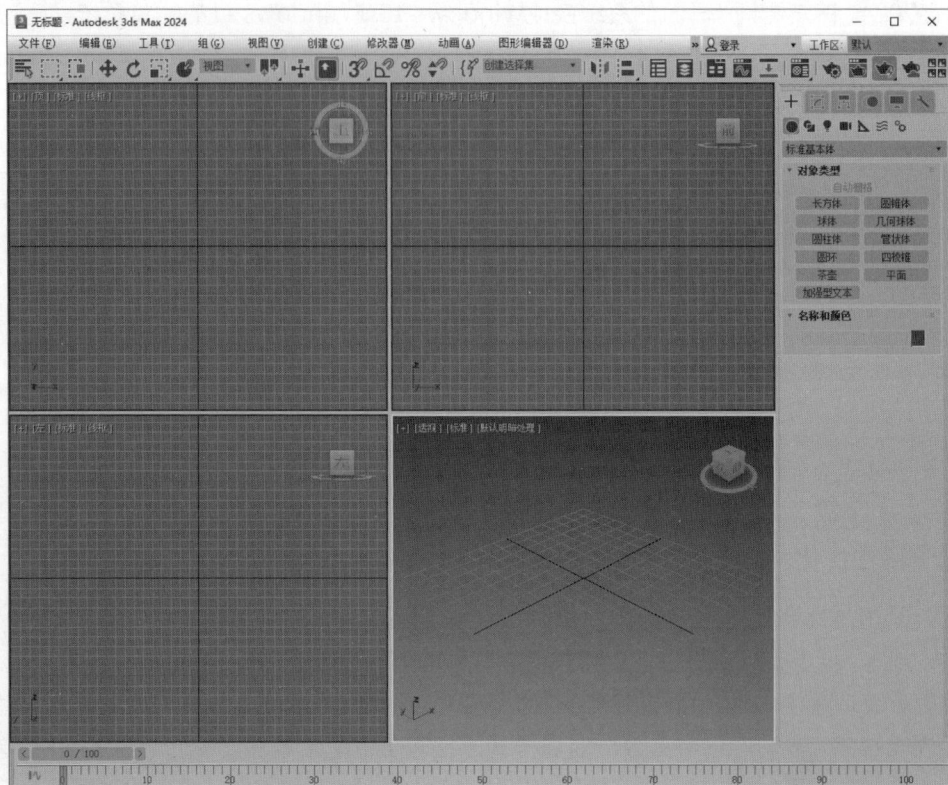

注意： 如果用户修改了显示驱动程序并优化了操作界面，3ds Max 2024的运行速度依然很慢，建议重新购买一台配置较高的计算机，且以后在做实际项目时，也需要拥有一台配置高的计算机，这样才能提高工作效率。

3.自动备份文件

很多时候，由于我们的一些失误操作，很可能导致3ds Max 崩溃，但不要紧，3ds Max会自动将当前文件保存到C:\Users\Administrator\Documents\3dsmax\autoback路径下，待重启3ds Max后，在该路径下可以找到自动备份文件，但是自动备份文件会存在贴图缺失的情况，就算打开了自动备份文件也需要重新链接贴图文件，因此我们还要养成及时保存文件的良好习惯。

4.贴图重新链接的问题

在打开场景文件时，经常会出现贴图缺失的情况，这就需要我们手动链接缺失的贴图。本书所有的场景文件都将贴图整理归类在一个文件夹中，如果在打开场景文件时，提示缺失贴图，读者可以参考第6章介绍的重新链接缺失的贴图及其他场景资源的方法。